国家出版基金项目
NATIONAL PUBLICATION FOUNDATION

中国高质量发展与劳动力市场研究丛书

解构劳动基准

要素、结构及其新发展

王天玉◎著

中国工人出版社

图书在版编目（CIP）数据

解构劳动基准：要素、结构及其新发展 / 王天玉著 .
北京：中国工人出版社，2025. 9. -- ISBN 978-7-5008-8782-9

Ⅰ. F249.26

中国国家版本馆 CIP 数据核字第 2025PN9785 号

解构劳动基准：要素、结构及其新发展

出 版 人	董　宽
责任编辑	左　鹏
责任校对	张　彦
责任印制	栾征宇
出版发行	中国工人出版社
地　　址	北京市东城区鼓楼外大街45号　邮编：100120
网　　址	http://www.wp-china.com
电　　话	（010）62005043（总编室） （010）62005039（印制管理中心） （010）62382916（工会与劳动关系分社）
发行热线	（010）82029051　62383056
经　　销	各地书店
印　　刷	北京市密东印刷有限公司
开　　本	710毫米×1000毫米　1/16
印　　张	15
字　　数	220千字
版　　次	2025年9月第1版　2025年9月第1次印刷
定　　价	58.00元

目　录

自　序

新就业形态治理与劳动基准立法是当前劳动法治领域研究的两大重点问题，概括来说，前者是“问题”，后者是“对策”，那么能否将二者统和起来，藉由劳动基准立法解决新就业形态治理中的基本权益保障问题，这是当前学界多项研究的内核。一个甚为流行的观点是在劳动基准立法中设置“新就业形态特别规定”一章，专门规定平台用工等新业态工资、工时等劳动条件保障事项。又因劳动基准立法需经历较长的立法程序，一个阶段性的替代方案是在《劳动合同法》“第五章 特别规定”中增设“新就业形态”一节。这两种“对策”均将重点置于立法层面，其隐含的前提假设是“问题”与“对策”在内在逻辑上是一致的，或者说劳动基准以及劳动合同所调整的劳动形态与新就业形态在本质上是一致的，据此推断新就业形态治理的制度需求是将现行法及其逻辑延伸至该领域，立法过程的主要意义是条文整合和体系搭建。

“特别规定”式的制度建构方案需要审慎对待，原因在于该方案很容易用“特别”凸显“对策”的针对性，以便构成对“问题”的有效性基础，但却对“特别”在法体系内的妥当性，甚至是《劳动合同法》或劳动基准法这样单行法内部的妥当性缺乏充分的论证，更可能有意无意地忽略了对新就业形态的法理分析，使得“特别”通过文意上的模糊性涵盖了“问题”与“对策”。

无论何种对策方案的设计，终归要置于现实问题中予以检验和评价，而对策与问题的衔接必然要求实然意义上的内在逻辑一致，这需要的是法理层面的阐释与构造，而不可能仅依靠话语及修辞。为此，若要将“劳动基准立法”这一对策用于“新就业形态治理”，学理上的分析步骤应当是厘清劳动基准的功能、效力、调整机制与规则构造，尤其是其产生发展所立基的现实劳动组织方式，进而将劳动基准所针对的劳动形态与新就业形态进行比较，着重分析数字时代下依托网络平台兴起的劳动形态是否有实质性变化，以判断新就业形态能否直接纳入现行法的调整范围，抑或探索相对独立的基本劳动条件保障机制。

本书正是围绕这一系列问题所展开的。工资、工时就概念表述来看具有广泛的涵盖性，若无严格的法规范界定，可以泛指代各种类型劳务给付所获得的对价和所付出的时间。但是，在劳动法体系内使用工资、工时则有其特定内涵，这是由劳动法，尤其是劳动基准法的保障强度和实施机制所决定的，换言之，劳动基准法所适用的对象不是全社会各类劳动的对价与时间，而是限定在劳动关系下的从属性劳动对价与时间，这也构成了劳动基准法内部公权力行使的正当性基础。以此为逻辑起点，工资、工时的概念和制度需要扎实、精细的法理阐释，目的是说明从属性劳动的内在逻辑，既为劳动基准立法提供可靠的理论基础，也为劳动合同、集体合同、劳动争议的制度发展和体系完善提供明确的构成要素。据此，关于工资、工时的研究可说是劳动法学理大厦的基石。

相对于劳动合同等其他劳动法制领域，劳动基准的学术成果相对较少，尤其是聚集工资、工时的法理研究甚为稀缺。这种理论基础的薄弱导致实践中大量认识错误和观点分歧，诸多讨论并不是依托共识性概念，而是发散式地从各自理解出发并交汇于某一具体问题，这就必然使得问题分析无法在同一频道展开，既无通说基础，更无通说深化，难以从劳动现实中提炼具有规律性的因果关系集合。而这种从未弥合的分歧从逻辑起点到制度构造逐步累积，最终只能在治理对策层面表达为“特别”，亦即只有用“特别”一词才能包含多方发散式理解，其实质不过是用模糊的立法语言掩盖了模糊的学理认识。

劳动基准研究难以深入的重要原因之一是工资、工时等基础概念本身的抽象与艰涩，犹如包裹了一层坚硬的外壳，难以直接进入其内部构造。这就需要适当的研究方法，打碎外壳并将其内部逻辑与外部现实相结合。本书将基础概念的内部逻辑以学说演进的方式予以呈现，不同学说以其对现实的归纳塑造了劳动基准制度适用的边界。兼之，本书以国内外司法裁判的典型案例作为劳动实践的证据，在裁判说理中发现学说应用之利与弊，用概念检视实践，用实践反思概念，透过学说的冲突、发展及其与现实的磨合发现劳动基准知识体系成长的脉络。本书亦期望藉由基本概念的分析提出学说与实践相互交织、协同推进的双螺旋结构研究方法，避免学理研究之自娱自乐与自艾自怜。

及至新就业形态治理这一热点问题，本书坚持不预设立场，不预设结论，不预设情怀，从现实劳动场景出发探寻新就业形态之“新”，分析其与单位制下从属性劳动之差异，并评析这种差异是否属于根本性改变，是否能涵盖在现行法工资、工时之概念抽象之下，是否能有效地适用现行法资源予以治理，是否需要发展适应数字时代劳动变革的法理新知。“桥归桥路归路”，这是本书对于新就业形态治理与劳动基准立法之间关系的基本回答。劳动基准立法的内在逻辑是组织化单位制用工，不可能完全脱离场所、时间和组织控制，其制度设计必然是限定单位之控制权，以建立适当的劳动条件标准。而新就业形态的劳动特征已不能用单位制下的种种控制来解释，更不可能将其改造成单位制劳动组织方式。在这个意义上说，新就业形态治理须建立适应自身特征和趋势的规范构造。换言之，新就业形态需要针对劳动对价和时间的劳动条件标准，但此项标准因劳动内涵的差异不能置于现行劳动法范畴的劳动基准立法之下，不能以“特别规定”的形式满足所谓的体系合理性。新就业形态应以其自身的“特别”建立专门的“规定”。

新就业形态治理与劳动基准立法均是时代变革主题下的难题，研究者应对难题保有尊重和谨慎。“特别规定”式的解决方案过于草率和粗糙，既于制度完善无益，也于学术发展无益。二者“先分后合”应是面向未来的长期研究进路，即在现阶段分别研究新就业形态与劳动基准立法各自的逻辑与结构，在相对成熟后通过劳动法典的形式统和为全社会基本劳动条件标准体系。纷繁复杂的劳动形态加之快速演进的技术变革，劳动条件标准体系研究必然是漫长且艰辛的工作，本书愿成为此前进之路的一级台阶。

本书为“中国社会科学院陈甦学部委员工作室”建设阶段性成果。

是为序。

第一章

劳动对价的基本原理

劳动关系的基本内容是用人单位雇用劳动者从事生产劳动，劳动者获取工资。一般认为，工资乃是劳动给付的对价。在此基础上，形成了劳动合同中劳动者以提供劳动为主要义务，用人单位以支付工资为主要义务的基本认识。在关于工资概念的研究中，这种劳资之间“一给一付”的简单对价学说是有普遍影响的。例如，有学者梳理工资定义的立法例之后指出，“无论我国台湾地区的‘因工作而获得之报酬’，还是日本的‘劳动报酬’，乃至我国行政解释中的‘劳动报酬’，都意味着工资的基本含义是对价”[①]。也有学者在进行工资概念的讨论时提到，“（国际劳工组织）95号公约以‘劳动的对价’这一抽象要素定义工资的一般特征，以此将劳动者因给付劳动所获得的所有收入均涵摄入工资的概念体系。反之，劳动者非因给付劳动而获得的收入则不能认定为工资而被摒弃在劳动法规制之外。据此建构的工资概念似为工资立法的国际通例”[②]。由此可见，“工资乃是劳动给付的对价”基本是依循“无劳动无报酬”（no work no pay）原则推导出的简化工资定义公式。如果抛弃抽象层面的概念组合，将“劳动”和“对价”都纳入劳动关系的特有属性与不断演进的社会生活中考量，则可以发现此二者均有丰富的内涵，实为工资定义公式中的变量。即便如日本及我国台湾地区在劳动基准法中予以抽象概括，但在实践中有大量学说和判例持续为其增添内涵并迎合社会发展。因此，有必要梳理有关工资定义的对价学说发展史，以期深化对工资的认识，构建逻辑周延的工资学理，奠定工资立法的理论基础。

---

① 李海明：《从工资构成到工资定义：观念转换与定义重构》，《法律科学》2013年第5期，第113页。

② 曹燕：《劳动法中工资概念的反思与重构》，《法学家》2011年第4期，第119页。

第一节　工资对价学说的理论谱系

一、劳动力对价学说

该学说认为，工资是劳动者在雇主的指挥监督之下提供劳动而获得的报酬，因而是劳动力的对价。劳动者与雇主之间的关系的实质在于劳动者将自身对劳动力的所有及处分权能在特定时间内让渡给雇主，由雇主依法律规定及合同约定条件支配劳动力以为其自身创造价值，劳动者通过此项以劳动力让渡为标的的交易所获得的对价，即工资。此种学说有以下三个基本支撑。

第一，劳动力得以成为商品。依据马克思主义经典论述，西欧工业革命与农民解放创造了具有双重自由的劳动者，一方面，摆脱土地的束缚，劳动者能够自由地处分自身的劳动力，可以决定是否出卖劳动力、出卖给谁；另一方面，劳动者除了自身的劳动力之外，自由得一无所有，无法如手工业者一般将自身劳动力与自有生产资料相结合，因而只能以出卖劳动力为生。

第二，劳动者与雇主之间有充分的合同自由。既然劳动者有处分自身劳动力的自由，而雇主有购买和使用劳动力的自由，那么二者的结合就依据契约自由而行。作为劳动力的对价，工资由劳资双方意思自治决定，只要互无强迫欺诈，即可贯彻私法自治理念，如同自由市场中其他售卖的商品一样，由交易双方自主定价与交易。

第三，劳动者与雇主之间的交易内容仅限于劳动力的买卖。由于劳资双方都是充分自由和自治的，双方之间就劳动力买卖的合同关系也是简单明确的，那么二者于合同之外的其他事项均互不干涉。雇主无须考虑工资能否保障劳动者及其家庭的生计与安康，更无担责之虞。

由此可见，此种学说将劳动关系限缩于劳动力买卖的“一给一付”。所谓“提供劳动”与“支付对价”，完全类同于市场上之一般商品，故而又可称为“简单对价”学说，其精髓体现正是“无劳动无报酬”。据此，雇主有权依据其所获得的劳动力数量和质量支付工资。依此学说逻辑，如果劳动者因非工伤疾病或紧迫家事未提供劳动力，即无权要求报酬。再者，雇主如因工厂设备故障或其他客观原因导致不能生产，劳动者即便处于提供劳动力之等待状态，只要雇主未受领劳动者所给付之劳动，均无须支付工资。反观当下实践，劳动法制度和法理已否定上述情形，劳动者的病事假工资早已成为各国法律通例，雇主因客观原因未能受领劳动力给付也已有法律调整，该学说的解释力已穷尽。审视此学说的基本理念和理论基础，其所表达的是自由资本主义时代抽象、绝对的平等与自由，此观念与其在劳动领域所衍生出的劳资自由和自治早已被时代发展否定，现代劳动法正是以此为契机得以生发，由此形成的劳动法之基本假设、基础理论等尽为劳动法学人熟知，在此不予赘述。

然而，否定了劳动力对价学说不等于完全涤清了劳资之间简单对价的思维方式。例如，在劳动者已与用人单位建立劳动关系之后至劳动者参与实际工作之前，劳动者是否有权要求用人单位支付工资？对此问题，如果仍考虑“劳动者有先履行劳动给付义务，否则不发生工资给付请求权”，则不免陷入了劳动力对价学说的窠臼。因为“无劳动无报酬”（no work no pay）易被扭曲为“无具体劳动无报酬”（no product no pay），实质上仍是旧有学说思维的延续，将降低对劳动者保护的标准。提出此思维问题的原因在于，劳动力对价学说存在的法学背景往往是民法强大而劳动法相对薄弱。例如，在“二战”后的日本，虽然当时的劳动法学者极力建构自身的理论体系，但是鉴于民法的影响力及其完备的合同理论，必然会在学理之中引入契约思维，而此“无具体劳动无报酬”的观点正是那一时期的产物。[①] 为此，在劳动法学理着力发展之际，有必要在劳动合同基础性问题的研究上厘清民法与劳动法思维的个性，即“民法与劳动法在调整雇佣契约和劳动合同问题上存在着私法与公法交融法律之间的差异，同时，二者并没有任何牵系。民法所积淀的博大精深的契约理论对劳动法上劳动合同制度的建立和完善起着基础性的指导作用，脱离民法、契约法基础的劳动合同法律制度是没有理论基础的法律制度，固守着传统私法思维去理解劳动合同制度也会作茧自缚”[②]。

二、劳动支配对价学说

鉴于劳动者的人身与其劳动力固为一体，须臾不可分离，雇主对劳动力的使用就是对劳动者人身的支配。劳动支配对价学说由此入手，修正了劳动力对价学说关于劳动性质和契约自由的抽象假设，改以“从属劳动”为前提构建学理，提出劳动者与雇主订立劳动契约之后，处于雇主的指挥命令之下，无须给付具体劳动就有权请求雇主支付工资。有日本学者指出，工资请求权的发生时间是劳动者依据合同约定第一次进入雇主的“指挥圈”，此部分工资是劳动者基于从属地位而取得的，在于补偿其丧失其他工资获取机会，具有生活保障性质，因此，称为“保障性工资”。而劳动者因实际给付了劳动力获得的工资是劳动力换取的对价，是为“交换性工资”。[③] 也有我国台湾地区学者指出，“因为劳动契约一旦缔结，劳工即进入雇主的‘指挥圈’，附从于雇主，处于随时提供劳动力之状态，并使劳工不可能到别的地方以劳力换取工资的机会，因此所谓工资并不是指日

① 李洙德：《论工资之定义——最高法院八十三年度台上字第三〇九四判决评释》，《法律评论》1999 年 9 月，65 卷 7-9 期合刊，第 16 页。

② 郑尚元：《雇佣关系调整的法律分界——民法与劳动法调整雇佣类合同关系的制度与理念》，《中国法学》2005 年第 3 期，第 84 页。

③ 本多淳亮：『労働法実務大系十三・賃金、退職金、年金』，総合労働研究所，1971 年 3 月，第 119 页。

日具体地、现实地提供劳务的报酬，而是指抽象地缔结劳动契约取得工作之工作报酬”①。

劳动支配对价学说将劳动者的从属性引入了工资对价理论，将“契约劳动”提炼为“从属劳动”，使之贴近劳资关系运行的实际状态。此学说的理论支撑包括以下三方面的内容。

（一）劳动的从属性

劳动者相对于雇主在劳动关系中具有从属性是学界通说，但是就从属性包含的内容存在认识差异。一般而言，从属性包括三个方面：人格从属性、经济从属性和组织从属性。人格从属性强调劳动者受到雇主的指挥监督，“人的从属性乃指劳动者在继续的劳务提供中需服从雇主之指挥监督，换言之，劳动者之整个劳务之提供系在雇主之从属关系中进行”。雇主依据劳动合同对劳动力的指挥支配也是对劳动者人身、人格的支配，“人格上从属性应属劳工之必然存在的特征”。因此，雇主的“指挥圈”构成了对劳动者提供劳动方式、种类、地点等合同履行内容的实质拘束，劳动者并无自由决定权，其工作行为过失还可能导致雇主的惩戒，这些都构成对劳动者人格的制约。经济从属性是指“劳工需受雇于人从事工作以谋取生活所需之状态”。一般而言，劳动者相较于雇主在经济上处于弱势，并以工资作为唯一生活来源。但随着社会的发展，实践中不乏劳动者因其家庭财产等在经济上强于雇主的情况。对此，有学者认为，即使受雇劳动者不依靠工资维持生计，但此情况并未动摇劳动者对于劳动条件先天上欠缺参与决定之事实，不因其财富之多寡而在劳动条件的决定上取得优势地位。组织从属性是指“劳工属于雇主组织的成员，其劳务给付行为构成雇主事业经营整体的一部分，为事业生产过程中必要的一环，而非只是雇主事业经营的附属”。劳动者以雇主生产组织成员的身份提供的劳动是在利用雇

① 吕海荣：《劳基法研究（二）工资之意义与范围》，《律师通讯》65 期，1984 年，第 7 页。

主的机器设备、原材料、知识技术等生产资料的基础上实现的，因此司法上认为“在现代企业组织形态之下，劳动者与雇主订立劳动契约时，其劳务之提供大多非独自提供即能达成劳动契约之目的，雇主要求之劳动力，必须编入其生产组织内遵循一定生产秩序始能成为有用之劳动力”。

（二）劳动的限定性

劳动者与某一雇主订立契约关系之后就只能服务于该雇主，不得在特定时间内同时服务两个及以上雇主。虽然随着劳动弹性化的发展，劳动者可以以非全日制等方式从事非典型劳动，但是在特定时间内仍不得服务于复数雇主。由于工资是大多数劳动者赖以为生及持家的唯一或基本收入来源，那么雇主在享有指挥命令劳动者权利的同时，必须为能够排他地行使此项权利做出补偿。为此，一旦劳动者进入雇主的“指挥圈”，亦即处于等待雇主指挥命令以提供劳动的预备状态，不管雇主是否指令其为具体劳动给付，他都已处于不能自由行动的状态。[①] 故而，劳动的限定性不仅是指雇主实际受领了劳动者给付的具体劳动，还意味着雇主在契约期限内独占劳动者给付具体劳动的可能性。又因为在此契约期限内，劳动力依其自然属性必然不断消耗，不能储存、累积，劳动者获取生活来源的时间与机会也随之流逝。因此，从工资具有保障劳动者及其家庭生存权的功能出发，将雇主的支付工资义务由受领具体劳动拓展至受领具体劳动的专属可能性，并以劳动者进入雇主的指挥命令范围为起始点。

（三）劳动的利他性

依德国法律的解释，劳动者给付的全部劳动力在利他目的之下，受雇

---

① 我国台湾地区“法院”就此阐释为：劳动者自行决定之自由权的一种压抑，在相当时期内，对自己之作息时间不能自行支配，而劳务给付内容之详细情节亦非自始确定，劳务给付之具体详细内容非由劳务提供者决定，而系劳务受领者决定之，其重要特征在于指示命令权，如劳动者须服从工作规则，而雇主享有惩戒权等。参见台湾“高等法院”民事判决 91 年劳上易字第 62 号、民事判决 93 年劳上易字第 70 号、民事判决 95 年劳上字第 67 号、民事判决 93 年劳上更（一）字第 11 号、民事判决 94 年劳上易字第 35 号、民事判决 94 年劳上易字第 84 号、民事判决 95 年劳上易字第 50 号、民事判决 96 年重劳上字第 22 号、民事判决 96 年劳上字第 6 号等。

主支配使用，因而劳动者自身不能再支配自身劳动力，也再无参与市场活动的可能性，此即为“劳动力的纯粹利他性”①。从属劳动的利他性构成了劳动契约的内在规定性，劳动者在雇主的指挥命令下给付劳动的过程中，其应当以雇主利益为行为指引，其劳动所取得之成果也当然归属于雇主。此从属劳动的利他性在司法上进一步解读为“受雇人并非为自己之营业劳动，而系从属于他人，为该他人之目的而劳动，故受雇人不能用指挥性、计划性或创作性方法对于自己所从事工作加以影响”。其核心内容仍是劳动者不能自由支配自身劳动力，而必须依据雇主的指挥命令给付劳动。

对于劳动支配对价学说的评价，一方面要肯定其进步意义，即该学说立足于从属劳动的内在属性，否定了劳动力对价学说中劳资抽象平等的假设，进而否定了“无具体劳动无报酬”，将劳动者的工资请求权基础从劳动者给付实际劳动拓展到了劳动者受到雇主的指挥支配。该学说强调劳动力的使用与劳动者人身、人格合为一体，劳动者给付劳动的过程也是其谋取个人和家庭生活来源的过程，由此将劳动者的生存权也引入了工资理论。劳动者进入雇主“指挥圈”但未实际提供劳动时所能主张的工资请求权是以其生存权为基础的，具有保障生活的性质。基于该学说，劳动者的工资保障水平得以提高，工资请求权的时空范围得以拓展。

另一方面要看到劳动支配对价学说自身的局限。该学说将目光集中于雇主“指挥圈”内的从属劳动，虽然形成了深入的认识，但是视野并未拓展到从属劳动场景之外，亦未将劳动者的职业生活与其家庭生活贯穿考量，对劳动者生存权的强调也未能与其发展权相联系。随着时代发展，该学说的解释困境逐渐显露，一个典型问题是劳动者带薪休假期间的工资请求权。劳动者在休假期间显然不处于雇主的“指挥圈”中，不受雇主的命令监督，亦没有提供劳动的可能性。那么，此时法律基于何种理由要求雇

① BAG, AP Nr. 20, 28 zu § 611 BGB Abhägigkeit; NZA 1993, 174, 175; 1992, 36, 37; 894, 895.

主支付工资？此问题是劳动支配对价学说解释不了的。为了应对这种困境，劳动关系对价学说应运而生。

三、劳动关系对价学说

该说认为，工资不仅是劳动给付的对价，也应扩大解释为劳动关系的对价。[①] 劳动关系的核心内容是劳动者依合同约定的方式提供劳动，为了实现此合同目的，雇主应当凭借其优势地位承担对劳动者的照顾义务。鉴于劳动力作为合同标的所具有的人身与人格特殊性，雇主所负的工资支付义务既应当体现对劳动者给付之从属劳动的价值评价，又应当充分考虑到劳动力再生产的需要，而这种劳动力再生产在当下权利时代的话语体系下不仅是劳动者本人身体的休息，更包含精神放松以及照顾家庭等内容。从这个意义上来说，工资是劳动者因劳动关系得以维持其家庭一定生活水平的物质基础。

劳动关系对价学说是在劳动支配对价学说的基础上发展起来的，其核心内容仍是基于从属劳动的雇主支配对价。但是，相对于前一种学说，该学说将视野进一步拓展到劳动者从工作到生活的全过程，对从属劳动的认识更为全面，也更为贴近现实劳动者的工作生活实情，促使劳动法的思维方式随之拓展，即“劳动条件不是抽象数字化的契约条件，劳动条件及其保障意义均应该摆到劳工的整体生活脉络来思考”[②]。

此外，劳动关系对价学说在劳动者生存权的基础上引入了发展权。劳动者所给付的从属劳动不仅是其生活的收入来源，也应当成为其实现个人和家庭发展的基础，其重要性在于“劳动者不仅是企业的一员，也是其家庭的一员，更是整个社会的一员，其必须有暂行脱离职业生活、自由享受

① 窪田隼人、横井芳弘：『現代労働法入門』，法律文化社，1984 年，第 243 页。

② 遠藤隆久，「クローハリセーションと労働法の市民法化」，載於：横井芳弘等編，『市民社会の変容と労働法』，信山社，2005 年 7 月，52 頁。

从事其他生活的权利”①。受这一理念的影响，日本劳动法在近年来越来越重视劳动者的职业劳动与家庭生活之间的调和，并有趋势将对劳动者在职场中的直接保护扩大至其家庭生活领域，旨在为劳动者养育子女和照顾家庭创造条件，由此产生的人力成本则根据其情势不同分别以资方负担、劳方负担、劳资之间按比例负担或社会保险负担等方式处理。②

对于劳动关系对价学说的评价，其进步意义体现在拓展了劳动支配对价学说的范围，以劳动者及其家庭的生存权和发展权共同作为工资请求权的基础，强调“劳动者不是孤立的个人，每个劳动者背后都有一个有赖于其工资生活的家庭，法律应对其家庭责任提供支持，给予其现实的选择机会”③。借此力图将劳动法保护的边界扩至劳动者工作生活的全过程。

该学说由于不僵化地抽象劳动给付过程，形成了以劳动支配对价为核心、适应劳动关系多样性的开放学理系统，具有丰富的解释力。在劳动者有正当事由不能提供劳动时仍可主张工资请求权。有学者认为，雇主在未受领劳动时负担的工资给付义务实际上是“企业内社会给付措施”，根源在于“劳动法中的工资概念，其实游移于‘对价性’与‘社会性’这两个光谱端之间”。一端是以合同为依据的劳动支配对价，具有明显的私法属性；另一端则是雇主基于劳动关系对劳动者在工作之外生活及家庭的延伸保障，呈现强烈的社会法属性。在这两端工资概念解释尺度的拿捏则决定了工资的法律定义方式及制度走向。

---

①　西村健一郎：「企業における多様な休暇制度」，載於：日本労働法學会編集，『講座 21 世紀の労働法第 7 巻-健康安全と家庭生活』，有斐閣，2000 年 10 月，168 頁。

②　両角道代：「職業生活と家庭生活の両立と法」，載於：岩村正彦等編，『岩波講座現代の法 12 -職業生活と法』，岩波書店，1998 年 2 月，275-277 頁。

③　和田肇：「業務命令令権と労働者の家庭生活」，載於：日本労働法學会編集，『講座 21 世紀の労働法第 7 巻-健康安全と家庭生活』，有斐閣，2000 年 10 月，208 頁。

第二节　工资法律定义的内在逻辑

学理与法律规定之间存在着互为影响的复杂关系，一方面学理能够给妥当的法律规定提供理论基础，另一方面法律规定的发展或者困境也向学理提出新的问题，推动学理前行。基于前文对工资对价学说的梳理，学理上已相当于有了“坚实的工具”，可以打碎“工资”外面由“劳动报酬”“工资报酬”“工资收入”等词语构成的“外壳”以深入其内部，评析关于工资本质的法律定义。由于与我国大陆法源文化血统最近的我国台湾地区“劳动基准法”中有关于工资的明确法律定义及充分学理讨论，笔者以此为评析对象，在总结提炼的基础上再行检讨我国大陆的工资规定。

一、我国台湾地区的相关规定

我国台湾地区“劳动基准法”（简称“劳基法”）第 2 条第 3 款将工资定义为“劳工因工作而获得之报酬。包括工资、薪金及按计时、计日、计月、计件以及现金或实物等方式给付之奖金、津贴及其他任何名义之经常性给付均属之”。在此法定义中，“劳动对价性”与“经常性给予”两个关键词的同时存在引发了学界和实务界的较大争议，如“判断工资的主要标准是‘劳工因工作而获得之报酬’（对价性）？还是‘经常性给予’？抑或是应该二者兼有？如果‘经常性给予’不是判断工资的主要标准，它是否能成为一个辅助标准？如果‘经常性给予’是判断工资的辅助标准，则这个辅助标准在认定工资实务上的作用究系是用来限缩工资内涵还是用来扩张工资内涵？”如此这般问题在该地区的理论和实践中均未形成共识。

我国台湾地区“劳动行政机关”秉持的认识是工资定义重点是“劳工因工作而获得之报酬”，“经常性”只是辅助性的判断标准，只要是“劳工因工作而获得之报酬”即工资，“经常性”并非必要条件。我国台湾地区“法院”则多数认为“工资”应同时具备“对价性”与“经常性”两种要件，欠缺“经常性”即非“工资”。鉴于“经常性”在司法裁判中的重要地位，学界颇为用心地对此概念予以阐释，提出“时间上经常，即在相当时间内于一般情况下可得到者”“维持一般勤劳度，即可经常可以领得”“金额上固定、次数上经常、制度上经常”。随着讨论的深入，已有学者跳出“经常性给予”的小圈子，从工资规范群的体系架构层面分析工资定义问题，提出“劳动基准法”上的工资实际上是由两类性质迥异的规范所组成的。一类是“真实工资规范群”，此类规范是以“真实的工资”为保护对象，即“劳工以劳务给付所取得之对待”；另一类是“拟制工资（薪资替代所得）规范群”，其所针对的对象是“企业内社会给付措施”（薪资所得替代措施），即当劳动者因特定事由未能实际提供劳动时，仍然可以依法取得工资，以使保障劳动者的生活不因工资中断而困顿。因此，这部分工资是在劳动者未实际提供劳动的情况下，法律基于工资是劳动者生活来源的情况下所构建的“假设性、拟制性”给付措施。该规范分类学说对大陆的研究亦有影响，已有文章采纳或引用此观点。①

笔者借由前述之学说要义对我国台湾地区的工资定义及学说予以评析。

1. 我国台湾地区“劳基法”关于工资的“劳动对价+经常性给予”的定义模式，实务界与学界的讨论重点在于划定工资的范围，尤其与福利或其他雇主恩惠性给予相区别。一方面，坚持“劳工因工作而获得之报酬”的“劳动行政部门”立场体现了“劳动支配对价学说”的意旨，劳动者提供劳动是其工资请求权的基础，“经常性给予”则重在考察雇主履行工资给付义务的方式，即“给予”的标的应是“劳动支配对价”，但“给予”的方式可能是“经常性”。如果某种雇主“给付”存在“经常性”，

① 侯玲玲：《劳动法上工资之界定》，《人民司法》2013年第11期，第18页；李海明：《从工资构成到工资定义：观念转换与定义重构》，《法律科学》2013年第5期，第111页。

但非为“劳动支配对价”则不属于工资。另一方面，法院侧重于“经常性给付”的认识符合劳动关系对价学说的内涵。劳动者的工作评价在工业时代可依据工作时长或产品数量予以明确评价，但在现代社会的劳动分工体系中，单个劳动者的劳动价值已不易明确数量化，加之企业管理激励机制的多样化以及劳动弹性化的发展，劳动者的哪一项收入是直接因工作而获得的已渐趋模糊。此外，诸多企业为了减少劳动者的养老和其他社保缴费支出，有意压低劳动者的合同工资，转以各种“津贴”“补贴”“红利”等补足劳动者的报酬。此为“工资恩惠化、福利化”。此类问题是劳动支配对价学说无法回应的，但依据劳动关系对价学说可解释为：工资是雇主对劳动者在劳动关系存续期间给付劳动的综合评价结果，此“经常性给予”即体现着雇主就劳动关系予以评价的过程。无论劳动者的具体工作形态如何，只要雇主基于劳动者的给付劳动在劳动关系中所为之“经常性给付”均属于工资。据此区分的工资与福利是雇主根据劳动者的工作业绩、职位、条件经常给予之对价属于工资，如奖金、奖赏等；而诸如家庭补贴、子女教育补贴以及婚丧嫁娶礼金等，虽然发生在劳动关系之中，但其基础已非劳动关系，不属于雇主对劳动者给付劳动评价，只是附从于劳动关系亦非由法律调整的雇主自愿而为之恩惠性给付，性质是民法中的赠与。

2. 学理上所谓“工资规范群”的观点，实际上是将劳动者所获得的收入分成了真实劳动对价和拟制劳动对价。真实劳动对价因为是劳动者实际提供劳动的对价而称为“真实的工资”，拟制劳动对价则由于是在劳动者未提供实际劳动时取得的收入，故拟制为“工资”。该观点是以劳动支配对价学说为基础，劳动者获取工资的基础是其处于雇主指挥监督之下提供劳动，非在此情况下的雇主工资支付义务则是法律基于保障劳动者生计的考量附加的，因而“拟制”其为工资。但此观点存在固有逻辑问题：首先，法律拟制的基础是什么？劳动者确有在不劳动时维持生计的需要，雇主相对于劳动者也确实处于优势地位，但能否就此推导出雇主应在未受领劳动时负担额外义务？依此观点劳动支配对价的逻辑，劳动者在给付劳动之时才与雇主发生“真实”关系，那么劳动者未给付劳动时，此二者间应无“真实”关系，因此劳动者未劳动时的生计保障义务主体应是国家或社会，而非雇主。不能因为雇主处于优势地位就由法律以“拟制”的理由强制要求雇主予以照顾，否则无异于“劫富济贫”，正如同，法律不能课以富人强制义务去接济穷人。可见，此所谓“拟制工资”的效应是法律假借“拟制”之名介入劳资之间的契约关系中，对二者的财产权进行了二次强制性分配，其法理根基不牢，难以服人。其次，劳动者未给付劳动之时的工资“拟制”能否对全体劳动者一视同仁？法律人所熟知的拟制是法人拟制，即对满足法律所设条件的组织一律视为“人”。那么，对于“拟制工资”而言，既然其目的是保障劳动者生计，则雇主负担此“企业内社会义务”即可对未劳动之劳动者支付同等最低金额。此推断显然不符合客观现实，企业内不同资历、职位、层级的劳动者在休假期间的工资当然是不同的，再者劳动者所享有之带薪休假的时限亦是随着工作年限增长。诸如此类乃“拟制工资”观点的解释困境，也凸显了劳动支配对价学说的缺陷。从劳动关系对价学说的视角观之，劳动者未提供劳动之时亦处于劳动关系之中，工资是整个劳动关系的对价而不是某具体劳动的对价。因此，无须对工资进行“真实”和“非真实”的区分，此二者都是雇主基于劳动关系应负担的义务，并不是法律从劳动关系之外强加的，而是法律对劳动关系整体对价的肯定。劳动者在工作时间之内给付劳动与休息休假时间内未劳动均包括在劳动关系之内，劳资建立劳动关系之初即应对此整体性内容有充分认识。沿着这一思路，亦应加强劳动关系整体性思维方式，如带薪休假的期限以及经济补偿金的数额随工作年限增长，均反映出对劳动者在整个劳动关系期间给付劳动的综合评价。

二、我国大陆的相关规定

我国《劳动法》中没有关于工资的定义，但是遍查法源，关于工资的规定是低位阶而零散的。[①] 其中，原劳动部于1995年颁布的《关于贯彻执行〈中华人民共和国劳动法〉若干问题的意见》（以下简称《意见》）第53条将《劳动法》中的“工资”界定为劳动报酬，并在列举工资类别时在计时工资、计件工资、奖金、津贴、补贴和加班费之外写明了“特殊情况下支付的工资”，但对“特殊情况”没有说明。从文意的角度分析，虽然该条文没有写明“正常劳动”，但列举的各项均是劳动者在正常劳动时间可能获取的劳动报酬，与之对应的“特殊”则应当是“非正常工作时间”。由此可见，此条文规定符合劳动关系对价学说，将工资扩大到劳动支配对价范围之外，包括劳动者未给付劳动的情况，但未明确扩大解释的边界。

此后，在2004年原劳动和社会保障部发布的《最低工资规定》写明了“正常劳动”，该规定第3条将最低工资标准界定为“劳动者在法定工作时间或依法签订的劳动合同约定的工作时间内提供了正常劳动的前提下，用人单位依法应支付的最低劳动报酬”。依此规定，所谓“正常劳动”是指劳动者按依法签订的劳动合同约定，在法定工作时间或劳动合同约定的工作时间内从事的劳动。劳动者依法享受带薪年休假、探亲假、婚丧假、生育（产）假、节育手术假等国家规定的假期间，以及法定工作时间内依法参加社会活动期间，视为提供了正常劳动。此项规定的立意是保障

① 我国《劳动法》（1995）第五章以6个条文规定了工资制度，但是既没有界定工资的概念，也没有关于工资体系的具体规定。此后10年间，我国工资制度框架逐步由3部部门规章确立起来，即《意见》（1995），原劳动部《工资支付暂行规定》（1995），原劳动和社会保障部《最低工资规定》（2004），其他有一些关于工资的规定散见于国家统计局《〈关于工资总额组成的规定〉若干具体范围的解释》（1990）、国务院《个人所得税法实施条例》（2005）和《劳动合同法实施条例》（2008）。

劳动者在受用人单位支配劳动的正常工作时间内能获得最低收入，维持劳动价值评价的底线。

着眼于未来，工资作为劳动法制的基石性概念之一，应当在劳动基准法层面加以明确定义，以此统领劳动合同、集体谈判等事项中关于工资计算、工资标准等的概念内涵。为此，沿袭工资对价学理的逻辑，我国关于工资的定义可以承袭学理及既有经验，以期步入先进立法行列。笔者认为可以分为以下要点提炼工资的定义。

1. 工资是劳动关系的对价。谓工资为“劳动关系对价”在于考虑劳动弹性化及企业经营方式创新，劳动者受雇主之“指挥支配”已日趋模糊。为此，以“劳动关系对价”突破“劳动支配对价”而扩大工资请求权的基础，进而以劳动关系整体考量工资的定义及范围。首先，劳动关系的核心是劳动给付，因此，工资最核心的部分仍是雇主对其支配的劳动所给予的对价，此部分是工资的内核，与“劳动支配对价”一脉相承。其次，辅助劳动给付的报酬，如高温、高压等特种工作津贴，是对劳动者在特定工作中消耗劳动力的特别补偿，以供给额外条件使劳动力再生产恢复至常态，故应属于工资范畴。最后，劳动者依法享有的休假是劳动力再生产的组成部分，也是劳动者实现社会生活和家庭生活的时间保证，而劳动者完成休假后能以更佳的状态投身工作，雇主是直接获益者。因此，劳动者休假作为劳动关系的组成部分，其因此所主张的报酬属于工资。

2. 工资支付应具有连续性和经常性。在劳动关系存续期间，劳动的给付具有连续性和经常性，相应地，工资的支付亦应当具有连续性和经常性。我国台湾地区的工资定义特色即在于在“工作报酬”之外加入了“经常性给付”，由此形成的双重工资判断标准有助于明确工资的边界，因为工资支付的“经常性”和“连续性”可在劳资之间建立一种关于工资的“预期”，由此否定雇主支付工资的任意性。反之，雇主可任意支付的金额即不属于工资，如礼金等恩惠性给付。此外，在劳动合同对工资没有约定或约定不明的情况下，将此“预期”结合当地同类或类似工作的报酬，转化为“习惯工资”以确定工资数额。

3. 工资与福利的区分。工资是劳动关系的对价，不代表劳动者在劳动关系存续期间的所有收入都是工资，因此区分工资与福利是工资定义的重要方面。有学者认为，福利不属于某个劳动者的个人利益，雇主支出此项福利时对每位劳动者没有区别，其目的并非为劳动者个人的辅助。因此，福利不是建立在某个劳动者与雇主之间劳动关系基础上的，不是劳动关系的对价，不存在对劳动给付的评价，而是由雇主单方面决定的对其所雇用之劳动者的生活照顾及保障，已不属于劳动关系的内容，而是附属于劳动关系发生的雇主恩惠性给付。

综合上述要点，可将工资定义为用人单位基于劳动关系经常性地支付给劳动者的工作报酬。

第三节　工资构成项目的类型及风险

劳动关系是以劳资双方自缔结劳动合同为起点持续进行劳动给付与报偿的过程，在外观上具备由劳资之间互为对待给付的具体行为构成的体系，而工资作为此持续劳动关系的对价，其所反映的各具体行为对价亦以体系化的方式存在。构成工资的各组成部分在劳动实践中虽具有不同的名称，但均属于工资定义统摄下的劳动关系对价之内容。

一、工资构成项目的对价内涵

1. 计时、计件工资。计时工资，是指按照劳动者实际工作时间的长短支付工资，按计时付酬的时间单位不同可分为月工资、日工资、小时工资。计件工资，是指劳资预先约定劳动者生产产品或单位工作量的单价，继而根据劳动者在工作时间内完成的合格产品数量或总工作量计算工资。

这部分工资是劳动者实际劳动效果的直接体现，明确具有劳资之间劳动与报酬的对价交易性质。

2. 津贴、补贴。我国关于津贴、补贴的定义出自 1990 年国家统计局发布的《关于工资总额组成的规定》，第 8 条规定，津贴和补贴是指为了补偿职工特殊或额外的劳动消耗和因其他特殊原因支付给职工的津贴，以及为了保证职工工资水平不受物价影响支付给职工的物价补贴。其中，津贴包括补偿职工特殊或额外劳动消耗的津贴、保健性津贴、技术性津贴、年功性津贴及其他津贴；补贴则特指物价补贴，在于应对物价变动。当时的规定具有显著的计划时代色彩，实践中企业支付给劳动者的津贴和补贴已然名目繁多，早已不在此规定的框架之内。由此导致的问题是此类津贴和补贴是否属于工资，劳动者对此是否有请求权。为此，在工资规则的构建中，应对津贴和补贴予以严格定义并纳入工资之下予以考量，在法律层面将津贴限定为劳动者给付特殊劳动或额外劳动的补充工资，补贴则是雇主为照顾劳动者生活而给予的特定恩惠性给付，此为津贴与补贴的实质。故依循劳动关系对价学说之思路，津贴是劳动者完成特殊或额外劳动后实现劳动力再生产的必要物质基础，属于劳动关系应有之义，当然属于工资；补贴则非雇主对劳动的评价或劳动的辅助，不应属于工资。在实务处理中，如果雇主有意规避法律，以补贴之名行工资之实，应由执法或司法机关予以纠正。据此，诸如高温、高压、夜班、井下、有毒有害等基于工作条件或环境而给予的津贴应属于工资，劳动者有请求权；对于交通补贴、住房补贴、餐费补贴等则是在劳动关系内容之外充实劳动者生活费用，当属于雇主的恩惠性给付而非工资，其目的在于增强雇主招工和留人的吸引力，劳动者无请求权。延伸思考，受物价变动等因素的影响，劳动者的工资水平必然会有所波动，但应对这种波动的对策并不应当是仰仗雇主给予恩惠性的补贴，而是应当交由劳资集体谈判，使劳动者集体的对价水平能够依循市场经济的规律而调整。工资构成与集体谈判分属劳动基准法与集体劳动关系法，具有不同的制度逻辑和目标。面对工资领域的实践问题不能“有病乱投医”，而宜“对症下药”，使不同制度各司其职，互为配合。

3. 奖金。奖金是对劳动者超额劳动和增收节支的报酬，依据发放时间不同分为“月奖金”“年终奖金”等，其中月奖金随每月工资发放，故又称为基本奖金。奖金依据劳动者给付劳动的质与量确定，我国现有劳动规章均将奖金列为工资，但实践中对此奖金的性质仍存有争议。我国台湾地区的“劳动基准法”将年终奖金列为工资，但争议声中有主张“所谓年终奖金系纯粹东方式制度，其性质在工资与恩给之间。近年来劳动者权利意识高涨，主观上认定年终奖金系一种工资，但雇主则仍将之视为一种恩给”①。笔者认为，这种分歧产生的原因在于劳动者工资请求权与雇主经营管理权之间的冲突。奖金之所以可以归属于工资，依据在于劳动者审慎并有成效地提供了劳动。劳动力使用的特殊性在于始终受制于劳动者的主观能动性，并且劳动合同不可能在劳动关系开始之初就将一切劳动内容细致入微地规定完备，因此奖金就是对劳动者提供基本劳动之外的劳动价值的肯定和评价，故属于劳动关系对价。同时，雇主依据经营管理权对劳动者的工作表现进行评价，以确定是否给予奖金以及奖金的数额。又由于雇主在经营管理上的强势地位，奖金就展现出“东方式”的色彩。解析此问题在于厘清劳动者工资请求权与雇主经营管理权之间的分界，如果劳动者的工作表现符合奖金的条件，那么劳动者即可提出请求，雇主拒绝给予或对给予金额存疑，则可按工资争议予以处理。

4. 佣金及红利。佣金及红利在性质上属于“业绩奖金”，为劳资之间的“利益分享”（Profit-sharing），“如此一奖金与全部营业之业绩有比例关系，则为分红；如其仅与特定交易有关系则称为佣金”。② 在现代经济

---

① 黄越钦：《劳动法新论》，中国政法大学出版社 2003 年版，第 217 页。

② 黄越钦：《劳动法新论》，中国政法大学出版社 2003 年版，第 216 页。

中，市场竞争压力与劳动者知识技能重要性的提升使企业经营业绩日益偏重于劳动者，由此形成的对劳动者给付劳动价值的评价方式即佣金和红利，将雇主经营成果与劳动者收益相结合。为此，劳动者请求佣金或红利必须以创造了经营成果为前提，故劳动者请求此部分工资的权利是附条件请求权，以雇主经营业绩成就与否作为生效条件。对于红利，只有在雇主完成全年经营或全部工作任务之后有盈余，劳动者方有权请求支付红利；对于佣金，劳动者成就雇主与第三人缔结特定交易之时，请求权成立，而当雇主与第三人完成此项特定交易后，请求权生效。当交易最后未能成功时，依瑞士债法“雇主非因过失无法履行交易或第三人不履行其义务者，劳动者不得请求佣金，交易仅履行部分者，佣金依相当比例减少”①。

二、雇主风险理论与工资保障

工资作为劳动关系对价，其核心部分是劳动者提供了劳动。在实务中，因社会生产生活的变动性会造成某些特定情况下，劳动者并未给付劳动，但劳动关系存续，此时劳动者是否有权主张工资？换言之，因特殊情况导致的停工风险应由劳资哪一方承担？在学说上，有劳动关系而无劳动给付是否会造成劳动关系对价学说的内部冲突？就此类问题，国外法律及学理已发展出“雇主风险理论”，将劳务给付不能的风险依其成因而分类规范，可为我国研习工资及其保障之借鉴。

1. 劳动关系所包含之劳动给付不能。劳动者依法享有的带薪年休假以及各种法定假日期间，劳动者不给付劳动，但可主张工资，此为劳动关系自始所包含的内容，亦是法律的强制性要求，无疑属于劳动关系的对价范畴。

2. 劳动关系所排斥之劳动给付不能。如果劳动给付不能的原因是一方存有故意，如劳动者无正当理由的故意旷工，或者雇主故意不受领劳动者

① 黄越钦：《劳动法新论》，中国政法大学出版社 2003 年版，第 218 页。

提供的劳动，造成劳动者“就劳不能”，此类主观恶意行为违背劳动关系的主旨，为正常劳动关系所排斥，当然不发生工资请求权。①

3. 劳动关系所隐藏之劳动给付不能。劳动关系在实际运行中受外部世界的复杂影响，此影响是劳动关系无法明示但客观存在的，因此谓之“劳动关系所隐藏”，此种情况下的劳动给付不能之发生是基于“不可归责于劳资双方”的事件，依其发生原因不同可分为不同情况。

（1）劳动者个人原因导致的劳动给付不能。发生劳动给付不能的原因是劳动者个人，但此情形非由劳动者过错导致，如劳动者本人生病②、参与婚丧等家庭大事，也包括劳动者涉及司法活动，如作为原被告方以及证人出庭，还包括有宗教信仰的劳动者参与重大宗教活动，但不包括与雇员个人生活无关的情况，如天气原因。③ 此类情况属于虽然劳动者不能给付劳动，但本人无过失，劳资之间的劳动关系仍处于“健康状态”，雇主应承受由此产生的雇佣风险，将此类情况作为“包含于劳动关系之给付不能”处理，劳动者享有工资请求权。需要特别说明的是，为防止雇主承担不适当的风险，劳动者的此类离职时间须为“非比例上相当之期间”(verhältnismäßig nichterhebliche Zeit)④，此时长通常根据情况的紧迫性决定，为此，法律应确定最长离职时间的上限，并可减少此类期间内雇主给

---

① 外国法制对此早已有规定，如德国《民法典》第615条规定，如果雇员付出劳动但是雇主不接受，雇主仍有支付薪酬的义务。参见［德］曼弗雷德·魏斯、马琳·施密特：《德国劳动法与劳动关系》，倪斐译，商务印书馆2012年版，第120页。

② 德国法上认为劳动者在病假期间可享有工资的前提是，此疾病并非劳动者的“错误”，但又由于此规则的模糊性形成了大量法院判例来界定何谓劳动者的“错误”，已形成的“错误”定义是“雇员的行为方式严重地违背了一个正常人为维护个人利益而采取的行动”，如吸毒、酗酒等。参见［德］曼弗雷德·魏斯、马琳·施密特：《德国劳动法与劳动关系》，倪斐译，商务印书馆2012年版，第123页。

③ 由于洪水、道路积雪或冰冻等情况导致劳动者不能到达企业的情形称为“在途风险”(Wegerisiko)，客观上不可归责于劳资双方当事人，属于偶然事件，由劳动者承担此风险。BAG 8. 9. 1982，8. 12. 1982 AP. 59，58 zu §616 BGB.

④ Däubler，Arbeitsrecht，4 Aufl.，Ffm. 2002，Rn. 770.

付的工资额度。[①]

（2）雇主原因导致的劳动给付不能。劳动者所给付的劳动必须与雇主所提供的生产资料相结合才能创造价值，此为从属性劳动的物质基础。如果雇主因非本人过错的特定原因无法向劳动者提供给付劳动的生产资料，由此导致的“基础危险”（Substratsgefahr）应由雇主承担。[②] 此情况下，雇主主观上原因，但客观上无法让劳动者开展工作。典型情形包括企业内部生产经营事由，如工厂停电、失火、机器设备检修等，企业外部事由，如原材料供给中断、政府命令停产整顿、恶劣天气影响等。[③] 德国司法上亦吸纳此见解，并发展成为“企业危险理论”。[④] 上述事由导致的劳动给付不能，劳动者仍享有工资请求权。日本司法和学理中也持相同观点，即除发生不可抗力情况外，雇主须承担停工期间的工资支付义务。[⑤]

4. 劳动关系所承载之劳动给付不能。劳动者集体因与资方谈判而导致的罢工、停工期间，个体劳动者是否有权主张报酬，此为劳动基准法与集体劳动关系法交叉领域的工资请求权问题。以罢工为代表的劳动者集体争议行为通过劳动者组织一致的方式人为地不给付劳动，主观上意图通过停工向雇主施压。由于劳动者集体争议行为须由工会或其他劳动者组织实施，故此类行为是以各个劳动者与雇主之间的个体劳动关系为基础，因此称为劳动关系所承载之劳动给付不能。

对此问题，德国法上起初形成了“球体理论”（Sphärentheorie），即所

---

① 例如，德国《就业机会促进劳动法》（1996）规定，劳动者的带薪病假必须在雇佣关系成立满 4 个星期后才享有。除工伤或职业病可以全薪休假，其他情况下休假的工资都削减到原来的 80%。参见［德］曼弗雷德·魏斯、马琳·施密特：《德国劳动法与劳动关系》，倪斐译，商务印书馆 2012 年版，第 122 页。

② MünchArbR/Blomeyer，2 Aufl.，München 2000，§ 57 Rn. 21.

③ MünchArbR/Blomeyer，2 Aufl.，München 2000，§ 57 Rn. 19.

④ BAG 22. 11. 1956，8. 2. 1957，24. 1. 1958，30. 5. 1963.

⑤ 认定此不可抗力需考察两个要件：第一，发生于事业外部的事故；第二，事业主以通常的经营者应尽的最大注意，仍无法避免的事故。参见林振贤：《谈劳工停工间工资给付问题》，《中国劳工》1001 卷，2000 年 2 月，第 9 页。

有的工人被认为是靠休戚相关的理念团结在一起，如果工人无法劳动的原因是工人们采取了劳资行动，那么雇主不需要支付报酬，即使对没有参加罢工的工人也是如此。[①] 20 世纪 80 年代，德国联邦法院放弃了“球体理论”，将重心转移到薪酬支付的效果上。德国联邦法院认为，劳资冲突发生行业内的雇员丧失了获得薪酬的权利，无论他们是否属于拟订立的集体协议所覆盖的地区。如果他们不属于发生劳资冲突的行业，他们至少在原则上仍保有薪酬请求权。但例外的是，如果劳资冲突中的企业和那些间接受到影响的雇员之间经济上关系密切，则他们丧失了薪酬请求权。[②] 在日本法上则认为雇主在劳动者罢工期间内仍有工资支付义务，只是可以做相应的扣减。在部分劳动者罢工的情况下，只要雇主有继续营业的意思并且受领参加劳动者所提供的劳动，那么雇主对此部分劳动者有工资支付义务。[③]

根据劳动关系对价学说进行分析，劳动者采取罢工等集体行动的目的是重新与雇主缔结集体合同，改善劳动条件，其本质上属于“重新缔约”，集体性地改变劳动关系内容。故此时，原有劳动关系已处于“中止”状态，其未来的效力状态取决于劳资谈判的结果。如果劳资双方达成新的集体合同，则原劳动关系“终止”；如果劳动者一方妥协，劳资双方未达成新的集体合同，则原劳动关系“解冻”而继续有效。从工资是劳动关系对价的角度来说，雇主无义务基于“中止”的劳动关系而给付工资。因此，罢工中的劳动者无工资请求权，未参与罢工的劳动者不在此限。

---

① ［德］曼弗雷德·魏斯、马琳·施密特：《德国劳动法与劳动关系》，倪斐译，商务印书馆 2012 年版，第 121 页。

② 德国法院裁判的目的在于集合各劳资冲突相关方的力量，促使冲突尽快解决。因此，间接受到影响的雇主必须支付报酬，这给卷入劳资冲突的雇主带来压力，并促使冲突结束；而间接受到影响的领导者没有报酬，同样会向工会施压以结束冲突。参见［德］曼弗雷德·魏斯、马琳·施密特：《德国劳动法与劳动关系》，倪斐译，商务印书馆 2012 年版，第 243 页。

③ 黄越钦：《劳动法新论》，中国政法大学出版社 2003 年版，第 221-222 页。

第二章

劳动对价的规范构造

第一节　用人者经营风险对工资支付的影响

“员工与企业共渡难关”自2008年国际金融危机开始成为劳资关系领域的常见话语，在“经济新常态”对企业经营产生深度影响的背景下，该词句的热度再度提升，受到的社会关注度颇高。其基本内涵是在企业因外部经济环境不佳而经营不景气的情况下，劳动者与企业作为利益共同体要互相理解和支持；具体办法是在企业承诺不裁员的前提下，为缩减企业成本开支，劳动者不要求涨薪，甚至认可一定程度地减少工作时间和降低工资收入。政府部门和工会系统是此项政策的推动者，初衷是尽可能地保住劳动者的工作岗位和基本工资收入来源，值得肯定。由于此项政策给予企业更大的劳动力调配空间和道德优势，因而受到企业方的积极回应，各地有工会组织的企业“公开承诺”活动或劳资“共同约定”行动频繁见诸媒体。值得注意的是，经济波动本身是市场经营中的常态。虽然金融危机已渐入档册，但是在世界经济复苏乏力与我国阶段性结构调整的叠加影响下，整体经济态势仍难以使企业经营乐观。面对常态化的市场经营压力和风险，劳资携手“共渡难关”的良好愿景固然可贵，但恐怕难以走得太远，原因在于劳动关系本质上是劳动与对价交换的利益共同体，单从道德上呼吁劳资双方自我抑制利益诉求难以形成双方稳定的预期。并且，“共渡难关”体现的道德意味存在被企业滥用的隐忧，企业只要没有违背裁员的承诺就掌握“共渡难关”的解释权，以此为根据所实施的指示行为很可能突破劳动基准和劳动合同的限制，这种突破则可以当作不裁员的代价予以辩解。由此可见，以应对危机为目的的短期政策行为有其固有缺陷，利益的常态化协调必然要依赖法律制度。为此，在依法治国的指引下，有必要对“员工与企业共渡难关”的行为模式进行法律反思，剖析其中的权利义务变化。

企业实施“共渡难关”最为典型的举措是通过缩短工作时间以实现降低工资成本的目的，在实践中称为“无薪休假”“弹性休假”“缩短工时”等，通常称谓是无薪休假。此种做法在我国台湾地区金融危机之后一度盛行，引入大陆之后已逐步成为普遍现象，但我国劳动法制对此并无规则可以遵循，使之处于事实上的脱法状态。实际上，“无薪休假”一词本身并不是法律概念，有学者将其界定为雇主在特定经济状况下，与劳工合意一段时间内减少劳动契约原定之工作日数或工作时数，同时减少约定薪资之暂时状况。① 该定义包含了无薪休假的五个构成要件，即特定经济状况、雇主与劳工合意、减少工作时间、减少工资和暂时状况，所用表述意指全部五个要件均具备的情形下才可认定为无薪休假。但是，由于劳动法中没有相关规定，无薪休假既无法定化的构成要件，也没有法律效力的依据，不能简单地说劳动关系双方具备全部五个要件的行为就是有效的无薪休假，欠缺某一要件则属于无效或效力待定的状况。反观这五个要件，在劳动合同存续期间，劳动关系双方合意自然可以变更劳动合同原有约定，此为劳动关系的私法属性决定的。某种特定经济状况下，用人单位与劳动者合意减少工作时间并相应地减少约定工资的情况可以由合同变更规则解决，无须引入无薪休假的概念。如果仅从满足概念要求的角度来说，我国曾在改革过渡时期针对固定工适用的“停薪留职”也符合此五个要件，即劳动者与用人单位约定在一定时间内劳动者无须工作，用人单位保留岗位并停发工资。但这两个用词存在的语境及指向均明显不同，从一般经验认知上可以明确区分，学理化的

① 吴姿慧：《我国“无薪休假”之现况与争议问题》，《政大法学评论》2011 年 4 月第 120 期，第 346 页。

概念更不应当存在混淆之嫌。

确定无薪休假的概念须从企业实践出发，将其作为一种有待于法治化的事实予以描述。实践中企业大多以人力管理的方式下达无薪休假的安排，如金融危机之后，四大会计师事务所在中国大陆的分支机构均实施了无薪休假，其中安永的无薪休假期限为一个月，员工可以选择在 2009 年 1 月至 6 月集中或分散休完该假期。[①] 德勤则对员工强制实行无薪休假，要求中国员工每月进行无薪休假，“目的是保留就业岗位”。[②] 此项措施在我国台湾地区亦广泛使用，位于我国台湾地区的台积电则实施“做四休三”，即制造部门自 2008 年 12 月开始实施一个月五日无薪休假，非制造部门自 2009 年 1 月开始每周有一天无薪休假。[③] 据统计，“做四休三”是我国台湾地区常见的无薪休假模式，部分企业甚至连续一段时间暂时停工。就现已披露的无薪休假实施方式而言，未有企业与员工达成合意在先，盖因经济危机紧要时刻，没有充分时间进行磋商和统一员工意见，因而一般由企业单方强制推行。

故此，可将此无薪休假定义为用人单位因经营困难所迫改变原有生产及业务模式，减少约定工作时间，并相应地按比例减少劳动报酬的行为。此定义包含三个基本内容：第一，无薪休假的原因是企业陷入危机风险或经营困难，此为无薪休假的正当性基础，亦是为“共渡难关”而调整劳动关系内容的客观前提。如果企业并非处于经营困难而单方任意变更原有约定的工作时间及报酬，则构成违约，劳动者可主张追责。第二，无薪休假的前提是企业改变原有的生产及业务模式，此为企业在经营困境下的应激反应，由此反射到劳动关系则演变为无薪休假。故企业

① 陈艳艳：《安永以无薪休假应对危机》，《中国新时代》2009 年第 5 期，第 98 页。

② “德勤承认强制中国雇员无薪休假”，http：//finance. qq. com/a/20090707/006931. htm.

③ 姜涛、任荣明：《关于经济危机引发无薪休假的探讨》，《管理现代化》2010 年第 3 期，第 31 页。

要求劳动者无薪休假应当是针对受生产及业务模式影响的全体或部分人员，而非因生产业务外之原因针对某一特定劳动者。现实中不乏企业打着经营困难的旗号要求某一劳动者无薪休假，但并没有在其他方面改变经营方式，其行为实质是迫使劳动者陷入困难而主动提出辞职请求，实为企业趁机浑水摸鱼，以无薪休假之名行解雇之实，应予以否定。第三，无薪休假的内容是暂时性地减少工作时间并相应地减少工资，以实现缩减用人单位人力开支的目的。从实践形式来看，减少工作时间包括减少一周内工作日数、一天内工作小时数，乃至长期放假；所针对的对象涉及全部劳动者、部分劳动者，抑或某特定劳动者；减少的工资比例包括发放一部分工资或者全部停薪。可见，关于“无薪休假”的实施无章可循，引发的争议颇多，相关问题如多长时间可称为“暂行性”，是否应与企业经营困难期同步，即只要企业处于困难状态就可以实施无薪休假；“减少工作时间”的限度为何，实践中如“一周休一天无薪假”“做四休三”“无限期休假”“等有订单再上班”等情形[①]，缺乏法律规范；“减少工资”的限度为何，能否低于最低工资，是否应设置降薪的比例限度；劳动者与企业共渡难关后，待企业经营好转，劳动者能否主张补偿。此类问题均有待于学理和制度予以解答回应。

第二节　工资与工作时间关联性的规范构造

在我国劳动法体系中没有“无薪休假”的表述，“休假”与“薪酬”在法源层面分别规定于《劳动法》（1995）第四章“工作时间和休息休假”、第五章“工资”，并经由相关部门规章有所细化，二者在制度逻辑上则是通过“劳动”衔接起来的。工资作为劳动的对价以劳动给付为基础，

① 林佳和：《无薪休假：社会现实与法律迷障》，《台湾法学杂志》2009年第1期，第1页。

工作时间是衡量劳动给付的主要尺度，工作时间之外依法可由劳动者享有的自由支配时间则为休息休假，劳动者在该时间内未给付劳动却可主张工资的依据在于法律将其拟制为劳动时间，从而在逻辑上贯彻了“按劳分配”或“无劳动无报酬”的原则。

1. 工资在本质上是劳动报酬。《劳动法》（1995）第 46 条规定，工资分配应当遵循按劳分配原则，实行同工同酬。原劳动部于 1995 年颁布的《意见》第 53 条将工资定义为“用人单位依据国家有关规定或劳动合同的约定，以货币形式直接支付给本单位劳动者的劳动报酬”，并排除了“社会保险福利费用、劳动保护费用、特别奖励和非工作所得”，强调工资的劳动收入本质。

2. 工资请求的基础是“正常劳动”。在什么样的劳动可交换工资的问题上，劳动法制实际上采纳了“正常劳动”的概念作为衡量基准，并在制度构成上形成了两种类型规定。

其一，真正的正常劳动，即劳动者依法签订的劳动合同约定，在法定工作时间或劳动合同约定的工作时间内从事的劳动。《劳动法》出台时还未形成正常劳动的用词，而是用“正常工作”来表达。《劳动法》（1995）第 44 条规定以“劳动者正常工作时间工资”作为计算加班费的基准，此“劳动者正常工作时间工资”由《意见》第 55 条解释为“劳动合同规定的劳动者本人所在工作岗位（职位）相对应的工资”。遵循此逻辑，原劳动部和社会保障部于 2004 年发布的《最低工资规定》提出“正常劳动”，并以此为基础界定最低工资，其中第 3 条规定“劳动者在法定工作时间或依法签订的劳动合同约定的工作时间内提供了正常劳动的前提下，用人单位依法应支付的最低劳动报酬”。

其二，拟制的正常劳动，即劳动者未实际给付劳动，但其依法休假或活动被拟制为正常劳动，包括劳动者依法享受国家规定的假期、在法定工作时间内依法参加社会活动。《劳动法》（1995）第 51 条规定：“劳动者在法定休假日和婚丧假期间以及依法参加社会活动期间，用人单位应当依法支付工资。”原劳动部于1994年发布的《工资支付暂行规定》第11条规定，劳动者依法享受年休假、探亲假、婚假、丧假期间，用人单位应按劳动合同规定的标准支付劳动者工资。《最低工资规定》第3条形成了明确的规定，劳动者依法享受带薪年休假、探亲假、婚丧假、生育（产）假、节育手术假等国家规定的假期间，以及法定工作时间内依法参加社会活动期间，均视为提供了正常劳动。

3. 工作时间制度及实践以“加班”为重、“停工”次之、“缩短工时”最略。劳动法在构建起劳动与工资的直接对应关系后，形成了“有多少付出才有多少回报”的制度思维。加之中国人是以勤劳为美德的民族，改革开放后的经济发展又需要海量的劳动付出，几种因素叠加形成的效果是劳动部门、工会、用人单位和劳动者似乎最为关心加班问题，尤其是加班费的计算和支付，关系到收入的增长。此背景下的各方所思所为又共同汇集为法律制度的惯性，习惯了做“加班”的加法就自然地忽视了做“缩短工时”的减法。我国有关停工期间工资支付的基本规范是《工资支付暂行规定》（1994）第12条，非因劳动者原因造成单位停工、停产在一个工资支付周期内，用人单位应按劳动合同规定的标准支付劳动者工资。超过一个工资支付周期的，若劳动者提供了正常劳动，则支付给劳动者的劳动报酬不得低于当地的最低工资标准；若劳动者没有提供正常劳动，应按国家有关规定办理。此项规定只针对“停工停产”一种情况，无法解决企业缩短工时的情况。各地的工资支付制度沿袭此项规定制定的地方规则存在差异，笔者选取几个主要省市的规定用以参照。

规定＼情形	一个工资支付周期内	超过一个工资支付周期，劳动者提供劳动	超过一个工资支付周期，劳动者未提供劳动	缩短工时降低工资
《北京市工资支付规定》（2004）第27条	按照正常劳动支付工资	按照双方新约定的标准支付工资，但不得低于本市最低工资标准	按照不低于本市最低工资标准的70%支付基本生活费	无
《上海市企业工资支付办法》（2016）第12条	按照约定标准支付工资	按照双方新约定的标准支付工资，但不得低于本市最低工资标准	无	无
《天津市工资支付规定》（2003）第27条	按照劳动合同约定的工资标准支付工资	经与劳动者协商一致，可以变更劳动合同，调整工资标准，但不得低于本市最低工资标准	无	无
《广东省工资支付条例》（2005）第35条	按照正常工作时间支付工资	按照双方新约定的标准支付工资	按照不低于当地最低工资标准的80%支付劳动者生活费	无
《深圳市员工工资支付条例》（2009）第28条	停工1个月内，按照员工本人标准工资的80%支付工资	停工超过1个月，按照不低于最低工资的80%支付工资（未区分是否提供劳动）	无	

4. 我国法律没有应对经济风险的准备。《劳动法》制定之时我国刚刚宣布建立社会主义市场经济体制（1994），当时社会生产组织绝大多数是国有和集体企业，固定工仍是劳动用工的主要形态，劳动合同制虽已推行，但很大程度上是形式需要，劳动关系处于近乎固化的稳定状态。全社会的市场化程度很低，对周期性的经济波动以及全球化带来的金融危机还缺乏想象。在此背景下所诞生的《劳动法》必然深刻打上那个时代的烙

印，以当时的社会用工方式为立法出发点和基本假设，不可能对经济风险予以制度准备，对此无可苛责。但是，2008 年出台的《劳动合同法》也没有应对危机的意识，缺乏劳动合同受经济危机影响而调整的弹性规定。可叹的是该法的问世恰好遭遇了金融危机，人们感叹《劳动合同法》生不逢时之际却未想到该法先天地没有应对危机的基因，以致各地为应对危机默许企业种种要求"员工共渡难关"的变通做法，该法不能提供法律支持却损害了自身的权威性。同是受到 2008 年金融危机的冲击，德国联邦政府于 2009 年 1 月 12 日发布《雇佣安定》（Beschäftigungsicherung）决议，2009 年 3 月 2 日德国联邦议会通过《德国雇佣安定与稳定法案》（Gestz zur Sicherung von Beschäftigung und Stabilität in Deutschland），明确提出保障就业，以缩短工时取代解雇，将给予缩短工时劳动者的津贴期限从 6 个月延长到 18 个月，此后又延长到 24 个月，并简化行政审批程序。对实行缩短工时的企业由联邦劳动署负担其一半的社会保险费。同时鼓励企业利用缩短工时产生的闲置时间进行劳动培训，对开展劳动培训的企业由联邦劳动署负担其全部的社会保险费。① 相比之下，可见我国应对经济危机的法制尚未受到充分重视，应对能力和法治化的水平都较低，制度机制的构建仍有相当大的发展空间。

第三节　无薪休假中的工资风险转移

我国大陆学界对于无薪休假的研究甚为稀缺，② 相比之下，我国台湾地区已有相当的讨论，并形成了无薪休假法理基础的争论。在此引述各方

---

① Sieche Einsatz für Arbeit. Vorschläge der Arbeitsgruppe Beschäftigungsicherung vom 12，January 2009.

② 目前可检索到的"无薪休假"法学论述仅有两篇，分别是胡玉浪：《无薪休假法律问题探讨》，《南华大学学报》（社会科学版）2010 年第 5 期；赖力静：《论无薪休假的合理性判断及法律应对》，《现代经济信息》2015 年第 2 期。

观点并分析点评，以厘清认识。

一、无薪休假的学说争论及评价

（一）雇主行使指示权

依劳动法通说，劳动者在劳动关系中具有从属性的特点，其核心正是劳动者须接受雇主的指挥监督，德国法称为劳动者“受雇主指示权拘束”（Weisungsgebundenheit），意指劳动者所提供劳动的方式、种类、地点、工作时间等依据雇主的指示权决定。[①] 在现代经济中，企业规模逐步扩大，雇主为节省人力管理的时间成本和费用，往往以发布通知或公告的方式行使指示权，调配劳动者的工作内容及时间。沿袭此内部管理惯例，当企业遇有经济危机或经营困难时，一般以“企业决策”的方式下达缩短工作时间的指令。既然工作时间缩短了，那么减少工资也就顺理成章。在强调个人服从集体、下级服从上级、小利服从大局的东亚文化圈中，雇主单方行使指示权具有天然的心理认同和道德优势，迫使劳动者接受企业安排，提出异议者则容易被视为“不与企业患难与共”。因此，上述做法成为实践中的企业通例。

然而，指示权在法理上并不具备上述功能，“雇主只能在已经约定之劳务总量（依工作总时间换算得出）之框架下，对于时间之配置给予具体之指示或派遣，雇主变更工作时间之总量……如果缩短，依其原因而定（战争、天灾、断电、订单减缩等），如为企业风险或经营风险，当劳工已提出给付或准备妥当处于得随时提供劳务之状态时，雇主拒绝受领则陷于受领延迟”[②]。德国学说及实务均认为雇主不得以指示权作为变更工时的法

---

① G. Schaub, Arbeitsrechts-Handbuch, 9. Aufl., 2000, Rn. 7 zu § 8.

② 吴姿慧：《“我国”无薪休假之现况与争议问题》，《政大法学评论》2011 年 4 月第 120 期，第 366 页。

律基础。[1] 雇主以“企业决策”的方式单方变更工时实际上是指示权扩张，超出了必要的限度。

（二）劳动合同中止

有学者试图从合同原理出发解释无薪休假，“雇主之工资给付与劳工之劳务提供，在一定期间内中止，而忠诚义务等一般之附随义务仍然存续，劳动契约关系中止之发生，则需具明文法律规定或依双方当事人之约定”[2]。该学说可解释雇主长时间停工的情形，劳资可寻求法律依据或达成合意，雇主停发工资但继续保留岗位，劳动者无须给付劳动。在合同中止的原因消失后，劳动关系恢复到原有状态。然而，实践中情形如上文所提及，大量的情况是一周内“做四休三”以及一天内缩减若干小时工作时间。如依合同中止解释，劳动合同处于反复中止的状态。并且，在双务合同中，合同中止的法律效果是一方恢复履行能力或提供担保，则合同继续履行。但是，在无薪休假的合同反复中止情况下，雇主并未摆脱经营困难或提供工资支付担保。故该说难以全面解释无薪休假的合同原理。

（三）劳资合意变更劳动条件

企业遭遇的经济波动或经营困难是在劳动合同订立之初难以预见的，若强求企业依照原有合同履行，则必然使企业陷入更大的危机，最终损害劳资关系双方。为此，以经济困难为诱因，劳动者可对雇主提出的缩短工时要约做出意思表示，达成合意即可缔结并履行新合同，体现“共渡难关”的真意。我国台湾地区“劳动机构”和“法院”均认同此学说。“劳动机构”认为“倘事业单位确有实际困难，须使劳工间歇工作时，其原定工作时间、工资给付等如需变动，仍应有双方协议始得为之”。针对金融危机的冲击，“劳动机构”再度强调“雇主受景气因素影响致订单减少，

---

① BAG 14. 2. 1991, AP BGB § 615 Kurzarbeit Nr 4.

② 林佳和：《无薪休假：社会现实与法律迷障》，《台湾法学杂志》2009 年第 1 期，第 4 页。

所造成之停工或减产，系可归责于雇主之事由……如雇主欲采取无薪休假方式，暂时减少劳工工作时间并减少工资，必须征得劳工同意，才可实施”。“法院”判决指出，“雇主不依劳动契约之原定方式给付工作报酬，已不合于劳雇间之劳动契约；其不利于劳工之情形，则违反劳动契约，更为明显。工资给付方式、给付期限之变更，须征得劳工之同意”。

二、劳动给付障碍的风险分担

经济危机以及企业经营困难都属于企业风险，盖雇主主持企业运营并制定经营决策，故应由雇主承担此风险。由于劳动合同在履行中具有双重特点，一方面，作为双务合同，由劳动者给付劳动与雇主支付工资构成债的基本交换内容；另一方面，劳动合同是一种“持续性债的关系”（Dauerschuld’ verhältnis），不同于一般民事双务合同“一时性债的关系”（Punktuelled’ verhältnis），劳动给付与工资支付在劳动合同期间内持续反复发生。[①] 并且，劳动者给付劳动需利用用人单位的设备、资料，并处于其指挥监督之下。因此，当雇主因经营风险导致生产或业务停滞时，劳动者处于劳动给付障碍状态。依据德国学说及实务，如果该劳动给付障碍系由非雇主本人过错的特定原因导致，称为“基础危险”（Substratsgefahr），应由雇主承担。[②] 此情况下，雇主客观上无法让劳动者开展工作或保证劳动者足够的工作量。典型情形包括：企业生产经营事由，如工厂停电、失火、机器设备检修等；企业外部事由，如原材料供给中断、政府命令停产整顿、订单减少、销售受阻等。[③] 德国司法上亦吸纳此见解，并发展成为

① BAG, AP Nr. 20, 28 zu §611 BGB Abhägigkeit; NZA 1993, 174, 175; 1992, 36, 37; 894, 895; Wiedemann, Das Arbeitsverhätnis als Austauschund Gemeinschaftsverhätnis, 1966, S. 12 ff.

② Blomeyer, W., in: Richardi, R./Wlotzke, O. (Hrsg.), Muänchener Handbuch zum Arbeitsrecht (MuänchArbR), Band 1, 2. Aufl., Muänchen 2000, §57, Rn. 21.

③ Blomeyer, W., in: Richardi, R./Wlotzke, O. (Hrsg.), Muänchener Handbuch zum Arbeitsrecht (MuänchArbR), Band 1, 2. Aufl., Muänchen 2000, §57, Rn. 19.

“企业危险理论”。[1] 根据联邦劳动法院的司法判决，雇主应承担经营风险，因为他领导着经营过程，经营的经济成果归属于他。[2] 上述事由导致的劳动给付障碍，劳动者仍享有工资请求权。日本司法和学理中也持相同观点，除发生不可抗力情况外，雇主须承担停工期间的工资支付义务。[3]

无薪休假在本质上是雇主将经营风险转移给了劳动者。在“员工与企业共渡难关”名义下实施的无薪休假，是企业要求劳动者作为利益共同体成员分担一部分企业风险，结果是劳动者工作时间减少、工资降低。由于该企业风险本应由企业完全承担，因此，企业无权要求劳动者分担，只有当企业提出分担请求（无薪休假），劳动者出于维护共同利益的目的自愿损失自身利益参与分担，可视为劳动者处分权利，与企业达成合意并缔结新合同，此时具有正当性。因此，无薪休假在法理层面的基础当为劳资双方合意。

第四节　非正常劳动情况下的工资保障

经济波动是每一个市场经济国家都存在的客观风险。在全球化的时代，经济风险会自然地传递给协作链条上的每一个国家。2008 年国际金融危机冲击之下，各主要经济体均不能独善其身，企业经营遭遇到严重危机。公众可在媒体上获知种种政府救助措施，但海外版的“员工与企业共渡难关”如何实施却没有机会“上头条”。笔者从比较法的角度对此予以考察发现，市场及法制发达的国家在长期应对经济波动的实践中已发展形

① BAG 22. 11. 1956，8. 2. 1957，24. 1. 1958，30. 5. 1963.

② 雇主不支付工资的例外情形是因罢工导致劳动给付障碍。德国自 1923 年“基尔有轨电车案”形成了“领域理论”（Sphärentheorie），雇主无须为工人一方导致的给付障碍负责。［德］雷蒙德·瓦尔特：《德国劳动法》，沈建峰译，法律出版社 2014 年版，第 185 页。

③ ［日］労働基準に関する通達（昭和 27 年 8 月 7 日 基収 3445 号）。

成了一套制度机制，为企业与其劳动者提供共渡难关的法律路径，分散危机对企业及劳动者的冲击，防止出现大规模解雇，保障劳动者在企业停工或缩短工时期间的生活来源。虽然劳动者所处的情形与“休假”相仿，但并不“无薪”，此类国家法制中没有“无薪休假”的概念与实践，代之以“休业津贴”“保障性工资”等法定利益平衡模式，以及“短工津贴”“补贴基金”等社会化风险分担机制。而我国仍将“无薪休假”作为一个新问题，思维仍局限于在劳动关系中应对经济危机，仅有“员工与企业共渡难关”，未有“社会与企业、员工共渡难关”，足可见制度和认识之差距。故笔者引入先进法治经验以开拓视野，借鉴学习。

一、德国“短工制度”

德国法引导企业在遭遇经济危机时调整生产机制、避免裁员，《德国社会法典》第 3 编第 2 条第 2 项规定，雇主应当优先采取企业内部措施，避免申请就业促进补助及解雇劳动者。[①] 雇主据此可调整工作模式，采用缩短工时制度（Kurzarbeit），简称“短工制度”，意指暂时性地缩减企业原有工作时间（übliche Arbeitszeit）。此项制度适用于两类情形，第一类是一般性地缩短工时，防止经济波动、订单减少的情况下发生大规模解雇；第二类是特殊性地缩短工时，针对企业因个别原因需调整组织结构或因天气而暂时停工。[②]

工资在德国法上被视为劳动给付的对价（quid pro quo），以“无劳动无报酬”作为工资支付的基本原则。[③] 为获得正当报酬，劳动者有权要求雇

① G. Schaub, Arbeitsrechts-Handbuch, 11. Aufl., München 2005, § 19 Rn. 8.

② 吴姿慧：《“我国”无薪休假之现况与争议问题》，《政大法学评论》2011 年 4 月第 120 期，第 377 页。

③ Manfred Weiss, Marlene Schmidt, Labour Law and Industrial Relations in Germany, Kluwer Law International, 2007, p. 255.

主依照合同提供工作，称为“就劳请求权”（Beschäftigungsanspruch），[①] 防范雇主单方面改变劳动内容。但是，短工在实质上是暂时性地改变劳动合同约定的工作时间，限缩劳动者能够提供的工作量。对于这种改变，德国法强调的前提是依据合同原理尊重劳动者的就劳请求权，坚持改变劳动合同约定的工作时间须经由劳资双方合意，单方无权任意更改。但是，在企业面临经济危机或遭遇经营困难时，迫于特定情势无法采用劳资达成合意的常规路径，因此法律以“合意”概念为基础创设了短工所适用的特殊形式。

1. 集体合同中的缩短工时条款。“大多数情况下，团体协议中都包含缩短工作时间条款……司法判决和主流观点认为，也可以通过工厂协议规定缩短工作时间。”[②] 雇主依据集体合同条款在必要情况下缩短工作时间并相应地减少工资报酬，但由于德国《企业组织法》第 87 条第 1 款规定缩短或延长企业通常的工作时间属于劳资共同参与决定事项之一，因此关于缩短工时的计划安排及细节须经工会代表参与决定才可实施。[③] 此外，依据德国司法实践，短工制度的启动不局限于雇主，劳动者亦有权主张缩短工时。在企业存在裁员的风险，雇主已然无法依据劳动合同提供工作，在雇主向劳动主管机关申报裁员的“解雇闭锁期”（Entlassungssperre）内，劳动者可单方面向联邦劳动署申请缩短工时。[④]

2. 变更终止（Änderungskündigung）。德国《解雇保护法》第 2 条规定，雇主终止劳动合同，同时向劳动者提出变更劳动条件以继续劳动关系

---

① Blomeyer, Müchener Handbuch zum Arbeitsrecht. Bd Ⅰ. Individualarbeitsrecht Ⅰ, 1. Aufl., 1992 § 93 Rn. 3ff.

② ［德］雷蒙德·瓦尔特：《德国劳动法》，沈建峰译，法律出版社 2014 年版，第 150-151 页。

③ G. Schaub, Arbeitsrechts-Handbuch, 9. Aufl., 2000, Rn. 3 zu § 49.

④ G. Schaub/F. Schindele, Kurzarbeit, Massenentlassung, Soziaplan, 2 Aufl., München 2005, § 35 Rn. 145.

的要约时，劳动者可以不违反社会正当性为保留条件而为承诺。[①] 据此，当雇主提出缩短工时的意思表示之时，劳资双方进行新劳动合同的缔约行为，劳动者可对雇主关于缩短工时的要约予以附条件承诺，双方可暂时性地按照缩短工时的新合同继续劳动关系。劳动者有权在雇主发出要约之后的三周内向劳动法院提请变更终止保护诉讼，由法院判断雇主提出的缩短工时是否合法，如果不合法，新劳动合同将恢复到变更之前的劳动合同状况。[②]

3. 短工津贴。《德国社会法典》第3编“劳动促进法”第4章第169~182条规定了“短工津贴”，企业无论实施何种形式的短工，均可依照法定程序向联邦劳动署申请短工津贴，作为劳动者在过渡期内的补偿性收入，维持生活。[③] 根据该法第170条的规定，申请短工津贴须满足三个条件：第一，企业因经济性或不可抗力因素导致业务需求严重减少；第二，雇主因此必须暂时性地减少劳动者的工作量和工资；第三，被迫缩短工时及减薪的劳动者占全员数量的三分之一以上，并且工资减少幅度超过10%。[④] 此项津贴实际上属于社会保障法范畴，目的在于维持劳动者在特定期间内的生存保障，并分担企业风险以稳定就业，在理念上已将经济危机对企业及劳动者造成的风险提升为社会风险，借由社会化的保障机制予以分担化解，实现了劳动法与社会保障法的紧密衔接。

二、日本“休业补贴”

日本法上的“休业”，是指因雇主的责任致使劳动者处于无工作状态，

---

① F. X. Wallner, Die ordentliche Änderungskündigung des Arbeitgebers, Berlin 2001, S. 24 ff.

② W. Berkowsky, Die betriebsbedingte Änderungskündigung, Baden-Baden 2000, S. 67ff.

③ Bundesagentur für Arbeit Nürnberg Zentrale—SP Ⅲ 32 (Hrsg.), Sammelerlass Kurzarbeitergeld, Nürnberg, 8, January 2008, Ⅰ. Durchführungsanweisungen.

④ Boecken, Arbeitsrecht und Sozialrecht-Insbesondere zu den rechtlichen Grundlagen der Einführung von Kurzarbeit, RdA 2000.

司法实践已认定可归责于雇主的情形包括因材料短期、资金困难、订单减少、业务未能完成以及天气所造成的企业经营障碍，① 日本《劳动基准法》第26条规定，雇主必须在休业期间向劳动者支付平均工资60%以上的休业补贴。此项规定的目的在于保障劳动者能够在休业期间维持最低生活水平。② 对于“休业”的理解，学说一般认为包括企业全部或部分业务停止、特定劳动者工作停止，以及每日常规工作时间内的部分时间业务停止。③

除了日本《劳动基准法》规定的休业补贴，日本《民法》亦有类似条文，其第536条第2款规定，如果劳动债务因为债权人（雇主）的责任而不能履行时，劳动者有权获取“反对给付”（工资），数额是全部工资。在劳动者主张雇主给付工资的案件中，劳动者负担证明劳动给付不能是由于雇主造成的。④ 反对给付与休业补贴的差别在于，反对给付所基于的“债权人责任原因”仅限于债权人故意、过失或者诚信规则上的原因。⑤ 司法上认为二者的关系应为互相抵销之债，雇主支付了休业补贴之后，如果“反对给付”也成立，那么雇主应当按全部工资补足差额。⑥

三、英国“保障性工资”

英国法承认劳动合同在履行过程中，劳动者可能因雇主不可控制的原因致使劳动给付受阻，相关情形包括经济衰退导致雇主生产波动或临时性地关闭工厂、缺乏原材料或能源供给，以及特殊的情形，如工厂失火等。

---

① 参见［日］扇興運輸事件，熊本地八代支决昭37.11.27，労民集13-6-1126；最上建設事件，東京地判12.2.23，労判784-58；大田原重機事件，東京地判平11.5.21，労判776-85；ピー・アール・イー・ジャパン事件，東京地判平9.4.28，労判731-84；三都企画建設事件，大阪地判平18.1.6，労判913-49。

② ［日］いずみ福祉会事件，最三小判平18.3.28，労判933-12。

③ ［日］労働基準に関する通達（昭和27年8月7日 基収3445号）。

④ ［日］ペンション経営研究所事件，東京地方裁判所，平成9年8月26日。

⑤ 田思路、贾秀芬：《日本劳动法研究》，中国社会科学出版社2013年版，第150页。

⑥ ［日］ノース・ウエスト航空事件，最高裁判所第二小法廷，昭和62年7月17日。

在实践中对此形成了两个概念，一个是“停工”（Lay-off），指劳动者得不到任何工作的情形；另一个是“短工”（Short-time），指劳动者的工作时间少于正常的工作时间。[①] 法律规制对这两类情形的调整旨在保障劳动者获得收入，相关的条文规范非常复杂。[②]

普通法并没有将工资与劳动给付捆绑起来，这是理解英国法时应注意到的普通法特别之处。据此，雇主没有向劳动者提供工作的义务，基于雇佣关系，雇主必须支付劳动者合同约定的工资，无论劳动者是否实际工作。但此项一般规则存在两个例外情形。第一，雇佣合同或惯例将工资与劳动给付捆绑，排除了法定规则的适用，则优先适用合同或惯例。[③] 雇主有权不定期停工且无须支付劳动者停工期间的工资，劳动者不能据此主张雇主违约或推定解雇。[④] 第二，雇主不可控制的外部情况导致劳动者不能工作，由劳资双方作为一个利益共同体分担风险，雇主无须支付工资。决定该规则适用范围的判断标准是如何认定“超出雇主控制范围”（Outside the Employer's Control）。依据司法判决形成的意见，在雇主无过错情况下发生的意外事故，如机械故障、原料短缺或者安全生产危险等被认为是超出雇主控制范围，适用风险共担原则，劳动者承担由此造成的工资损失。[⑤] 但是，由于市场波动导致的企业停工被认定为在雇主控制范围之内，如行业衰退，劳动者有权向雇主提出工资请求。[⑥]

为确保劳动者在停工期间能够维持生计，英国法创设了保障性工资制度，并在集体合同和制定法两个路径上同步展开，劳动者可在二者之间选

---

① Stephen Hardy, Labour Law and Industrial Relations in Great Britain. Kluwer Law International 2007, 231.

② See E. Szysczak, Partial Unemployment: The Regulation of Short-Time Working in Britain, London: Mansell, 1990, 2.

③ Puttick v. John Wright & Sons (Blackwall) Ltd [1972] ICR 457.

④ Kenneth MacRae & Co. Ltd v. Dawson [1984] IRLR 5.

⑤ Browning v. Crumlin Valley Collieries Ltd [1926] 1 KB 572.

⑥ Devonald v. Rosser & Sons [1906] 2 KB 728.

取保障效果最佳的方式。

1. 劳资之间订立各类保障性“周集体合同”（Week Collective Agreement），提供劳动者其他收入来源。[①] 鉴于停工导致劳动者收入不稳定，劳资之间达成短期的集体合同，在停工开始的最初几天或几周，直至整个停工期内，劳动者从事合适的替代性工作岗位，赚取具有生活保障性质的报酬，数额一般低于正常的周工资。

2. 《雇佣权利法》（Employment Rights Act）（1996）在制定法层面也规定了保障性工资。劳动者受一个雇主雇用连续一个月后，如果由于市场需求或者突发情况致使雇主不能给劳动者提供工作，劳动者处于无事可做的情况下有权获得保障性工资，但该项工资有法定上限。雇主对此项请求权有三项抗辩理由：第一，停工是由于本企业或关联企业的劳动者罢工导致的；第二，劳动者无理由拒绝从事替代性工作岗位；第三，劳动者拒绝工作岗位设定的合理要求。[②]

四、意大利“补贴基金”

意大利对于因雇主造成的停工适用民法中有关合同中止或终止的规则，但是经济波动对企业造成的风险已经不能仅由雇主承担，而是上升到社会层面，借由具有特殊公共基金性质的“补贴基金”保障因企业停工而中止劳动或减少工时的劳动者最低收入。该“补贴基金”于 1945 年由雇主和雇员共同出资设立，最初为保障蓝领工人的基本生活收入。依据 1947 年的 869 号法案，企业因经营困难在短期内缩短工时或裁员时，该基金可经雇主请求支付给劳动者为期三个月、占基本工资 25%的生活补助。1991 年第 223 号法案对该基金的适用范围做了大幅修订，扩大适用到白领劳动

① Stephen Hardy. Labour Law and Industrial Relations in Great Britain. Kluwer Law International 2007, 235.

② Employment Rights Act（1996）28-34.

者，使之成为周期性经济危机中保障劳动者工资的主要公力救济手段。[①]在2008年金融危机的冲击下，意大利补助基金管理局在2009年补助的工时数比2008年增长了311%，[②] 对帮助劳动者克服危机和防止大规模解雇发挥了重要作用。

补助基金依据所针对的状况可分为普通干预和特别干预两种情况。普通干预所适用的情况包括：第一，企业遭遇临时性的经营困难；第二，非因雇主或雇员责任的突发事件导致企业困境。特别干预适用于雇用人数超过15人的工业企业和雇用人数超过200人的商业企业，涉及的情况是：第一，企业重建、重组或者转型；第二，企业破产或清算；第三，企业处于经营危机，劳动部门需要评估其价值。[③] 补助基金在一个上限范围内保障劳动者正常工资80%的生活补助，普通干预一般为3个月，最长可达12个月；特别干预的期限则视企业的情况而定，在5年内的最长干预期限是36个月。

第五节　工资支付风险的社会化分担

一、因“无薪休假”所致劳动争议的救济思路

在实践中，企业采用的“无薪休假”基本是以行使指示权的方式做出的，在行为表现上通常是对少数劳动者予以口头告知、对多数劳动者以群发邮件或厂内公告，劳动者既无权参与企业决策，也未发生与企业协商达成缩短工时的合意。又由于我国大陆劳动法制对此缺乏规定，导致劳动裁

① T. Treu. Labour Law and Industrial Relations in Italy. Kluwer Law International 2007，185-186.

② “意大利补助基金增长311%”，http：//www.mofcom.gov.cn/aarticle/i/jyjl/m/201001/20100106736892.html170.

③ T. Treu. Labour Law and Industrial Relations in Italy. Kluwer Law International 2007，186.

审机构面临因“无薪休假”引发的劳动争议时无章可循，兼顾当地社会经济稳定发展的大局，常以安抚式调解予以处理。劳动者在难以借由争议处理体制解决问题的情况下，大多选择沉默或“用脚投票”，造成劳动权益的损害。

基于上文的法理分析，用人单位缩短工作时间或停工并不在其指示权范围内，其实质是未经劳资双方合意变更劳动合同内容。但《劳动合同法》关于劳动者合同解除权的适用范围并不包括用人单位未按合同约定提供工作的情形，仅有劳动安全方面的用人单位未按劳动合同约定提供劳动保护或者劳动条件的情形。因此，裁审机构应当将判断重点放在“无薪休假”所导致的结果，即劳动者实际所获工资的降低。对于此类案件，可依据《劳动合同法》第 38 条第 1 项第 2 款所规定的“用人单位未及时足额支付劳动报酬的，劳动者有权解除劳动合同”。肯定劳动者的合同解除权并要求用人单位支付经济补偿金。

这种裁判思路已为我国台湾地区“法院”所采纳，我国台湾地区的相关案例中，雇主未经劳动者同意而减少工作时间，造成劳动者工资降低，损害劳动者利益，劳动者可终止契约，请求资遣费。法律依据是“劳动基准法”第 14 条第 1 项第 5 款、第 6 款，即“雇主不依劳动契约给付工作报酬，或对于按件计酬之劳工不供给充分之工作者；雇主违反劳动契约或劳工法令，致有损害劳工权益之虞者”。

在劳动者同意用人单位实行非长期停工之“无薪休假”的情况下，如较为常见的“做四休三”“一日内休工数小时”等，可将劳动者的同意视为劳资双方已达成合意，依据企业困难过渡期内的新合同履行，劳动部门应予以认可，但应当审查的事项是双方合意确定的劳动者工资不得低于当地最低工资。依据《最低工资规定》，劳动者提供正常劳动所获的工资不得低于当地最低工资，此要求是法定强制性条款，劳动合同当事人无权合意处分，即便双方合意工资数额低于最低工资，用人单位的行为仍属于违法，劳动部门可依职权惩处，劳动者亦可在事后提出补偿主张。在劳资合意“无薪休假”的情况下，双方实际上已缔结了新合同，劳动者据此给付劳动亦即正常劳动，用人单位支付的工资不得低于当地最低工资。在劳动者同意用人单位实行长期停工（超过一个工资支付周期）之“无薪休假”的情况下，可依据当地工资支付规定处理，参照各地方性支付规定。至于企业经营好转后是否应给予劳动者补偿，则依据双方合意而定。

二、构建着眼于未来的经济风险社会化分担机制

虽然2008年国际金融危机已渐入档册，但提醒我们周期性经济波动，乃至大范围的经济危机是不可回避的客观规律。在中国经济已深度融入世界体系，并已成长为世界第二大经济体的背景下，法律应当将危机应对纳入考量范围。借由比较法的研究，发达市场经济国家已在应对危机方面积累了丰富的制度经验，符合市场运行的基本规律。我国法律制度应着眼于未来，吸纳先进经验，构建制度化的经济风险防范机制，防止危机临门之际依旧“拍脑门”决策、“拍胸脯”保证、“拍大腿”后悔的落后应对方式，由依“政策”转向依法治国。

1. 在现有劳动法制框架内完善危机应对制度。就现有劳动法文本而言，可以称得上应对企业困境的规定仅有《劳动合同法实施条例》(2008)第19条，用人单位生产经营发生严重困难的，可以与劳动者解除合同。但是，此项条款的取向明显背离了现代劳动关系发展的趋势，在各国均力图在危机中稳定劳动关系，防止发生大规模裁员之时，我国的规则却逆向而行，过于偏向企业的利益，有为企业“减包袱”之嫌，没有充分顾及被解雇劳动者的生计，以及社会为保障大量失业人员所要承担的风险和成本。因而，构建危机应对的劳动法制度应当以《劳动合同法》第1条确立的宗旨“构建和发展和谐稳定的劳动关系”为指引，以维持劳动关系安定为要务，增强制度规定的灵活性。

第一，完善劳动合同变更制度。《劳动合同法》（2008）第35条规定，用人单位与劳动者协商一致，可以变更劳动合同约定的内容。变更劳动合同，应当采用书面形式。在此项规定基础上应当增设经济危机下劳动合同变更的特别条款和企业非因经济危机发生经营困境的一般条款。在经济危机情况下，鉴于情势紧急，法律可设置劳资特殊合意模式，由企业将停工或缩短工时计划报劳动部门备案并向劳动者公告，将劳动者默认推定为同意，即按此新合同履行；明确提出异议的劳动者可主张解除劳动合同并获得经济补偿金。在企业非因经济危机发生经营困难的情况下，应设置解雇前置条款，企业应优先考虑缩短工时等弹性做法，穷尽之后方可裁员。

第二，集体合同应增设应对企业困难的内容。原劳动和社会保障部于2004年发布的《集体合同规定》仅涉及了用人单位因被兼并、解散、破产、不可抗力等致使集体合同无法履行或部分无法履行情况下，劳资协商一致可以变更或解除劳动合同，并未涵盖企业经营困难的情形。由于集体合同可确定用人单位与本单位劳动者群体之间的权利义务关系，因而是在经济危机或企业困难时最有效协调劳资利益关系的机制。当发生经营困难时，用人单位应当与本单位工会或职工代表协商确定工作时间和工资调整机制，寻求劳资利益的平衡点。但务实地说，集体协商在我国劳动关系实践中发挥的作用甚为有限，此项设想的实现需要借助集体劳动法制的发展。

2. 建立应对经济危机和企业经营困难的社会化公共基金。传统视角下，企业经营属于私权范围，其事业成败由其自负，经济危机与否都属于客观环境，社会与之无关。企业所雇劳动者的职业安定与失业也是其个人事务，唯其失业后可由社会保险维持生计。但现代经济发展至今，失业已成为社会风险的重要组成部分，主要发达国家均将失业风险的防范作为法制的重要内容。因此，当发生经济危机或企业经营困难，可能导致大规模裁员时，此项风险已具有社会性，应通过政府支持的社会化风险分担机制防范。因此，我国亦应着眼于未来长期须面对的经济波动，建立由政府支持，企业、工会等多方出资参与的社会化公共基金，以保险分散风险的原理将企业经营风险纳入社会风险管控的范畴，从促进和稳定就业的角度对处于困境的企业予以干预，其范围不涵盖救济企业的经营和财务状况，仅面向劳动者发放停工或缩短工时的津贴，减轻企业人力成本，维系稳定的劳动关系，保障劳动者的基本生活，从而将“员工与企业共渡难关”上升为“社会与企业、员工共渡难关”。

| 第三章 |

工作时间的基本原理

第一节　工作时间的认定依据问题

工作时间是劳动关系存续的时间维度，亦是劳动者获得生活来源与维系身心健康、家庭生活的时间标尺。在劳动法的制度体系中，工作时间处于基础性地位，只有明确工作的时间边界，才能把握劳动者的合同履行、报酬请求、工伤救济等诸多权益，可谓“牵一发而动全身”。虽然具有如此之重要性，工作时间在劳动法的各类规范性文件中均没有界定，在学理上亦缺乏充分研究，[①] 由此导致司法实务中关于工作时间之认识存在诸多混乱，大量劳动争议纠结于工作时间的边界，既直接表现为加班时间认定与报酬计算争议，[②] 也间接表现为值班、准备、收尾等时间的工伤认定争议。[③] 旧有的问题尚未有效解决，新的问题随着产业调整与劳动方式变革大量产生。如果说以往基于工业化的协同劳动方式，工作时间尚能参照工厂生产的作息时间予以大致判断，那么随着服务业勃兴以及后工业时代的来临，社会劳动形态愈加灵活、多元，早已超出以流水线作业为基本模型的劳动假设，[④] 工作时间之认定与规范越发复杂而困难。

---

① 参见王天玉：《工作时间基准的体系构造及立法完善》，《法律科学》2016 年第 1 期。

② 侯玲玲教授针对加班工资计算基数考察了北京、上海、广东、深圳四地的裁审规则，发现各地标准不一致，并且广东和深圳在 2008 年《劳动合同法》《劳动调解仲裁法》实施后调整了原有的加班工资计算基数裁审规则。参见侯玲玲：《我国加班工资计算基数的地方裁审规则》，《法学》2014 年第 6 期。

③ 有关工伤认定与待命时间、准备行为与收尾行为、休息时间等情况的关系，参见郑晓珊：《工伤保险法体系——从理念到制度的重塑与回归》，清华大学出版社 2014 年版，第 199-206 页。

④ See Roger Blanpain ed. The Modernization of Labour Law and Industrial Relations in a Comparative Perspective，Kluwer Law International 2009，p. 66.

在此背景下，司法为弥补立法关于工时界定的缺失暨工时制度之粗糙与滞后，更为偏重个案中的具体判断，关注重点从某种时间是否属于工作时间的定性分析，转向衡量加班报酬是否适当，表现出结果导向的裁判思维，由此导致司法创建出工作时间与休息时间之间的第三类时间，即劳动者参与了用人单位的劳动过程，但因劳动强度或连续性与常规劳动不同，不认定为工作时间而成为一类独立的时间类型，这种情况的突出表现是医生值班报酬争议案例，焦点是医生值班是否构成工作时间以及是否应给付加班费。笔者检索裁判文书网的相关案例如下：

案件名称	案件号	主要理由	判决结果
曾某华与武汉紫荆医院劳动争议案	武汉市武昌区人民法院（2015）鄂0106民初1066号	医生在值班期间并不是一直处于劳作状态，其间有休息睡眠的时段，休息睡眠并不具有工作状态的延续性	不支持加班工资请求
苗某与北京王府医院劳动争议案	北京市第一中级人民法院（2016）京01民终5361号	医生值班时可以休息，且医院已支付值班费	不支持加班工资请求
张某与天津市河东区妇产科医院人事争议案	天津市河东区人民法院（2016）津0102民初5723号	医生不是连续工作。在此期间医院保证医生具有足够的休息时间和休息地点。医院每月支付固定的值班费	不支持加班工资请求
李某诉上海市第六人民医院人事争议案	上海市徐汇区人民法院（2012）徐民五（民）初字第896号	医生在病房夜值班时可以睡觉休息	不支持加班工资请求
中山大学附属第五医院与胡某文追索劳动报酬案	珠海市中级人民法院（2015）珠中法民一终字第447号	医生上夜班期间并非一直处于工作状态，部分时间实际上是可以休息的，实质上处于一种值守、预防、待命的状态，是基于医院的功能和医生的职业特点而在正常工作时间之外担负一定的非工作性任务	不支持加班工资请求

续表

案件名称	案件号	主要理由	判决结果
郭某某与上海市嘉定区中心医院聘用合同争议案	上海市第二中级人民法院（2013）沪二中民三（民）终字第 19 号	虽然医生值班时仍从事原来的工作，然而从工作强度、工作持续性等方面与正常上班是有区别的，故该值班不能等同于加班	不支持加班工资请求
李某宁与南京浦口区中心医院、南京市领航人才派遣有限公司劳动争议案	南京市中级人民法院（2013）宁民终字第 292 号	虽然 120 急救医生工作时间较长，但在未出车急救时处于等待状态，且等待期间有休息场所可以休息，完全认定为工作时间明显不合理	法院对医生的工作时间根据实际情况折算

可见，法院将“正常工作”默认为工作时间的认定标准，对于医生的值班状态，一方面因“可休息”“非连续工作”而不构成正常工作，另一方面承认值班是一种“非工作性任务”，两方面综合考量的结果是不应给予加班工资，但应给予一定报酬，即“值班费”。在《劳动法》（1995）第 44 条将加班与工资严格挂钩的规定下，[①] 法院这样的裁判立场显然是为了避免“明显不合理”而采取的折中办法。[②] 但是，法院能通过司法裁判创建出工作与休息之外的第三类时间，却不能针对该时间构建统一的报酬标准，只能在个案中“根据实际情况折算”。劳动者在该第三类时间中，虽然表现为等待、休息或其他非正常劳动状态，但并未完全脱离工作场所和劳动过程，事实上仍是用人单位组织劳动所需要的一种安排。对此状态应如何给予报酬，虽然法院排除了加班工资的适用，却不能给出“同案同

① 《劳动法》（1995）第 44 条规定，有下列情形之一的，用人单位应当按照下列标准支付高于劳动者正常工作时间工资的工资报酬：（1）安排劳动者延长工作时间的，支付不低于工资的 150%的工资报酬；（2）休息日安排劳动者工作又不能安排补休的，支付不低于工资的 200%的工资报酬；（3）法定休假日安排劳动者工作的，支付不低于工资的 300%的工资报酬。

② 有关劳动法中“合理”的内涵及应用，请参见冯彦君：《劳动法上“合理”的多重意蕴及其应用》，《中国法学》2018 年第 5 期。

判”的标准化回答。

反观立法，劳动法并无关于工作与休息之外的第三类时间规定。着眼于未来劳动法制的发展，必然须在服务业为主导的社会劳动形态下重塑工时制度，为此是将司法上已创建的第三类时间引入法律文本，还是以劳动法规定矫正司法结果为导向的裁判立场，是无法回避的选择题。选择的考量应当回归工作时间之法理，回答三个基本问题：

第一，工作时间的认定，也就是工作时间的边界。此问题虽然以时间的形式提出，本质却是如何认识工作，即劳动者处于何种状态属于工作。结合医生值班案例，劳动者未按正常劳动的强度和连续性工作是否属于给付劳务的状态、劳动法所调整之从属劳动应为何种状态？

第二，工作时间的类型，主要涉及两个方面：一是能否将工作时间、休息时间与第三类时间并列，亦即如何认识第三类时间，这是工作时间边界问题的延伸；二是工作时间项下的分类，劳动法关于工时规定之粗糙体现为忽略不同工作状态的差异性，缺乏对工作强度及连续性变化的关注。① 那么，为应对服务业的灵活劳动方式，工作时间内部如何进行细化分类，也是制度设计的前提。

第三，工作时间的规范，重点在于如何构建不同类型时间的对价机制，尤其是打破加班报酬比例的僵化规定，探索从“工作时间—报酬”对价模式转向“劳动强度—报酬”对价模式，这需要劳动基准法与劳动合同法的衔接与配合。

---

① 原劳动和社会保障部发布的《最低工资规定》（2004）只写明了“正常劳动”，该规定第3条将最低工资标准界定为“劳动者在法定工作时间或依法签订的劳动合同约定的工作时间内提供了正常劳动的前提下，用人单位依法应支付的最低劳动报酬”。依此规定，所谓“正常劳动”，是指劳动者按依法签订的劳动合同约定，在法定工作时间或劳动合同约定的工作时间内从事的劳动。劳动者依法享受带薪年休假、探亲假、婚丧假、生育（产）假、节育手术假等国家规定的假期间，以及法定工作时间内依法参加社会活动期间，视为提供了正常劳动。参见王天玉：《工资的对价学说及其法律解释力》，《社会科学》2015年第8期。

第二节　工作时间分类学说评析

一、实际劳动说

该说主张工作时间是劳动者实际给付劳务的时间，如我国台湾地区学者提出工作时间是“劳动者在雇主指挥命令下提供劳务的时间”[①]。日本有学者提出“劳动受领说”，意指工作时间应以雇主受领劳动者所提供之劳务为起点，以劳动履行完成为终点。[②] 这一观点是从雇主的角度表述实际劳动，不仅要求劳动者给付劳务，还须雇主实际受领了该劳务。有学者认为，日本《劳动基准法》第32条所规定的“使劳动”（労働させ）应解释为劳动者实际劳动。[③] 该学说在司法上亦有影响，如我国台湾地区“法院”有判决认为工作时间是“劳工于雇主之指挥、监督下，提供劳动力之时间”，即“劳工实际上从事劳动之时间”。

可见，该学说所强调的“实际劳动”是“业务遂行性”，只有劳动者依本职工作给付劳务的情形才是工作状态。据此，工作时间既有“业务性”，又有“遂行性”，且均按照本职工作之劳动强度和连续性予以要求。“业务性”对应的是该岗位工作内容，从而排除等待、准备等情形；“遂行性”对应的是劳动者按照该岗位工作要求，以正常强度的劳动付出体力及脑力。申言之，该学说包含之法律意义在于工作时间应特指劳动者为雇主创造价值的时间，若非如此，即便劳动者处于听候雇主命令、随时准备给付劳务的状态，却因未产生实际价值，不能认定为工作时间。

---

① 黄越钦：《劳动法新论》，中国政法大学出版社2003年版，第314页。

② ［日］渡辺章：《労働時間の法律概念》，载東京大学労働法研究会編：《労働法の諸問題》，［日］勁草書房，1974年，357-381頁。

③ 参见［日］蓼沼謙一：《労働時間・残業・交代制 労働時間法論（一）》，［日］信山社，2008年，518-519頁。

若以该学说为判断标准，必然会产生工作与休息之间的第三类时间。从休息状态进入业务遂行状态总要有一个过渡过程，这个劳动强度相对较低的过渡时间就构成了第三类时间，属于工作与休息之间的灰色地带，典型代表就是值班。从司法上来观察，我国台湾地区“最高法院”曾将值班界定为“劳工于正常工作时间以外为雇主从事正常工作时间内之工作性质不同之工作，即非加班，不得依劳基法之规定请求给付延长工作时间之工资”。此处所称“值班”系指“非劳动契约约定之工作，如收转急要文件、接听电话、巡察事业场所及紧急事故之通知，联系或处理等工作”。沿袭这一逻辑，我国台湾地区“下级法院”判决“原告（劳工）在值班时间仅系须在被告（雇主）指定之地点、时间负责处理偶发性之紧急事务，此等劳务工作内容与其正常工作时间所为者有别，其夜间值班之劳动密集程度显然低于正常工作时间”。从值班工作事项、劳动密集程度、劳动者体脑付出程度等方面来看，劳动者的精神或体力不是处于持续的紧张状态中，因此值班不是工作时间之延长，无须给付加班费。在一起警卫人员工时争议案中，法院区分了值班时间里的休息与值勤，意义在于值勤时间为警卫人员实际从事本职工作的时间，其他值班时间则因未充分劳动而不认定为工作时间，即“除该值勤时间外，其他时间自难认属工作时间”。

德国亦有学说主张“待命时间”不是工作时间，只有当劳动者实际给付了劳务的时间才是工作时间，而此值班等待时间是雇主基于劳动关系对劳动者的停留地点做出的限制（Aufenthaltsbeschränkung），本质上不同于劳动合同所约定之劳务给付状态。① 因此，劳动者所处的工作状态与劳动合同所约定的劳务给付内容不同，未有正常劳动之体脑紧张程度，其处于可休息或从事其他活动的状态不应视为受到拘束。②

① Vgl. Münch ArbRH/Anzinger, 2. Aufl, 2000, § 218 Rn 18.

② Vgl. BAG Urt. v. 26. 10. 1961-5 AZR 370/60-AP Nr. 11 zu § 150 AZO, zit nach *Tietje*, Grundfragen des Arbeitszeitrechts, S. 94.

回溯前述医生值班案例，我国大陆司法事实上采纳了“实际劳动说”，法院将“正常劳动”与“实际劳动”作为同一概念使用，均是本职工作内容及劳动强度的抽象，当然否定劳动强度未达标之“非正常劳动”。即便医生在值班时间未离开医院，但因可以休息，处于待命状态，不符合工作时间的“业务遂行性”要求，而被排除在工作时间之外，不能获得加班工资。

二、指挥命令说

该说主张工作时间是劳动者处于用人单位指挥命令下的时间，不要求劳动者实际给付劳务。所谓“指挥命令”表征劳动者“受拘束”之状态，依我国台湾地区通说，“劳工将劳动力提出于雇主，使其处于雇主所得支配之状态，即已履行其给付义务，至于雇主是否实际使用支配劳工之劳动力，则非所问”。有学者进一步阐释劳动者工作时间之起止，“劳工在工作时间中必须保持随时得提供劳务之状态，此种提供劳务给付状态之成立时点即为工作时间之起算点，而提供劳务给付状态消灭之时点即为工作时间之终了点”。

德国曾以“实际劳动说”为通说，但欧盟委员会在 1993 年发布了工作时间指令（COUNCIL DIRECTIVE 93/104/EC），将工作时间界定为“劳动者基于本国法律或惯例，在雇主的管理支配下（at employer's disposal），执行本人工作或委派任务的时间”①。受此影响，德国转向“指挥命令说”，对工作进行扩大解释，拓展工作时间的范围，学界亦提出劳动者无法获得充分休息的时间属于工作时间。② 就医生工作时间的问题，欧盟法院依据

① See COUNCIL DIRECTIVE 93/104/EC of 23 November 1993 concerning certain aspects of the organization of working time, https://eur-lex.europa.eu/legal-content/EN/TXT/PDF/?uri=CELEX:31993L0104&from=DE。该指令于 2003 年被新的工作时间指令取代，但是工作时间的界定没有变化。

② Vgl. Zöllner/Loritz/Hergenröder, Arbeitsreche, 6. Aufl, 2008, S. 334.

欧盟时间指令判决，医生作为医疗服务的基本提供者，其在医疗机构内的待命时间属于工作时间。① 德国联邦劳动法院亦采纳欧盟标准，认定“待命时间应被视为工作时间”，② “工作时间法第三条所规定的 8 小时工作时间包含待命时间在内”。③ 在助理医生工作时间案中，德国劳动法院认为，德国工时法（ArbZG）关于工作时间的规定应根据欧盟工时指令予以解释，医生在医院内部的待命时间应属于工作时间。④

美国从雇主控制（Control）的角度来界定雇员的劳动状态“Employ”，雇员处于劳动状态中的时间即工作时间。依据《公平劳动标准法》（Fair Labor Standards Act），雇员的劳动状态是“承担或允许工作”（Suffer or Permit to Work），相应地，“雇员的主要行为（Principal Activity）是在雇主的知悉下，为了雇主的利益，因此付出的时间是工作时间，可主张报酬”⑤。根据美国劳工部的解释，即使雇主未提出要求，雇员承担或执行了某种工作亦属于工作时间，如雇员在轮班结束后自愿完成分配的工作或纠正错误。⑥

美国司法对于劳动状态的界定是通过两个判例确立的。最初在 Tennessee Coal，Iron & Railroad Co. v. Muscoda Local 123 案中，美国联邦最高法院指出，“工作时间是雇员在雇主的控制或要求下，旨在实现雇主及其营业的利益，所付出体力或脑力劳动的时间”⑦。此后，在 Anderson v. Mount Clemens Potery Co. 案中，美国联邦最高法院修正了此前的观点，指出在雇员被要求放弃对其本人时间和活动是实质性支配时，完全不要求体力或脑

---

① Vgl. EuGH Urt v. 3. 10. 2000-Rs. C-303/98，DB 2001，818=NZA 2000，1227.

② BAG Urteil vom 12. 3. 2008，4AZR 616/06，zu A II 2 a cc.

③ BAG Urteil vom 21. 11. 2006，9 AZR 176/06.

④ Vgl. ArbZG Keil，Urt v. 8. 11. 2001-1 Ca 2113 d/01，NZA 2002，150.

⑤ 29 C. F. R §785. 7，785. 9，785. 11.

⑥ See U. S. Department of Labor，Wage and Hour Division，https：//www. dol. gov/whd/regs/compliance/whdfs22. pdf，2020. 1. 10.

⑦ 321 U. S. 590，4 WH Cases 293（1944）.

力的付出。[1] 而就未实际劳动的等待时间（Waiting Time）而言，雇员在工作状态下的等待（Engaged to Wait）是工作时间，如秘书等待上司指令时读书或者消防队员在等待火警时玩跳棋；而雇员等待进入工作状态（Wait to be Engaged）的时间不是工作时间。[2] 美国联邦最高法院在 Armour & Co. v. Wantock 案中指出，等待时间是否给付报酬应根据该时间是否“主要为了雇主及其营业的利益”。[3] 由此可见，美国法强调，如果雇员无法根据自己的目的有效利用该时间，可就该时间主张报酬。[4]

第三节　劳动解放法理

一、劳动解放法理之形成与内涵

日本学者菅野和夫先生提出“劳动者只要没有获得劳动解放”，即可认定为工作时间。[5] 笔者称之为“劳动解放法理”，这一法理为认定工作时间提供了清晰的标准，其先进之处在于认定工作时间的重点从劳动者须提出证据证明雇主施加了“指挥命令”，发展为劳动者仅须证明未获得“劳动解放”，即未完全摆脱雇主控制。从学说演进脉络来看，“劳动解放法理”在解释力上超越“指挥命令说”，是日本学界和司法有关“指挥命令”构成要件及判断方式长期讨论的提炼。

所谓“劳动解放”是“指挥命令”的对立面，理解“劳动解放法理”须回溯“指挥命令”学说在日本的发展。就雇主指挥命令与工作时间的关

---

① See 328 U. S. 680，6 WH Cases 83（1946）.

② See Skidmore v. Swfit & Co.，323 U. S. 134，137，4 WH Cases 866（1944）.

③ 323 U. S. 126，4 WH Cases 862（1944）.

④ See 29. C. F. R. § 785. 15.

⑤ 参见［日］菅野和夫：《劳働法》，弘文堂 2012 年版，第 267 页。

系问题，日本学界形成了三种见解，第一种观点是“指挥命令下说”，又称“单一要件说”，即工作时间是“劳动者被置于雇主指挥命令下的时间”，此为通说。① 雇主的指挥命令可以是明示的，也可以是默示的。默示指令须与工作相关，以区别私人领域。② 但是，这一学说面临有力的反对，荒木尚志教授将其原因归结为“古典的工场劳动中，工作时间是劳动者因雇主的指挥命令拘束而劳动的时间，以指挥命令概念把握工作时间没有问题。但是，如今过半数劳动者都是白领，‘被具体的指挥命令拘束而工作’这一古典的工作时间把握变得不再妥当”③。由此产生了后续学说。第二种观点是“限定的指挥命令下说”，又称“部分的二要件说”，即工作时间是“劳动者在雇主的指挥监督下作业的时间或者通过雇主的明示、默示而从事其业务的时间”。④ 该说以“业务性”作为雇主指挥命令的补充，⑤ 适用于存在雇主的指挥命令，但又与劳动者本职工作没有很强的关联情况，如健康检查、研修、党团组织活动等。⑥ 第三种观点是“相辅的二要件说”，又称“完全的二要件说”，即工作时间是“劳动者在雇主的指挥命令下履行职务的时间”，⑦ 须存在雇主指挥命令和劳动者履行职务两个要件，二者相互补充，但不可完全缺乏一方。从学说梳理可见，因“指挥命令说”的抽象性，加入“业务性”的“部分的二要件说”已向“实际劳动说”靠近，而“完全的二要件说”基本上与“实际劳动说”无异，其所要求的劳动者履行职务即为“业务遂行性”。

日本司法对于“劳动解放法理”的形成发挥了至关重要的作用。上述各学说对于劳动者从事本职工作的时间定性均无异议，分歧在于劳动者未

---

① 参见［日］荒木尚志：《労働法》，有斐閣 2016 年版，第 182 页。
② 参见［日］下井隆史：《労働基準法》，有斐閣 2001 年版，第 221 页。
③ ［日］荒木尚志：《労働法》，有斐閣 2016 年版，第 182-183 页。
④ ［日］荒木尚志：《労働法》，有斐閣 2016 年版，第 184 页。
⑤ 参见［日］山川隆一：《雇用関係法》，新世社 2008 年版，第 132 页。
⑥ 参见田思路、贾秀芬：《日本劳动法研究》，中国社会科学出版社 2013 年版，第 159 页。
⑦ ［日］荒木尚志：《労働法》，有斐閣 2016 年版，第 184 页。

从事本职工作的时间，如等待时间（不活動時間）是否属于工作时间。日本最高法院在“三菱重工业长崎造船所事件”中，针对劳动者未开始本职工作前的“业务准备行为”，指出劳动者在工作场所内基于雇主的要求或者别无选择地进行准备活动，应评价为处于雇主的指挥命令之下，“该活动所需的时间只要是社会通行观念认为是必要的，就应当属于劳动基准法上的工作时间”[①]。此后，在“大星大楼管理事件”中，大楼管理员每日24小时的勤务时间内有8小时是在楼内休息室“睡班”。日本最高法院针对该“不活动时间”指出，不存在明显雇主指挥命令行为的情况下，劳动者“在劳动契约上的劳务提供被义务化了”，虽然劳动者在值班时间没有实际劳动，但由于业务被拘束在工作场所，“并未获得劳动解放之保障，仍负有劳动契约上的劳动给付义务”，因此该时间应属于工作时间。[②]

基于此，司法裁判对“指挥命令”予以扩大解释，已不要求有雇主现实的指令或行为，只要劳动者仍在工作场所中，未完全脱离工作状态，哪怕无任何活动，该时间仍是工作时间。这一立场既解决了工作时间的边界问题，又排除了第三类时间存在的可能性，即以劳动解放为工作与休息的分界。[③] 对此，“指挥命令”的概念已难以涵盖，故使用“劳动解放法理”的表述。

二、基于“劳动解放法理”的工时认定标准

工作时间之认定实质是从属劳动之认定，在于辨析劳动者在何种情况下处于工作状态（使役勞働）。工时认定之所以在学理上成为一个难题，从根本上说是产业结构调整带来的劳动方式变革，以雇主时时指挥命令和劳动者协同操作的流水线式工业生产已在很大程度上让位于灵活多元的服

① 参见［日］三菱重工業長崎造船所事件，最一小判平12.3.9，民集54-3-801。

② 参见［日］大星ビル管理事件，最一小判平14.2.28，民集56-2-361。

③ 我国台湾地区关于休息时间的通说认为，休息时间应符合“劳工完全自由利用原则”。

务业劳动，雇主对劳动的管理和控制越来越从直接转向间接，劳动的协同化程度随之降低，劳动过程逐步碎片化，工作时间的边界越发模糊。

现实世界劳动的复杂性要求学理发掘工作时间的本质，从“实际劳动说”到“指挥命令说”，我们看到学理不断地将工场时代具体的雇主指挥命令予以抽象化，初衷是增强解释力，以便涵盖比例不断扩大的白领劳动，但抽象化并不足以解决非本职工作的边缘时间定性问题，如准备、待命、值班等，因此引入“业务性”要素予以修正，却又折返回“实际劳动说”的起点。仅“劳动解放法理”抓住了工作时间的本质，从劳动者一方来审视工作状态，不拘泥于雇主的指挥命令形式。①

基于“劳动解放法理”，结合前文所述之医生值班报酬争议，检讨我国大陆司法的工作时间认定标准，可见现有裁判所采取的“实际劳动说”过度限缩了工作时间的边界，忽视了医生在医院的值班时间仍未获得“劳动解放”，即便医生休息或待命的状态不存在实际劳动，但其无法依自己的目的利用时间，未脱离劳动组织和劳动过程，并且按职责要求应随时给付劳务，据此医生的值班时间应是工作时间。更为典型的情况是高铁司机强制休息制度，司机按要求在指定时间、地点休息，且其休息状态处于监督之下，违反规定要被罚款。② 若按“实际劳动说”解释，司机在休息过程中处于不活动状态，未提供任何劳动，当然不属于工作时间，这显然不

---

① 虽然“劳动解放法理”是日本学说演进之提炼，但德国及美国实务亦表达了相同的内涵。德国联邦劳动法院在判决中指出，休息时间在于免除劳动者任何形态的劳动以及任何形态准备给付劳务的义务。Vgl. BAG Urteil vom 9. 3. 2005，5 AZR 385/02，zu II 2 b dd der Gründe. 美国劳动部在《联邦法规汇编》中将“下班”（Off Duty）界定为“劳动者完全从工作中解脱（completely relieved from duty），并且该时间足够长，以便劳动者能够基于自己的目的有效地利用该时间”。See 29. C. F. R. § 785. 16（a）.

② 按照规定，动车司机每次驾驶不能超过 4 个小时。长途列车需在 4 小时之内经停一次，让司机下车休息 3 小时，更换其他司机驾驶。春运期间动车司机平均每 4 天回家休息一天，工作期间须住在行车公寓内。为保证动车司机驾驶时的精神状态，行车后、每晚 10 点必须“强制”休息。每个司机单独一间休息室，透过休息室门上的“猫眼”，巡视人员可以看到室内情况，如果发现司机在休息时间没有睡觉，按规定要罚款 680 元。参见《揭秘动车司机：驾驶不超 4 小时 不睡觉罚款 680 元》，中国新闻网，http：//www. chinanews. com/gn/2015/02-11/7052850. shtml.

符合司机受监督控制的状态。而依“劳动解放法理”，司机处于监督下的休息亦未获得劳动解放，不能按自己的目的支配时间，应属于工作时间。

在后工业时代乃至数字时代来临的当下，不应执着于雇主指挥命令行为的抽象化，而应从劳动者所处的状态是否“受拘束”、是否“为雇主及其营业的利益”、是否“未脱离劳动组织或劳动过程”来看，从而得出劳动者是否获得“劳动解放”的判断，以便在劳动组织不断平台化、劳动过程不断碎片化的趋势下，回应劳动灵活、多元的复杂需求。

三、判断“劳动解放”的“饮酒测试”分析方法

为了有效运用“劳动解放法理”，笔者提出“饮酒测试”的分析方法。此方法适用于劳动者在值班、等待、准备等非本职工作的时间定性分析，其前提有二：一是劳动者从事本职工作的时间定性应无异议，此为工作时间之核心部分；二是劳动者在非本职工作的边缘时间，如果未获得劳动解放则应保持充分的劳动力，以便应雇主的指示随时给付劳务。例如，值班或待命时间，劳动者为生产或经营的目的，须在雇主指定的地点停留，但有义务保持充分的劳动力。[①] 因此，劳动者在该时间内既可以完全无活动，如睡觉，[②] 也可以从事消遣活动，如打牌、看电视或者读书，[③] 此类活动均不会损害劳动者给付劳务的能力，而日常生活中最能够损害劳动者给付劳务能力的活动就是饮酒。逆向推理，如果劳动者有权利饮酒，那就意味着其在后续时间内不准备听从雇主指示，有权不参与劳动过程，亦即处于“劳动解放”的状态，那么饮酒行为足以排除工作时间。

饮酒测试的分析方法并不要求劳动者现实地有饮酒行为，而是通过饮

---

① Vgl. BAG 10. 6. 1959 AP AZO § 7 Nr 5.

② See 29 C. F. R §785. 21.

③ See Brock v. DeWitt, 633 F. Supp. 892, 895-96, 27 WH Cases 1246 (W. D. Mo. 1986); Handle v. Thrasher, 191 F. 2d 120, 10 WH Cases 343 (10th Cir. 1951); Maxfield v. Marshall, 25 WH Cases 203, 294 (D. Utah 1981).

酒行为的设定将劳动解放的状态具象化，仅需法院在工作时间判断中设想，劳动者在特定时间是否有权饮酒或者在一段时间内是否可以经常饮酒，即可得出结论。根据劳动者是否处于工作场所可分为两种场景：

1. 劳动者处于工作场所内。[①] 根据社会常识，工作场所应禁止饮酒，即便是酒类生产厂家亦有此规定，除非工作内容包括饮酒的品酒师，这当然是极为特殊的情况。据此判断，医生在医院值班、高铁司机在指定休息室睡觉，均无饮酒的权利，负有保持或增强自身劳动力的义务。须单独考虑的是监视性工作，如居住在大楼内的保安或管理员，就其在岗位规定时间之外的时间定性，从饮酒测试来分析，虽然保安或管理员仍在楼内，但可饮酒则已证明其实质上不负有监视义务，其岗位时间外的时间应为休息时间。若雇主要求其 24 小时不得饮酒，则证明其负有时时监视义务，即便未上岗，也是处于值班状态，应为工作时间。

2. 劳动者不处于工作场所内。劳动者在家处于候传状态（On-Call），应将饮酒测试与具体案件中一段时间的工作频次结合判断，以便得出在一段时间内是否有经常饮酒之可能性。美国法院使用的表述是“能否在待命时间内有效处理私人事务”，如 Dinges v. Sacred Heart St. Mary's Hosp. Inc 案中，劳动者作为医院的紧急医疗救护技术员，大部分时间在家，但接到医院通知后须赶赴医院工作，法院查明劳动者在待命时间内实际应召工作的概率不到 50%，因此判决该待命时间不是工作时间。[②] 若据饮酒测试分析，该劳动者在此时间段内大多数时间可以饮酒，不构成工作时间。此外，日本长崎法院在一起医生工作时间争议中查明，该医生在家期间，8 个月应召了 81 次，每日睡眠时间仅有 3～6 小时。法院判决该候传时间全

---

① 此处的“工作场所”应作扩大理解，除了一般意义上的工作地点，还应包括距离工作地点非常近，仍在雇主指挥范围内，劳动者无法自主利用时间的情形。See Skidmore v. Swift & Co.，323 U. S. 134，4 WH Cases 866（1944）.

② See 164 F. 3d. 1058（7th Cir. 1999）. 转引自孙国平：《劳动法上待命时间争议的认定》，《法学》2012 年第 5 期。

部为工作时间。[①] 从饮酒测试来看，该医生按照医院的征召频次，没有饮酒的可能性，几乎到了须时刻保持劳动状态的地步，始终未获得“劳动解放”，工作时间认定无疑。

四、传染病防治等特殊时期的工作时间认定

劳动法之制度及学理通常以正常社会秩序下的劳动用工实践为对象，提炼其中具有共性的因果关系，呈现为劳动关系双方之权利义务。但风险社会下，足以打破既有秩序之重大风险不可避免，劳动法学理亦须增加应对危机等特殊情形的研究维度。企业经营常见之重大风险包括自然灾害、金融危机、重大传染病等，但历次重大风险影响的广度和深度均无法与2019年年末暴发的新型冠状病毒肺炎疫情相比。以武汉为中心的湖北全省是此次疫情的重灾区，遭受重大人员伤亡，疫情防控措施使城市运转陷入停滞。国务院在全国范围内实行严格的防疫隔离措施，劳动关系因此不能按照约定履行，受此影响的工作时间因主体不同可分为两类：

1. 参与救治患者的医护人员和疫情防控的相关工作人员。此类人员在特殊时期处于超负荷工作状态，工作时间的认定亦适用“劳动解放法理”，只要未完全脱离防疫工作，无论是处于待命还是候传状态，都构成工作时间，只是延长工作时间不受《劳动法》（1995）第41条的限制。应注意的是，在法律依据上，《劳动法》（1995）第42条第1款规定的是“发生自然灾害、事故或者因其他原因，威胁劳动者生命健康和财产安全，需要紧急处理的”，以“劳动者”为保护重点；而国务院《关于职工工作时间的规定》（国务院令第174号）第6条规定的是“因特殊情况和紧急任务确需延长工作时间的，按照国家有关规定执行”，原劳动部在《〈国务院关于

① 参见［日］地方独立行政法人長崎市立病院機構事件，長崎地裁（令和元年5月27日）判决。

职工工作时间的规定〉的实施办法》第7条第1款将“特殊情况和紧急任务”解释为“发生自然灾害、事故或者因其他原因，使人民的安全健康和国家资财遭到严重威胁，需要紧急处理的”，以“人民和国家”为保护重点。鉴于此类人员的工作性质是不顾自身安危，保护人民生命健康安全，其延长工作时间的法律依据应是国务院《关于职工工作时间的规定》，而非劳动法。

2. 因隔离措施无法正常到岗的劳动者，该劳务给付受阻的情形是基于国家管制，不构成“在途风险”①。用人单位指定劳动者工作地点的权利在客观上不能行使，因此利用网络技术推行远程工作，属于在特殊时期临时变更劳务履行方式。劳动者在家远程工作使劳动与生活的界限模糊，无法适用常规标准。有学者指出，“在远程工作形态下工作时间的确定有两种方式：第一种方式为劳动者自行申报制……第二种则是以劳动合同确认工作时间总额，雇员在工作时间总额内享有灵活安排的权利”，比较之下“第二种方式更具有现实的操作性，亦可成为我国政策之选”②。笔者同意这一观点，并认为特殊时期远程工作的难点不在于工作时间认定，而在于工作时间举证，具体情形包括三类：其一是时间点确定的在线工作安排，如用人单位预先通知的网络会议，要求远程工作的劳动者在特定时间点参加，那么从这一时间点起算，在线工作对劳动者具有明确的拘束性，即便劳动者在家中也丧失对该时间的支配，并须保持正常劳动力，属于“未获得劳动解放”，当然构成工作时间。其二是时间段确定而时间点不确定的在线工作安排，如用人单位预先通知在某一时间段有在线工作安排，如9~11点，但具体时间点尚未确定，劳动者须预留该时间段以便随时进入工作

① 由于洪水、道路积雪或冰冻等情况导致劳动者不能到达企业的情形称为“在途风险”(Wegerisiko)，客观上不可归责于劳动关系双方当事人，属于偶然事件，由劳动者承担此风险。BAG 8.9.1982，8.12.1982 AP.59，58 zu §616 BGB.

② 张颖慧：《远程工作形态下新型劳动关系的法律保护》，《法商研究》2017年第6期。

状态。假设在线工作 10 点开始，则劳动者在 9~10 点这一时间段事实上处于“候传状态”，亦须保持正常劳动力，已无饮酒的权利，属于“未获得劳动解放”的工作时间。一旦在线工作开始，劳动者结束“候传状态”，工作时间按照第一种情形认定。其三是工作量定额化的远程劳动，该工作定额可以是基于劳动合同约定，也可以是劳雇双方在突发隔离后以明示或默示的方式重新约定，核心是用人单位指派工作量并明确完成时间，劳动者自主安排工作时间，到期交付工作成果。在此情况下，是否获得劳动解放的依据是工作量，而非用人单位之指示，那么关键就是如何将定额化的工作量换算为一定的工作时间。首先应看劳动合同是否有相应约定，有约定从其约定，无约定则比照同等或类似岗位人员完成该工作量通常所需时间，酌情予以认定。综上所述，因疫情的突发性，上述三种情形可同时发生，工作时间认定仍适用“劳动解放法理”，判断劳动者在特定时间内是处于“受拘束状态”“候传状态”，还是“工作量换算”，经分类认定后再从整体上统合工作时间。

第四节　基于“受拘束劳动强度”的工时类型化

我国大陆司法之所以创建出第三类时间，旨在防止出现“天价”加班费，将值班、准备、等待等非本职工作、劳动者未实际劳动的时间排除。基于“劳动解放法理”，工作与休息是相互衔接的，工作时间不以实际劳动为限，不存在第三类时间。由此产生的问题是，对于“劳动者非本职工作、未实际劳动”的时间应如何予以补偿，这属于工作时间分类须解决的差异化对价问题，即工作时间类型划分的实质应是劳动强度的差异，不同劳动强度应给予不同额度的报酬。现行劳动法没有工作时间分类的制度设计，按照本职岗位的劳动强度设定了单一的加班报酬计算标准，迫使司法必须创建出第三类时间，以便涵盖劳动强度较低的情况，平衡用人单位的成本。由此可见，第三类时间因工作时间分类对价机制缺失而产生，却在产生之后契合了学理上的“实际劳动说”，以致自我强化，掩盖了问题的症结。在此，应从考察域外工作时间分类入手，提取工作时间的典型形态，以构建适合本土情况之工时体系。

一、域外工作时间之分类方法

（一）德国学理上的工时分类

德国《工作时间法》（§2 Abs. 1 ArbZG）将工作时间界定为“工作开始到结束的一段时间，不包括休息时间；复数雇主情况下（bei mehreren Arbeitgebern），合并计算各雇主的工作时间”。这一宽泛的界定留下了较大的解释空间，学理上已形成了体系性的分类，主要类型包括：

1. 备勤时间（Arbeitsbereitschaft），依德国早期司法见解，该时间是劳动者处于放松的状态，但须保持清醒注意力的时间，[①] 如门卫、服务员、电话接线员的等待时间。[②] 此后，有学者提出“到场说”（Kriterium der Präsenz），主张劳动者只要出现在工作场所，就至少属于备勤时间。[③] 但这一观点易与工作场所内的休息时间混淆，因此有学者提出备勤时间是劳动者从休息到完全给付劳务之间的一种过渡状态，介于休息与按照劳动契约所约定的本职工作之间的时间。[④] 该时间的法律意义在于，雇主虽然没有受领劳务给付，但仍属于工作时间。[⑤]

2. 待命时间（Bereitschaftsdienst），依德国司法见解，该时间是劳动者

---

① 这一见解是德国在帝国劳动法院时期形成的，并在“二战”后为联邦劳动法院所采纳。Vgl. Münch ArbRH/Anzinger，2. Aufl，2000，§ 218 Rn 12.

② Vgl. Matthes，Arbeitsbereitschaft-Erster Teil，RdA 1960，98.

③ Vgl. Böhm，Zur Frage der Arbeitsbereitschaft，RdA 1959，273.

④ Vgl. Fechner，Probleme der Arbeitsbereitschaft S. 46，zit nach Tietje，Grundfragen des Arbeitszeitrechts，S. 80.

⑤ Vgl. Denecke，Zur Frage der Arbeitsbereitschaft，RdA 1958 S. 447，zit nach Tietje，Grundfragen des Arbeitszeitrechts，S. 80.

因特别约定或雇主指示，在雇主指定的地点等候，以便随时应雇主要求给付劳务。[1] 劳动者在该时间内有较大活动自由，至少不要求从事本职工作，如医生、消防队员。[2] 按德国旧有通说，待命时间不是工作时间，但受欧盟工作时间指令影响，德国司法与学理均已承认待命时间是工作时间，与备勤时间同理。

3. 候传时间（Rufbereitschaft），该时间的基本特征是劳动者在家或其他自主选择的地点，将地点告知雇主，以便应召给付劳务，[3] 其与待命时间的主要区别在于地点非为雇主所指定，因此需考察劳动者从所处地点至工作场所的一般交通时间，[4] 如医生因紧急情况从家中被召唤至医院。德国通说认为候传时间不是工作时间，[5] 但劳雇双方可约定低于正常工资的报酬。[6]

4. 沐浴及更衣时间（Wasch- und Umkleidezeiten），德国学理及司法对于该时间是否属于工作时间均存在争议，形成了“二战”肯定说、否定说与折中说。肯定说认为因工作原因之沐浴及更衣皆属于工作时间，[7] 否定说则相反，[8] 而折中说的早期观点认为应考虑地点因素，即劳动者不在家中换洗的时间应为工作时间；[9] 晚近的观点认为须考察换洗是否为工作所必需或者劳雇双方是否有约定。[10]

---

① Vgl. BAG Urt. v. 26. 10. 1961-5 AZR 370/60-AP Nr. 11 zu § 15 AZO.

② Vgl. BAG Urt. v. 30. 1. 1985-7 AZR 446/82-AP Nr. 2 zu § 35 BAT.

③ Vgl. Münch ArbRH/Anzinger, 2. Aufl, 2000, § 218 Rn 21.

④ Vgl. Kasseler Handbuch/Schliemann, 2. Aufl, 2000, 2. 5 Rn. 63.

⑤ Vgl. Münch ArbRH/Anzinger, 2. Aufl, 2000, § 218 Rn 21.

⑥ Vgl. BAG Urt. v. 25. 4. 2007, 6 AZR 799/06, zu 1 b de Gründe.

⑦ Vgl. BAG Urt. v. 28. 7. 1994-6 AZR 220/94-DB 1995, 434.

⑧ Vgl. BAG Urt. v. 2. 3. 1995-5 AZR 934/93-DB 1995, 2073.

⑨ Vgl. Buschmann/Ulber, Arbeitszeitgesetz, 2. Auflage, Köln 1999, § 2 Rdnr. 10, zit nach Tietje, Grundfragen des Arbeitszeitrechts, S. 103.

⑩ Vgl. BAG Urt. v. 22. 3. 1995-AP 8 zu § 611 BGB Arbeitszeit = NZA 96.

（二）日本学理及制度上的工时分类

日本学者荒木尚志教授提出“工作时间概念的多义性”，旨在区分作为《劳动基准法》调整对象的实际劳动时间（劳基法上的工作时间）与劳动者薪金请求权暨劳动契约义务计算基础的劳动时间（劳动契约上的工作时间）。①

所谓劳基法上的工作时间适用情形有两种：一是违反劳基法用工而构成刑事案件中的时间计算；二是依据日本劳基法第37条请求加班费的情形。劳动契约上的工作时间“基本上取决于当事人达成了怎样的合意”，分为工资时间（賃金時間）和劳动契约上的义务存续时间。②

工资时间是指雇主应当支付工资的时间，依据是“当事人是否就这一时间支付工资达成了合意”，而与该时间是否属于劳基法上的工作时间无关。荒木教授所举的事例，是如果劳雇双方就“迟到一个小时不扣工资”有合意，那么劳动者虽因迟到一小时未给付劳务，仍有权就该时间获得报酬，并且该迟到的一小时不因雇主给付了报酬而成为劳基法上的工作时间。③

劳动契约上的义务存续时间，是指劳动契约所约定之劳务给付义务以外的劳动契约义务履行时间，此类义务应以“作为”为特征，如“上班进门时打卡以及正式开始工作前提前一定时间集合”，排除“不作为”的义务，如“竞业禁止或保密”。④ 笔者认为，工资时间针对劳动契约的劳动者主给付义务，即本职工作，包含对劳动内容和劳动强度的要求；而劳动契约上的义务存续时间侧重劳动契约主给付义务以外的其他约定义务或未明确约定的附随义务，如工作前后的准备、整理、清扫等。依荒木学说，工

---

① 参见［日］荒木尚志：《労働法》，有斐閣2016年版，第179页。
② 参见［日］荒木尚志：《労働法》，有斐閣2016年版，第180页。
③ 参见［日］荒木尚志：《労働法》，有斐閣2016年版，第180页。
④ 参见［日］荒木尚志：《労働法》，有斐閣2016年版，第180页。

作时间之学理结构如图 3-1 所示：

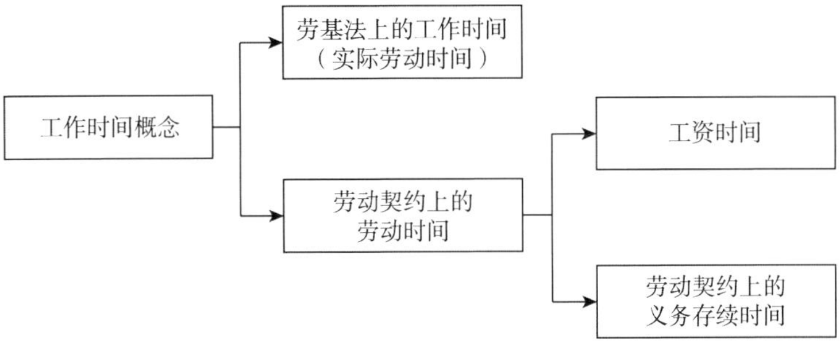

图 3-1 荒木尚志工作时间概念的多义性①

日本《劳动基准法》就工作时间形成了较为系统的分类，关键节点是 1987 年引入“拟制工作时间制”和 1998 年引入“企划业务型裁量工作制”，旨在应对现代社会白领劳动的增加以及劳动形态的日益灵活多元。该法第 32 条第 1 款规定的标准工时是每周 40 小时，每日 8 小时，但这一规定渐趋原则化，工时制度的重点已转向增强规制的弹性。该法第 32 条的第 2~4 款确认劳雇双方通过书面协定，可设置 1 月内及 1 年内的变形工时和弹性工时。

此外，该法第 38 条确立了拟制工作时间制，“与实际劳动时间长度分离，‘视为’构建了一定时间劳动的新型工作时间制度”②。依笔者理解，该拟制工作时间制之形成原因是大量现代社会劳动在形式上脱离了雇主的指挥命令，学理上无论怎样将“指挥命令”予以抽象化，都难以框定此类专业性或自主性的劳动，因此制度将脱离雇主现实控制的劳动归纳为“拟制”，以便降低规则的刚性。拟制工作制包括两种类型：一是工作场所外的劳动，“劳动者的全部或部分劳动时间在劳动场所外，如新闻记者、推销员”；③ 二是裁量工作制，是“劳动者自律的劳动时间制度”，分为“专

---

① 参见［日］荒木尚志：《労働法》，有斐閣 2016 年版，第 178 页。

② ［日］荒木尚志：《労働法》，有斐閣 2016 年版，第 187 页

③ 田思路、贾秀芬：《日本劳动法研究》，中国社会科学出版社 2013 年版，第 161 页。

门业务型裁量劳动制”和“企划业务型裁量劳动制”，前者以从事专门业务的劳动者为对象，如会计师、律师、建筑师等；后者以从事企划、文案、调查、分析业务的白领劳动者为对象。①

据此，日本《劳动基准法》所确立的工作时间制度结构如图 3-2 所示：

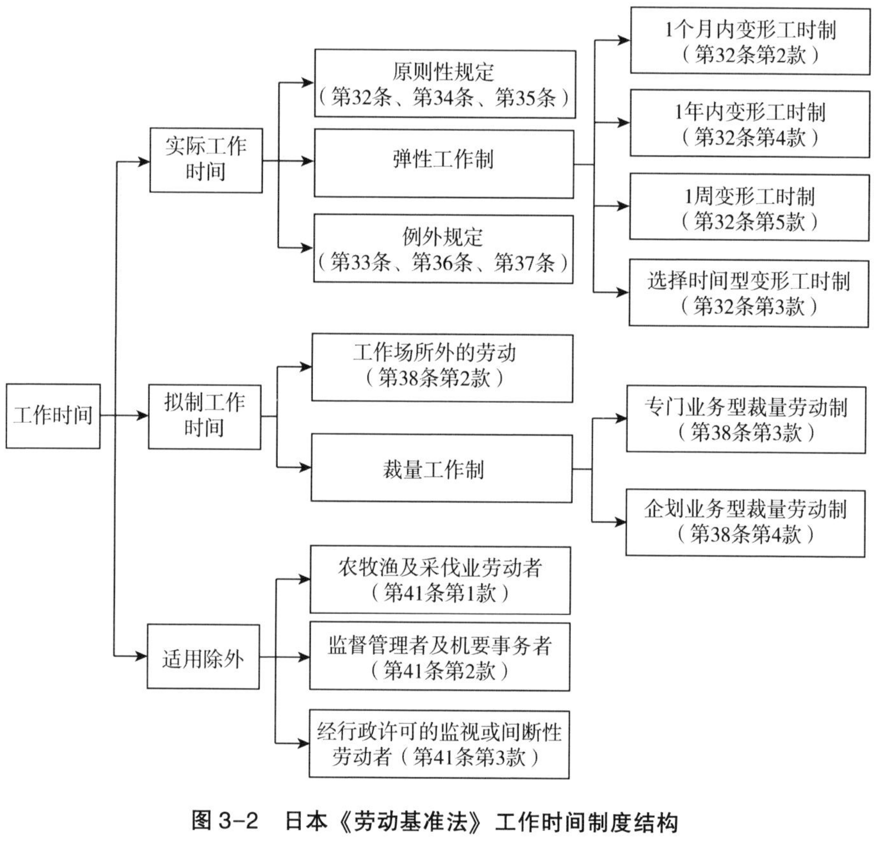

图 3-2　日本《劳动基准法》工作时间制度结构

（三）美国法上的基本工时分类

由于《公平劳动标准法》没有关于工时分类的规定，美国是依靠劳动部法规及司法判例对工作状态进行分类，据此形成基本的工作时间类型。

① 参见田思路、贾秀芬：《日本劳动法研究》，中国社会科学出版社 2013 年版，第 162 页。

1. 等待时间（Waiting Time），该时间可分为值班（on Duty）和候传（on-Call Time）。值班构成工作时间的原因在于劳动者在该时间内不能按照自己的目的有效利用时间，不问劳动者是否处于工作地点，也不问劳动者从事何种休闲活动。[①] 候传时间的性质亦根据劳动者是否可以自主利用时间来判断，法院在个案中审查的要点是劳动者候传是否主要为了雇主的利益或者其是否处于等待进入工作状态（Wait to be Engaged）。[②]

2. 准备及收尾行为（Preparatory and Concluding Activities），美国联邦最高法院在两件判例中确立了"工作组成部分及完成工作必不可少环节"的裁判标准。在 Steiner v. Mitchell 案中，争议焦点是电池厂劳动者在收工后沐浴更衣时间是否属于工作时间，法院认为该行为是该雇佣劳动的组成部分和必不可少的环节，构成工作时间。[③] 在 Mitchell v. King Packing Co. 案中，争议焦点是肉类包装厂刀工的磨刀时间是否属于工作时间，法院沿用 Steiner 案的标准，指出该行为是肉类包装工作的"组成部分和必不可少的环节"。[④]

3. 讲座、会议及培训项目（Lectures，Meetings and Training Programs），美国法就该时间是否属于工作时间的判断标准包含四个要素：劳动者在常规工作时间以外参加；劳动者自愿参加；讲座或会议与劳动者的工作无直接关联；劳动者在该时间内不从事任何生产性工作。[⑤]

二、正常工作时间与非正常工作时间

梳理德日美三国就工作时间的分类可知，劳动者从事本职工作的时间

---

① See Cole v. Farm Fresh Poultry，824 F. 2d 923，929-30，28 WH Cases 369（11th Cir. 1987）；Field v. Luther，28 WH Cases 1062（D. Md. 1988）；Smith v. Superior Casing Crews，299 F. Supp. 725，18 WH Cases 888（E. D. La. 1969）.

② See Skidmore v. Swift & Co.，323 U. S. 134，4 WH Cases 866（1944）.

③ See 350 U. S. 247，12 WH Cases 750（1956）.

④ See 350 U. S. 260，12 WH Cases 755（1956）.

⑤ See 29. C. F. R. § 785. 27.

均不是分类之关注重点。所谓工时分类是不断将非本职工作的边缘时间予以细化，以便判断该时间与本职工作之关联程度，进而判断是否属于工作时间，最终落实到是否应给予报酬。根据这一思路，劳动者从事本职工作之时间是其履行劳动契约所约定的劳务给付义务，亦即“实际劳动”，符合该岗位之劳动内容与劳动强度，构成工作时间的核心部分；而其他需细化分类之工作时间属于工作时间的边缘部分。

引入“劳动解放法理”后，工作时间边缘部分的定性难度降低，劳动者“未获解放”一定表现为某种形式的“受拘束”，而这种“受拘束”不以明示或默示的“雇主指挥命令”为限，可包含岗位本身的要求，如沐浴更衣等准备及收尾行为，也包括工作场所内的备勤、待命，以及保持一定应召频率的候传。那么，随着工作时间认定标准的扩张，工作时间边缘部分的分类已对是否构成工时的定性判断无甚意义，反而更能凸显边缘部分工时与核心部分工时在劳动强度上的差异性，而劳动强度应为时间对价的基本考虑，因此工作时间分类的意义从某一时间的定性问题转向某一时间的对价问题。

为了更为确切地表现特定时间的劳动强度及对价标准，笔者将工作时间的核心部分表述为“正常工作时间”，将工作时间的边缘部分表述为“非正常工作时间”，主要理由包括：

第一，“正常工作时间”符合我国现有法律规范的用语，比“实际工作时间”更能准确地表达劳动契约履行状态。《劳动法》第 44 条使用了“正常工作时间”、《最低工资规定》第 3 条使用了“正常劳动”，都旨在界定劳动者按照劳动合同履行劳务给付义务的状态，即劳动者从事本职工作在劳动关系的时间维度上是“正常”状态。而“实际工作时间”难以表达此内涵，如医生值班是实际状态，但不是给付医疗服务的“正常”状态。

第二，“正常工作时间”能够清晰表明特定时间的法律效力。正常工作时间的劳动强度较高，属于劳动基准法规制之对象，以标准工时为限度，具有法律效力的强制性。在正常工作时间的认定上应对照劳动者本职工作，以客观性为判断标准。而非正常工作的劳动强度较低，值班、候传等状态不要求劳动者有劳动强度，不应作为劳动基准法的规制对象，不在标准工时限度内。该时间由劳雇双方约定，以主观性为判断标准，兼考虑岗位特征、行业惯例、规章制度、临时安排等因素。

第三，"正常工作时间"能够有效关联工时的对价机制。劳动合同约定的工资是劳动者本职工作的对价，如果加班是本职工作的延长，当然应以工资为基础计算加班报酬，因此正常工作时间的对价是工资，应由劳动基准法对加班限度和对价比例予以强制性规定。非正常工作时间是为雇主利益而设定，应给予对价，但因该时间内劳动强度低于本职工作，所以对价亦应低于工资，可由劳雇双方约定，如值班给付津贴。

综上，"正常工作时间"与"非正常工作时间"分类下的工时结构如图 3-3 所示：

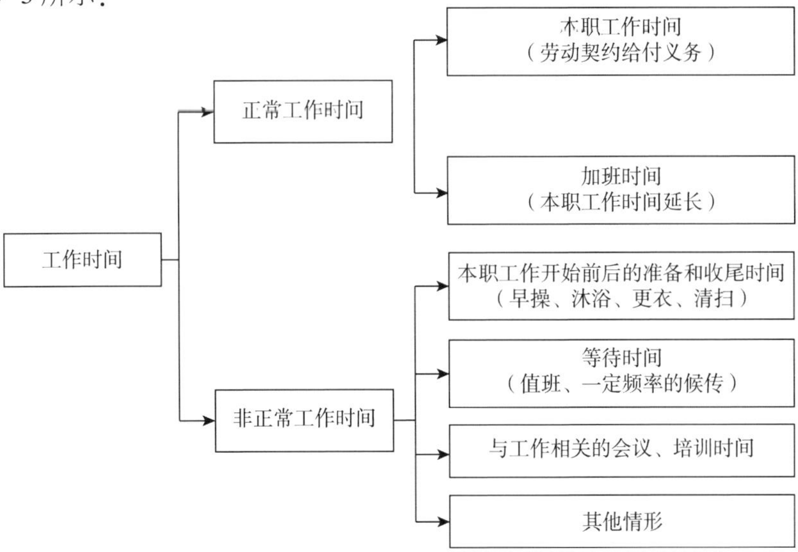

图 3-3　"正常工作时间"与"非正常工作时间"分类下的工时结构

第五节　工作时间规范效力的分类配置

一、工作时间类型化框架下的标准工时法律效力

《劳动法》和国务院《关于职工工作时间的规定》（国务院令第174号）所规定的标准工时及加班时间限制已被视为工作时间的“红线”。[①]综合计算工时也是以此为基础的变形。按现有理解，标准工时作为劳动基准法意义上的规范具有强制性法律效力，因此司法难以将劳动者值班、准备、收尾等时间认定为工作时间，否则将严重超出标准工时，导致极高的加班费。若按照“劳动解放法理”，将值班等非正常工作时间都认定为工作时间，就会导致这种情况。笔者认为，如此对标准工时法律效力的理解过于狭隘，应从“工作时间的多义性”出发，在工作时间类型化的框架下来理解标准工时的法律效力。

工作时间法律规制的主旨在于维护劳动者之身心健康，促进劳动力之再生产，但并不局限于此。在正常工作时间与非正常工作时间的分类下，标准工时的规制对象应是正常工作时间，根据劳动者履行劳动合同约定义务状态下的体脑紧张程度，将劳动者本职工作的劳动强度总量控制在一个合理水平，不至于损害劳动者的健康。因此，标准工时所代表的强制性劳动基准只是工作时间规范体系的一个组成部分，与之协同配合的应当是针对非正常工作时间的工时规范。在这个视角下，标准工时并不是刚性十足的“红线”，在德日美等国均辅之以配套制度使之弹性化。

德国《工作时间法》规定了8小时工作制，但该法一方面排除了高级雇员、主任医师以及公共服务机构的部门和人事负责人；另一方面，该标

① 该标准工时及加班限制，是指平均每周工作时间不超过40小时，每天不超过8小时；加班每日不超过3小时，每月不超过36小时。

准工时规定可以通过集体合同予以灵活安排，“如果工作时间内雇员有相当多的时间只是处于工作准备状态或者随时待命状态”，那么每天的工作时间可以超过 10 小时。只要待命时间占到工作时间的 30%以上，就达到了所谓的“相当多”的要求。[①]

日本《劳动基准法》规定的法定工时是每日 8 小时、每周 40 小时，应当注意的是，日本没有加班上限的规定，[②] 劳雇双方可以根据该法第 36 条缔结“休息日劳动协定”（三六协定)，使加班时长合法化，即通过集体合同变更法定工时规定，超出法定工时的部分被称为“法定劳动时间外劳动”[③]。日本最高法院认为，如果因业务上的正当事由应进行法定劳动时间外劳动，且劳资协定确定的就业规则是合理的，那么劳动者就负有此项劳动的义务。[④] 此外，为适当限制加班时长，《劳基法》第 36 条第 2 款规定了厚生劳动大臣有权就三六协定的加班时长、加班费率等方面制定基准，但该基准“对劳动契约并没有强行的补充效力，亦不会成为契约的内容，且其充其量只是行政指导之性质，并没有对劳资协定设定强行的基准之意旨”[⑤]。

美国《公平劳动标准法》除童工外，没有规定一般性的每日或每周工时上限。理论上说，劳动者在自己及雇主认为合适的情况下可以工作任意时长。该法规定的每周 40 小时工时标准在于判断加班，实际工时超过此标准的，雇主应给付加班报酬（Overtime Pay)。[⑥] 该法规定的常规加班费

---

① 参见［德］沃尔夫冈·多伊普勒：《德国劳动法》，王倩译，上海人民出版社 2016 年版，第 186-187 页。

② 日本仅《劳动基准法》第 36 条第 1 款“但书”部分规定“井下劳动或其他厚生劳动省令规定为特别有害劳动的劳动时间的延长，每日不得超过两小时”。法条请参见田思路、贾秀芬：《日本劳动法研究》，中国社会科学出版社 2013 年版，第 340 页。

③ 参见［日］荒木尚志：《労働法》，有斐閣 2016 年版，第 162-163 页。

④ 参见［日］日立製作所武蔵工場事件，最一小判平 3. 11. 28，民集 45-8-1270。

⑤ 徐婉宁：《劳基法新修正之工时规制评析——以日本法为比较法之素材》，《全国律师》2018 年第 7 期。

⑥ 29 C. F. R §778. 102.

率是劳动者日常工资的 1.5 倍。可见，美国法是以经济手段控制工作总时长的，劳动者加班越多，雇主的人力开支就越大，由此迫使雇主妥善安排工作，通过增加人手或控制加班的方式平衡用工成本。

综上所述，标准工时的法律效力不宜作僵化理解。按照现有法定工时的“红线”思维，一方面是正常工作时间下的加班控制失败，导致大范围违法；另一方面是非正常工作时间无法用法定工时予以解释，只能被动衍生出第三类时间，破坏工作时间内涵的统一性。如果我们将标准工时比作一只碗，那么现有的“碗”早已盛不下现实工作量的“水”，只能分一部分到第三类时间这个“杯子”。工作时间类型化的目的是将现有的“碗”变成“鸳鸯锅”，标准工时是工作时间这口“锅”里的一部分，在标准工时之外可以存在其他的工作时间，这就是把“杯子”里的水倒回“锅”里，实现一个整体工作时间概念下的分类调整。

二、劳动法各部门对工作时间的分类调整

劳动法对工作时间的规定除了保障劳动者的身心健康，亦须重视劳动与报酬之间的对价关系。从工时分类的角度看，正常工作时间对应劳动者的工资与健康保障，非正常工作时间则更强调时间的对价性，相当于美国法上的“可补偿性”（Compensable）。①那么，正常工作时间因包含健康保障的因素须借助基准法之强制规范，而非正常工作时间因劳动强度低可通过契约法之合意调整，在集体合同乏力的情况下由政府劳动行政主管部门审核监管。简言之，笔者基于工时分类提出“正常工作时间”基准强制与“非正常工作时间”约定审核的规范模式，包括三个适用步骤：

---

① 美国法上工作时间规定的直接目的不是限制劳动时长，而是通过判断某一时间是否为工作时间以确定雇主是否应给予劳动者补偿。因此，美国法上的法定工时与德日及中国法上法定工时的意义有所不同，其以时间的对价（Compensation）为重点。

第一，工作时间的认定与分类。工作时间调整的起点是某一争议时间的性质认定，基于“劳动解放法理”，只要劳动者受到某种形式的“拘束”，即可认定为工作时间。但工作时间的对价不能一概等同于工资及现有比例的加班费，而应将该时间归类为正常工作时间或非正常工作时间，标准是“业务遂行性”，即该时间内的劳动是否符合劳动合同约定的本职工作、是否符合劳动者常规工作内容、是否达到了本职工作的劳动强度。

第二，正常工作时间的基准强制。正常工作时间应适用标准工时及加班报酬比例规定，仍由劳基法的强制性规定规制正常工作时间，继而将非正常工作时间单列出来。此处理解应无困难，问题在于现行《劳动法》关于加班时长设定的标准是否过低，这仍属于劳动基准高低之争的范畴。笔者认为，在产业结构转型和劳动方式变革的大趋势下，问题的实质不在于劳动基准的高低，而是对工时理解的狭隘以及特殊工时制度的滞后。①

第三，非正常工作时间的约定审批。对于医生、保安等包括大量值班时间的劳动者，以及其他根据工作内容有必要安排大量等待或休息时间的行业和岗位，如高铁司机，应通过劳雇双方合意的方式确定非正常工作时间的日常安排，而不能由用人单位单方决定。劳动法应设定非正常工作时间的约定程序，在我国集体劳动法制发育不足的背景下，参照现有的特殊工时审批办法，经由企业民主程序后报政府劳动行政主管部门审批。同时，劳动行政主管部门为弥补我国劳动者在集体关系中协商能力不强的弊端，应对大量存在非正常劳动时间的行业和岗位制定单行规范性文件，除

① 关于标准工时与特殊工时的制度检讨，请参见王天玉：《工作时间基准的体系构造及立法完善》，《法律科学》2016 年第 1 期。

程序性要求外，还应参照日本《劳基法》的规定，[①] 针对不同时段的值班以及值班时长，建立阶梯性报酬体系。

基于上文阐释，回到开篇所列举之医生值班报酬争议，可得出医生值班属于工作时间，并且是非正常工作时间，即便休息也应获得报酬，但报酬计算不应按现行规定的加班工资比例，而应由劳雇双方协商并经审批，以低于正常工资的标准适当确定。如果医生是在休息日或午夜值班，应调高报酬比例。在无劳雇双方协商的情况下，法院可根据具体情况酌减正常工资以确定值班报酬额度。在新冠疫情期间，医护人员参与救治患者和防疫工作的全程均应认定为工作时间，无论是处于值班抑或候传状态。此外，新冠肺炎是人类未知疾病，超出医护人员的知识体系和专业训练，具有严重危险性，并且疫情给全国造成了影响，尤其是湖北，疫情更为严重，医护人员为保护人民生命健康付出了巨大努力和牺牲，应就此特殊情形超越劳雇双方协商的私法模式，转入政府专门补偿的公法模式，明确医护人员在特殊时期的待遇标准和资金来源。

劳动关系及其规范依附于社会生产模式，工作时间作为劳动关系存续的物理维度，必然要随着生产模式的升级而转变。当下，数字时代劳动方式的变革滚滚而来，劳动法不能固守20世纪90年代形成的工时规定体系，学理认识更应当拓展视野，回应现实需求。探讨工作时间的本质是在探讨劳动关系的现实状态。基于时间的角度，学者更应将自身抽离出现行制度，以历史的眼光看时间意义的流变，其中的关键点是劳动关系中核心的“指挥命令”。只有穿越时间才能发现，当下学理所言之“指挥命令”缘起于工场时代真实、具体的雇主指挥命令，而随着产业结构调整与劳动形

① 根据日本《劳动基准法》第37条规定，劳动者一个月加班合计在60小时以内，以及晚上10点到早上5点进行劳动的，应当加给25%的工资；劳动者一个月加班合计超过60小时的，超出部分应当加给50%的工资；休息日劳动的，应当加给35%的工资。法条请参见田思路、贾秀芬：《日本劳动法研究》，中国社会科学出版社2013年版，第340-341页。

态演进，劳动法为维持调整范围与制度功能，需要学理不断地将“指挥命令”予以抽象化，再借由司法将已抽象化的“指挥命令”适用于个案的具体情形中。在互联网和信息技术带来劳动方式整体变革的时代，以往基于工业时代经验所形成的概念抽象必然需要自我升级。在工作时间这个议题上，“劳动解放法理”正是“指挥命令”高度抽象后的转型，使抽象概念联通具体制度的方式并不局限于条文对应司法，而是基于工作时间的多义性构建分类体系，继而塑造强制性效力与合意性效力相结合的制度结构，指引司法更为清晰地判断工作时间的性质及对价，推动劳动法在新时代向更为弹性、包容的方向发展。

| 第四章 |

工作时间的规范构造

作为劳动关系的核心内容，工作时间是各国劳动法制调整的重点，构成劳动基准的基本组成部分之一。[①] 我国现行工时基准法制成型于1995年前后，至今已运行20余年，尚未经过系统修订完善。反观这20年间，中国社会经历巨大变革与转型，经济体量和社会结构均呈脱胎换骨之势，法律框架中的民商事基本制度已然经过数次立法与修法，体系日益丰盈。劳动法领域虽有《劳动合同法》及《劳动争议调解仲裁法》的颁行，但劳动基准法制仍止步不前，涉及工作时间的制度设计缺乏充分的梳理和反思，无法有效应对和解决全社会范围内普遍存在的长时间工作，无序加班等工时基准实践问题，[②] 致使大量涉及加班的劳动争议案件因之而起。[③] 当今世界的发展潮流是降低工作时间，[④] 并提出“劳动者不仅是企业的一员，也是其家庭的一员，更是整个社会的一员，其必须有暂行脱离职业生活、自由享受从事其他生活的权利”[⑤] 之理念，将缩短工时作为提高劳动者生

---

① 各国由于公权力介入劳动关系的程度和路径不同，而塑造了不同的劳动基准立法，但对于最低工资、最高工时之类劳动关系核心要素均有严格且系统立法。Rudolf Buschmann，Jürgen Ulber，Arbeitszeitgesetz：Basiskommentar Mit Nebengesetzen und Ladenschluss，Frankfurt：Bund-Verlag，2009，35ff.；Jörg Janichi，Aktuelle arbeitszeitrechtliche Probleme und der Entwurf des Arbeitszeitgesetzes，Berlin：Duncker & Humblot，1992，47ff.

② 世界经合组织（OECD）在2011年发表报告指出，中国是世界上工作时间最长的国家之一，位列墨西哥、日本、韩国之后的第四位。OECD，Society at a Glance 2011：OECD Social Indicators（Paris：OECD）2011.

③ 据上海、北京、深圳、苏州、湖南等地劳动仲裁机构2008年受案情况统计，加班和加班工资争议已经成为当前劳动者和用人单位之间发生的主要纠纷。周良国、黎建飞等：《专家视点：加班和加班工资》，《中国劳动》2008年第12期，第6页。

④ See Andrew E. Clark，Your money or your life：Changing Job Quality in OECD Countries，British Journal of Industrial Relations，2005，43（3）：377-400.

⑤ ［日］西村健一郎：「企業における多様な休暇制度」，載於：日本労働法學会編集，『講座21世紀の労働法第7巻——健康安全と家庭生活』，有斐閣，2000年10月，168頁。

活水平的指标之一。[1] 相比之下，我国的经济发展却未能使劳动者分享到休闲的福利，实际工作时间仍处高位运行，[2] 外界批评为“劳动法制未能有效发挥作用”，直接损害了国际劳工组织以“体面劳动”为主旨的政策框架。[3] 难辞其咎的是，工时领域存在整体性的法律调整低效，工时基准法律制度因其缺陷和滞后而难辞其咎。

我国学界尚未形成对工作时间基准制度的系统研究，既有涉及工时基准的文献可分为三类：第一类是以劳动基准为论题涉及工时制度，如在著名的“劳动基准高低之争”中，王全兴、董保华、常凯三位教授均在讨论以工作时间作为论证要点之一，用以评判劳动基准之高低与取舍；[4] 此外，在与劳动基准相关的法律效力、实施状况以及劳动基准立法问题的讨论中，均对工时有所涉及。[5] 第二类是针对加班问题进行讨论，主要以加班工资为研究对象，部分涉及对工时的分析；[6] 第三类是直接讨论工作时间及其认定标准，但也仅有个位数的寥寥几篇，其中约半数主要研究“待命

---

① See Lonnie Golden, A Brief History of Long Work Time and the Contemporary Sources of Overwork, Journal of Business Ethics, 2009, 84 (2): 217-227.

② See Vinod Mishra and Russell Smyth, Working hours in Chinese enterprises: evidence from matched employer - Employee Data, 2013, 44 (1): 57-77.

③ Sangheon Lee, Deirdre McCann and Jon C. Messenger, Working Around the World: Trends in Working Hours, Laws and Policies in a Global Comparative Perspective, London: Routledge Press, 2007, p. 126.

④ 参见王全兴：《劳动合同立法争论中需要澄清的几个基本问题》，《法学》2006 年第 9 期；常凯、董保华：《WTO 给我们的劳动者带来什么》，《新华文摘》2002 年第 1 期；董保华：《中国劳动基准法的目标选择》，《法学》2007 年第 1 期。

⑤ 相关文献包括：林嘉、陈文涛：《论劳动基准法的法律效力》，《清华法学》2014 年第 4 期；沈同仙：《我国劳动基准的实施现状及对策》，《法学》2007 年第 4 期；秦国荣：《劳动权的权利属性及其内涵》，《环球法律评论》2010 年第 1 期；涂永前：《我国劳动基准立法的现状与进路》，《社会科学》2014 年第 3 期；王全兴、沈同仙、冯彦君、王文珍：《专家谈：劳动基准问题》，《中国劳动》2011 年第 5 期。

⑥ 相关文献包括：赵红梅：《劳动法：劳动者权利义务融合之法——社会法的视角且以加班工资为例》，《上海财经大学学报》2010 年第 2 期；王林清：《加班控制制度法律问题研究》，《法学杂志》2012 年第 8 期；曹燕：《加班工资计算法律问题研究》，《中国劳动》2013 年第 1 期；侯玲玲：《我国加班工资计算基数的地方裁审规则》，《法学》2014 年第 6 期。

时间”，故总体上对工作时间之学理认识尚未形成体系化论证。[①] 可见，即便在劳动基准这个有待更多学术投入的领域中，工作时间已因缺乏关注而边缘化，似成为一个能够被时时看到但又被遗忘的角落。无论是面对实践中普遍存在的加班与工时争议，还是回应工时立法所需的学理支撑，现有的研究成果均显不足。鉴于此，在依法治国渐成时代强音之际，关涉千万劳动者谋生之本的工时基准法制应当秉持法治思维全面梳理，探究各项规范性文件的内在缺陷及逻辑衔接，从劳动关系法理出发完善工时制度体系，回应变革时代劳资双方的共同诉求。

第一节　工作时间基准制度的内部张力

工作时间是测度劳动关系存续状态的时间标尺，劳动者与用人单位依据劳动合同所为之对待给付均在工作时间所确定的时间维度中展开。作为劳动关系的核心内容之一，工作时间是各国劳动法制调整的重点，构成劳动基准的基本组成部分。我国法律框架中没有专门的“劳动基准”立法，关于工作时间的法源是以《劳动法》第四章“工作时间和休息休假”及国务院《关于职工工作时间的规定》（国务院令第174号）为主干，原劳动部发布的若干部门规章为分支形成的制度体系。

① 相关文献包括：孙国平：《劳动法上待命时间争议的认定》，《法学》2012年第5期；胡玉浪：《劳动法上待命时间的法学分析》，《法治研究》2010年第4期；冯海娟：《待命时间的定性及工资支付问题探析》，浙江大学2013年硕士论文；沈同仙：《工作时间认定标准探析》，《法学》2011年第5期；徐波：《论工作时间的法律范围》，苏州大学2010年硕士论文；戈芊芊：《延长工作时间的认定研究》，苏州大学2009年硕士论文；余淮军：《工作时间劳动基准的除外适用》，苏州大学2011年硕士论文。

规范性文件名称	制定机构	制定时间
《中华人民共和国劳动法》	全国人大常委会	1994 年
国务院《关于职工工作时间的规定》（国务院令第 174 号）	国务院	1995 年（1994 年 2 月发布，1995 年 3 月修订）
原劳动部《关于贯彻执行〈劳动法〉若干问题的意见》（劳部发〔1995〕309 号）	原劳动部	1995 年
原劳动部《〈国务院关于职工工作时间的规定〉的实施办法》（劳部发〔1995〕143 号）	原劳动部	1995 年
原劳动部《〈国务院关于职工工作时间的规定〉问题解答》（劳部发〔1995〕187 号）	原劳动部	1995 年
原劳动部《关于企业实行不定时工作制和综合计算工时工作制的审批办法》（劳部发〔1994〕503 号）	原劳动部	1994 年

作为工时基准制度的主干，《劳动法》与《国务院关于职工工作时间的规定》（以下简称《规定》）之间的位阶关系不是想当然的法律与行政法规的上下层级关系，二者之间的现实关系与法理的相悖构成制度架构的深层次内在矛盾。

首先，在法律效力位阶上，按照规范性法律文件效力位阶原理，表格列举的工作时间制度体系应当是以《劳动法》为起点，国务院行政法规为承接，原劳动部的部门规章为细则形成的自上而下“金字塔”结构。此认识在实践中似已成通行说法，亦得到原劳动部的肯定，在其发给广州市劳动局的复函中指出“《国务院关于职工工作时间的规定》（以下简称《规定》）是依据《劳动法》第 36 条的规定，按照我国经济和社会发展的需要，在标准工时制度方面进一步做出的规定”①。但是，查阅《规定》可

① 原劳动部《关于职工工作时间有关问题的复函》（劳部发〔1997〕271 号）。

发现，该规定并未写明是以《劳动法》为依据，而是在第 1 条中明示“为了合理安排职工的工作和休息时间，维护职工的休息权利，调动职工的积极性，促进社会主义现代化建设事业的发展，根据宪法有关规定，制定本规定”。依据《立法法》，国务院可制定行政法规的事项有两类情形：一类是为执行法律的规定需要制定行政法规的事项；另一类是《宪法》第 89 条规定的国务院行政管理职权，其中第 1 款是“根据宪法和法律，规定行政措施，制定行政法规，发布决定和命令”。那么，《规定》应属于国务院行政管理职权之事项，其立法依据应当是《宪法》第 43 条所载之“规定职工的工作时间和休假制度”，而不是为执行《劳动法》的规定而制定的行政法规。可见，《规定》与《劳动法》同以宪法为依据，至少在法律效力层级上不是从属关系。

其次，在适用范围上，《规定》所调整的对象涵盖了《劳动法》的规制领域。《规定》第 2 条所确定的适用范围是“我国境内的国家机关、社会团体、企事业单位以及其他组织的职工”。职工在我国法律体系中是一个外延宽泛的概念，在立法技术上多从广义上用以指代全社会范围内的各种类型劳动者，可溯源《工会法》，其第 2 条规定“工会是职工自愿结合的工人阶级的群众组织”，第 3 条规定“在中国境内的企业、事业单位、机关中以工资收入为主要生活来源的体力劳动者和脑力劳动者……都有依法参加和组织工会的权利”。据此，职工可概括为“以劳动所得为生者”，正如机关、企事业单位中均建立工会一样，职工不仅包括与机关、企事业等单位建立劳动关系的劳动者，也包括政府机关公务员和人事单位聘用人员。此种概念理解在其他规范性文件中也得到了印证，原劳动部、人事部颁发的《〈国务院关于职工工作时间的规定〉的实施办法》（1995）第 2 条规定：“本办法适用于在中华人民共和国境内的一切机关、团体、企业事业单位（包括国有、集体、私营、个体、外资、中外合资等各类单一或混合型经济所有制和矿山、工厂、建筑、交通运输、森林采伐、农场、商业、服务业等行业及科研设计、文化体育、医疗卫生、大专院校、中小学校、托幼园所等）的职工。”随着之后的立法演进，虽然在法律架构中具体区分了劳动者与公务员及事业编制人员，但是“职工”的概念外延却未因此限缩，仍包含上述全部主体在内，如2007年颁布的《职工带薪年休假条例》（国务院令第514号）第1条规定“为了维护职工休息休假权利，调动职工工作积极性，根据《劳动法》和《公务员法》，制定本条例”，第2条规定“机关、团体、企业、事业单位、民办非企业单位、有雇工的个体工商户等单位的职工连续工作满1年以上的，享受带薪年休假”。再者，2012年颁布的《女职工劳动保护特别规定》（国务院令第619号）亦适用于“国家机关、企业、事业单位、社会团体、个体经济组织以及其他社会组织”的女职工。可见，《规定》基于对“职工”概念外延的解释确立了全社会的工作时间基准，而《劳动法》第2条所确定的适用范围是“我国境内的企业、个体经济组织和与之形成劳动关系的劳动者，以及国家机关、事业组织、社会团体和与之建立劳动合同关系的劳动者”，即以存在劳动关系为调整依据。因此，《劳动法》的调整对象完全被《规定》的覆盖领域包含。

最后，在规定内容上，《规定》不仅更改了《劳动法》所确定的工时基准，且条文内容更具宏观性。《劳动法》规定的工时制度是“每日不超过8小时，平均每周不超过44小时”。现在全社会通行的工时制度是《规定》所确定的“每日8小时，每周40小时”。虽然《规定》降低工作时间基准在事实上增进了劳动者的权益，但问题是《规定》作为行政法规不具备修改《劳动法》条文规定的法律效力，《劳动法》修改应当借由全国人大常委会颁行法律修正案或者工时特别法，国务院在得到全国人大常委会授权情况下方有权予以变更。但基于上文中立法依据的剖析，《劳动法》与《规定》同源于《宪法》，是两个独立规范性文件，二者对于工时基准的不同规定在性质上是条文冲突。由于《规定》不是劳动特别法，那么按照法条冲突协调之上位法优于下位法原则，依据法理推论存在劳动关系的劳动者仍按照每周44小时工作，其他非劳动关系的职工依据《规定》每周工作40小时。但此推论显然不符合法律实践，尚无任何案件区分《劳动法》与《规定》做出判决，所有工时基准的案件均以《规定》为裁判依据。此外，《规定》中将有关特殊情况下缩短或延长工时的事项规定为"按照国家有关规定执行"，相比之下，《劳动法》对此规定更显清晰和全面，确定了加班每日不超过3小时、每月不超过36小时的限制及其例外，实际充当了"国家有关规定"的角色。在原劳动部出台的部门规章层面，《〈国务院关于职工工作时间的规定〉的实施办法》第1条写明是以《规定》为根据制定的，但是其内容均是对《劳动法》条文的解释。由此可见，在制度的实际运行中，《规定》事实上处于《劳动法》的上位规范地位。

《劳动法》附从于《规定》的制度结构，不仅有悖于法律位阶之法理，更造成工时基准制度无法针对劳动关系的特点予以有效调整。《劳动法》的"工作"是指用人单位与劳动者基于劳动合同所为之劳动给付，绝大多数劳动关系存在于生产经营性企业组织中，事业单位及国家机关中具有劳动关系的工勤人员所占整体比例较小，而《规定》的"工作"所指范围则更广，因"职工"概念的宽泛外延，不仅包括劳动给付，还包括机关、事业单位中的公务行为和公共服务。对"工作"内涵作此区分的原因在于，企业生产必须以市场波动为指挥棒，劳动者给付劳动的时间及频率也必须随企业生产经营进度而不断调整。机关及事业单位则无须以市场周期安排作息，其工作时间的常规化表征公共服务的确定化，能够为社会活动提供稳定的公务预期。此两类"工作"具有截然不同的天然属性，时间调配也不可能等同。但是，《规定》及《劳动法》未能意识到这一区别，"评价历史应回到当时的场景"。此二者均出台于20年前，当时国有企业所占用工比重最大，工作模式类似于机关、事业单位，工作时间具有较强的稳定性，构成社会主流用工方式，也就必然成为立法调整的标准对象。而今日用工模式已不仅是市场化，更是呈现出弹性化与灵活化的趋势，分工细化导致不同行业、岗位的工时明显不同。延续20年之久的工时基准制度难以契合当下的市场实践，形成的格局是机关、事业单位因其工作的常规性能够较好地执行工时规定，但是企业违法已成普遍现象，由此导致劳动者的身体伤害、精神疾病乃至“过劳死”屡见不鲜。[①]鉴于此，工时基准法制的重构应以企业用工方式为主要规制对象，界定工作时间的法律内涵及边界，以市场化条件下工作时间灵活化与弹性化作为立法思维的客观现实，基于劳动法理构建工时认定机制、适用范围及保障机制。

第二节　工作时间界定方法评析

工作时间虽然是劳动基准中的基础性概念，但是现行的全部规范性文件都没有关于工作时间的定义，造成实践中劳资双方乃至仲裁机构及法院对某一时间段是否属于工作时间的认识不清，各地裁审所实际采纳的认定标准不统一，尤其是在门卫、保安等监视性岗位以及医生、护士等候传性岗位加班的争议案件中，各地的裁判结果差异较大，既反映了法律规定的模糊，也加深了裁审机构的困惑。[②]

界定工作时间实质是划分工作与休息的时间边界。若将视野放宽到劳动者在工作日的全天24小时，可以发现连续的时间因活动内容和法律意

---

① Bauman, A., Ma, G.S., Cuevas, F., Omar, Z et al. Cross-nation Comparisons of Socioeconomic Differences in the Prevalence of Leisure Time and Occupational Physical Activity and Active Commuting in Six Asia - Pacific Countries. Journal of Epidemiology and Community Health. 2008 (65), 35 - 45. Houdmont, J., Zhou, J. and Hassard, J. Overtime and Psychological Well-being Among Chinese Office Workers. 2011 (61), pp. 270-273.

② 不同法院对门卫或保安的工作时间认定尺度不同，对“睡班”的时间是否属于加班，存在不认可、部分认可与认可三种审判类型，参见（2012）嘉民四（民）初字第196号、（2014）二中速民终字第2133号、（2001）海中法民终字第61号、（2009）青民三（民）初字第3523号。

义的不同而被划分为接续的“时段”。工作时间作为劳动合同履行阶段，有其特殊的法律保障意义：劳动者即使没有实际给付劳动，也有权主张工资对价；[①] 并且，此时段内劳动者对所受伤害有权主张工伤赔偿。而休息时间因劳动者已脱离工作状态，属于自主支配时间，由其个人对此时段内行为结果负责。现有各国法制均对时间划分采取二分法，仅工作时间与休息时间构成全部时段，无过渡时间或第三种时间。[②] 虽然劳动者的时间从投入工作到休息可因劳动给付程度不同分为：实际工作时间（Vollarbeit oder Voll Arbeitstätigkeit）、备勤时间（Arbeitsbereitschaft）、待命时间（Bereitschaft oder Bereitschaftsdienst）、候传时间（Rufbereitschaft）、非工作时间（volle Ruhezeit oder Freizeit），[③] 但司法上仍强调上述时段应划归为工作时间或休息时间，无中间类型。[④] 因此，界定工作时间即确定了其与休息时间的边界，此边界的扩张与限缩则表征着劳资之间的利益分配。为全面探寻工作时间的界定方式及与休息时间的边界，笔者从立法例、学理及司法三个方面分析阐释。

一、立法例

国际劳工组织（ILO）1962 年确立两类工时概念，一类是标准工时，指根据法律或条例、集体合同或仲裁裁决、通行规则或惯例，劳动者在诸如一天或一周的特定较短期间内应当用于工作活动的时间；另一类是实际

---

① 依据德国“基础危险”（Substratsgefahr）理论，如果雇主因非本人过错的特定原因导致无法向劳动者提供给付劳动的生产资料，客观上无法让劳动者开展工作，劳动者仍享有工资请求权。典型情形包括企业内部生产经营事由，如工厂停电、失火、机器设备检修等，企业外部事由，如原材料供给中断、政府命令停产整顿、恶劣天气影响等。MünchArbR/Blomeyer，2 Aufl.，München 2000，§ 57 Rn. 19.

② 孙国平：《劳动法上待命时间争议的认定》，《法学》2012 年第 5 期，第 45 页。

③ Fechner，Probleme der Arbeitsbereitschaft（1963），S. 204 - 205.；Frey，Arbeitsbereitschaft，Rufbereistcgaft，Bereitschaftsdienst（1960）.

④ Case C-14/04 Dellas and others v. Premier Minister and Another［2006］IRLR 225；Case C-151/02 Landeshauptstadt Kiel v. Jaeger［2003］IRLR 804.

工作时间，指劳动者在特定期间内实际用于工作的时间，包括标准工时内的工作时间及加班工作、用于工作准备的时间、工作过程中的非工作间隔时间、工休时间。①

《欧盟工作时间指令》（Working Time Directive 2003）第2条第1款规定，劳动者的工作时间是指根据法律或惯例，在雇主指挥支配下正在工作状态下的任何时段，包括执行职务、接受培训等，对应的“休息时间”则是非工作的任何时段。②

英国《工作时间条例》（Working Time Regulations 1998）第1部分“一般条款”规定工作时间是与“被雇用的劳动者”相联系，指劳动者依据雇主指示或职责实际工作的时段、接受相关培训的时段、依据相关协议符合条例的额外时段。③此目的一般被视为“实现工作的人性化原则”。④

德国《工作时间法》（Arbeitszeitgesetz 1994）第1章“一般条款”将工作时间定义为从工作开始到结束的时间，但不包括休息时间。为多个雇主工作的时间应累加。地下采矿工作的休息时间应当计入工作时间。⑤

美国《公平劳动标准法》（Fair Labor Standards Act 1938）没有直接对工作时间下定义，而是借由“雇用”（employ）的界定间接确定工作时间范围，即劳动者处于雇用状态之下的时间就属于工作时间。所谓“雇用”

---

① ILO，The Resolution concerning statistics of hours of work. http：//ilo. org/global/statistics-and-databases/statistics-overview-and-topics/working-time/current-guidelines/lang--en/index. htm.

② Directive 2003/88［2003］OJ L299/9. http：//eur-lex. europa. eu/legal-content/EN/TXT/？uri=CELEX：32003L0088.

③ Terms and Conditions of Employment（The Working Time Regulation 1998 No. 1833）. http：//www. legislation. gov. uk/uksi/1998/1833/made/data. pdf.

④ Hardy，S.，Harmonising European Working Time in an Enlarged EU：A Case of Failed Humanization？. International Journal of Comparative Labour Law and Industrial Relations，2006（22），543.

⑤ Arbeitszeitgesetz（Bundesgesetzblatt，10 June 1994，No. 33）. http：//www. ilo. org/dyn/natlex/docs/WEBTEXT/37814/64928/E94DEU01. HTM#div02.

是指“承担或允许工作”（to suffer or permit to work）。[①] 在此情况下，依雇主已知并以雇主利益为目的时间消耗以及被视为劳动者“主要劳动给付”（principal activity）所用之时间都是工作时间，包括岗位核心职责、任务或行为。[②]

日本《劳动基准法》（Revised Labor Standards Act 2010）也没有关于工作时间的定义，根据第32条第1、2款的规定，工作时间是不包含休息时间在内的实际工作时间；特例是第38条第2款之规定，井下劳动者从进入矿井到出井，包括休息时间在内都属于工作时间。据此，工作时间一般理解为“实际使劳动者处于工作的时间”[③]。该法中所使用的“労働させ”（中文“使劳动”）被解释为劳动者在雇主的指挥监督下劳动。[④]

综上，立法中对工作时间的界定采用了“工作”与“休息”相结合的定义方式，以“受雇主指示”“履行职责”等要素正向认定工作状态，同时从“休息”的角度逆向排除不属于工作的时间，前者为主要判断基准。但是，囿于成文法自身语言表达抽象程度的局限，对于“实际工作”“受雇主指示”以及“履行职责”等概念内涵均须根据学理分析以及司法对具体案件的裁判结果予以阐释，学理和司法承担法律解释责任。

二、学理

我国大陆学界对工作时间的研究成果有限，现有定义一般是“从文义上给工作时间做诠释，停留在法律规定的表象上”。[⑤] 例如，工作时间是指

---

① U. S. C. A §203（g）.

② C. F. R. §§785. 7，785. 9，785. 11.

③ ［日］菅野和夫：『労働法』［第10版］，弘文堂，2012年版，275頁。

④ ［日］蓼沼謙一：『労働時間・残業・交替制』，総合労働研究所，1971年版，62頁。

⑤ 沈同仙：《工作时间认定标准探析》，《法学》2011年第5期，第135页。

劳动者为履行劳动义务，在法定限度内应当从事劳动或工作的时间；[①] 工作时间是职工根据法律规定，在用人单位中用于完成本职工作的时间。[②]

我国台湾地区学者的讨论更为深入，有学者提出工作时间是“劳动者在雇佣者指挥命令下提供劳务的时间”。[③] 也有学者从劳动合同的角度，指出“只要劳工依约提出其劳动力，处于雇主的支配之状态下，则即属于工作时间”[④]。亦有学者针对劳动形态的变化突破“雇主支配”，提出“受拘束时间”的概念，既包含劳动者“于雇主指挥监督下服劳务之时间”，也包括“雇主明示默示指示下服劳务之时间”。[⑤]

日本学界对工作时间的研究更系统，近年提出了工作时间概念的多义性，即将工作时间区分为《劳动基准法》上的工作时间与劳动合同上的工作时间，后者又区分为劳动合同义务时间与工资时间。[⑥]

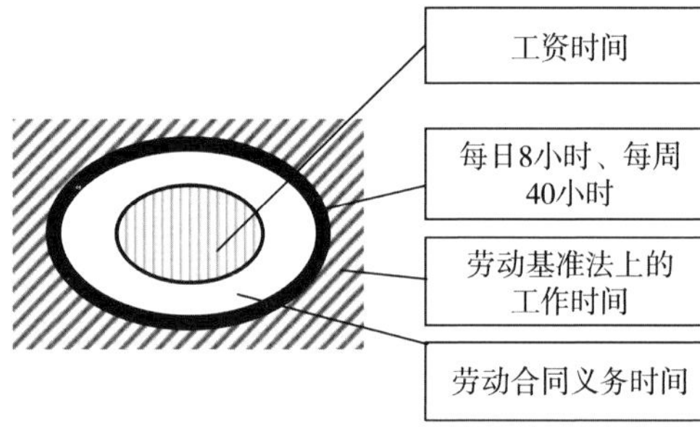

如上图所示，《劳动基准法》上的工作时间与劳动合同上的工作时间是以“每日 8 小时、每周 40 小时”的标准工时作为分界线，在此基准范围内可由劳资双方依据劳动合同确定工作时间，但超出此基准则属于《劳

① 王全兴：《劳动法》，法律出版社 2008 年版，第 269 页。
② 黎建飞：《劳动法和社会保障法》，中国人民大学出版社 2007 年版，第 153 页。
③ 黄越钦：《劳动法新论》，中国政法大学出版社 2003 年版，第 227 页。
④ 黄程贯：《劳动法》，国立空中大学 1997 年版，第 412 页。
⑤ 邱俊彦：《工作时间》，《劳动基准法释义》，新学林出版公司 2005 年版，第 297 页。
⑥ ［日］荒木尚志，『労働時間の法的構造』，有斐閣 1991 年版，2-10 頁。

动基准法》上“延长工作劳动或者可能产生违法罚则问题之工作时间”。[①] 由劳动合同所确定的工作时间中，与主合同义务“劳动给付”相对应的是工资时间，体现劳动与工资的对价关系；此外的“劳动合同义务时间”则是附属于劳动给付义务的时间，如劳动者开始实际工作前的打卡、备勤、早操以及工作后的整理等时间，还包括职业培训以及年会、庆典等其他履行合同约定事项所占时间。[②] 据此，所有合同约定时间在非法律许可的情况下不能超出法定基准，否则构成违法，合同时间内不区分劳动强度均属于工作时间。超出工时基准的加班时间不得由劳动合同约定，而应依据《劳动基准法》认定法律后果，违反法律关于加班的规定将导致雇主公法责任。此观点发展至今已成为日本学界关于工作时间分类的通说，对学说和判例的讨论和发展裨益甚大。[③]

三、司法

司法裁判中所实际适用的工作时间认定标准是将立法工时规定与学说工时解释相结合，通过一系列案件的审理逐步描绘出工作时间的边界。

日本司法对工作时间的认定采纳“客观说”，即“工作时间不是依据劳动合同、规章制度、集体合同所确定的劳资合意，而是应考察客观情形”[④]。日本最高法院在“三菱重工业长崎造船所事件”中提出“是否属于工作时间应当根据劳动者的行为是否属于雇主的指挥命令之下来客观地确定，不应当依据劳动合同、规章制度以及集体合同中的约定内容来决

① ［日］荒木尚志：『労働時間の法的構造』，有斐閣 1991 年版，3-4 頁。

② ［日］荒木尚志：『労働時間の法的構造』有斐閣 1991 年版，4-6 頁。

③ ［日］石橋洋：「労基法上の労働時間の概念と判断基準」，载日本労働法學会編集：『講座 21 世紀の労働法第 5 卷- 賃金と労働時間』，有斐閣 2000 年版，206 頁。

④ ［日］東京大学労働法研究会：『注釈労働時間法』，有斐閣 1990 年版，88 頁。

定”①。围绕此判决的学术观点和判例形成了“指挥命令下说”，认为工作时间是劳动者处于雇主指挥命令之下的时间，工作开始前后的待机、整理时间等都被视为工作时间，该说为日本司法及学理之通说。② 也有学者对此提出批评，认为该说过于抽象，应当加入劳动者实际活动的“业务性”作为“指挥监督”的补偿标准，是为“二分说”。③ 此观点在后续的司法实践中修正了“指挥命令说”过于抽象的缺陷，在“大星大楼管理事件”中，大楼的管理员负责楼内警卫以及设备运行，其每日24小时的勤务时间内有8小时是在楼内的休息室“假寐”（我国称为“睡班”），但此时间段内仍依据合同负有待命、应对警报及突发事件的义务。因此，日本最高法院在审理此案中认可“工作时间是劳动者处于雇主指挥命令下之时间”的先例及通说，同时针对“假寐”劳动类型指出，劳动者虽然未处于指挥监督之下，但“并未获得劳动解放之保障，仍负有劳动合同上的劳动给付义务”④。此案提炼出的“劳动解放之保障”与“负有劳动合同上的劳动给付义务”被认为是“指挥命令”的下位概念，具有表里关系。⑤ 形成以“指挥命令”为核心的综合性判断标准，在不存在工作时间与休息时间之间灰色地带的前提下，“只要没有获得劳动解放”即可认定为工作时间。⑥

美国司法围绕“承担或允许工作”（to suffer or permit to work）的立法表述构建认定标准。最高法院最初认为，并不是所有无明示或默示合同为

① ［日］三菱重工業長崎造船所事件，最一小判平12.3.9，民集54-3-801，平成12年3月9日。

② ［日］東京大学労働法研究会:『注釈労働時間法』（有斐閣、1990年），92頁。

③ ［日］菅野和夫：『労働法』（弘文堂［第10版］，2012年），265頁。

④ ［日］大星ビル管理事件，最一小判平14.2.28，労働判例706号，26頁。

⑤ ［日］中窪裕也:「仮眠時間と休憩時間」，『労働判例百選』第7版（別冊ジェリスト），2002年第165號，109頁。

⑥ ［日］菅野和夫:『労働法』（弘文堂［第10版］，2012年），267頁。

他人工作的人都可以列为“雇员”（employee），[①] 可适用《公平劳动标准法》（FLSA）的雇员必须是其在雇主控制或要求下付出“体力或心智”，以使雇主或其营业获利，并因此获得报酬。[②] 但是，最高法院在此后的Anderson案中改变了此项规则，提出“不要求付出体力或心智”，只要“在雇员被要求放弃对其本人时间或活动实质性的支配之时”即是工作时间，包括雇员被要求留在雇主的生产经营场所、值班或限定的工作地点。[③] 由此，美国司法形成了“主要利益”（Primary Benefit）原则，雇员依据劳动合同履行“劳动给付”（Principal Activities）以实现雇主利益的时间，相应的时间即是工作时间。雇员在工作开始前后的活动时间只是构成劳动给付的一部分，或者在特定情况下劳动给付所必需时，才属于工作时间，如生产场所整理、机器调试等，而工作结束后的洗浴时间则不是工作时间。在雇员等待工作的时间认定上，最高法院在Armour案中重申了此项原则，指出“等待的时间是否可以主张报酬要看此时间是否主要为了雇主及其营业利益之目的”。[④] 沿袭这一思路，司法确认了值班状态下的等待时间是工作时间的一部分，“此等待时间是不确定的或者相当短暂的，雇员不能基于个人目的而有效地利用此时间”，[⑤] “在此情形下，哪怕雇员把时间花在了娱乐上，如打牌、看电视或者读书”均为工作时间。[⑥]可见，美国司法偏重考察时间目的性及支配力，不关注劳动者在此时段内的实际行为，也因此排除雇主实际指挥控制程度的审查。

① Walling v. Portland Terminal Co.，330 U.S. 148，152，6 WH Cases 611（1947）.

② Tennessee Coal，Iron & Railroad Co. v. Muscoda Local 123.，321 U.S. 590，4 WH Cases 293（1944）.

③ Anderson v. Mount Clemens Pottery Co.，328 U.S. 680，6 WH Cases 83（1946）.

④ Armour & Co. v. Wantock.，323 U.S. 126，4 WH Cases 862（1944）.

⑤ Cole v. Farm Fresh Poultry，824 F.2d 923，929-30，28 WH Cases 369（11th Cir. 1987）.

⑥ Brock v. DeWitt，633 F. Supp. 892，895-96，27 WH Cases 1246（W.D. Mo. 1986）.

四、我国工作时间之界定

劳动关系的本质应当作为我国劳动基准法界定工作时间的出发点。关于劳动关系不同于一般民事关系的从属性特征，学界早已引之为共识性前提，诸如“雇主指挥命令”“劳动以雇主利益为目的”[①] 等考察要点亦无理解异议。因此，已有学者将工作时间定义为“劳动者接受用人单位的指示，在用人单位的管理或约束下从事工作或与工作相关的活动的时间”[②]。此定义涵盖了用人单位指示、命令以及业务性的要点，值得肯定。鉴于工作时间的界定是司法认定的基础，仍有下列问题有待学理阐释。

第一，劳动基准法上的工作时间与劳动合同中的工作时间之协调。《劳动合同法》第 17 条规定劳动合同必备条款中包括工作时间，对此实践中产生的一个问题是用人单位与劳动者能否以劳动合同的方式合意变更《劳动法》中关于工作时间的规定。此问题的产生有两个方面的原因：一方面是《劳动法》及相关部门规章所形成的制度架构较为粗陋，未能充分体现劳动基准法所应有的强制性效力，国务院《规定》对《劳动法》的更改损害了法律的逻辑完整性。过去多年来《劳动法》实施未受到充分重视，《劳动合同法》的大力推行又导致实践中对这两部法律关系的误解，以致后者被坊间称为“新劳动法”。一个看似自然的推论结果即可以在劳动合同中依据意思自治确定劳资双方所适用的工作时间。另一方面，学界未能对工作时间进行细致的分类和阐释，在《劳动法》和《劳动合同法》均规定工作时间的制度体系下，工作时间各部分的法律属性是依据劳动基准还是劳动合同没有清晰的认识。对此，首先应当明确劳动基准法所具有的“公、私双重效力”，对意思自治的部分内容具有效力控制功能，当合

---

① BAG，AP Nr. 20，28 zu § 611 BGB Abhägigkeit；NZA 1993，174，175；1992，36，37；894，895.

② 沈同仙：《工作时间认定标准探析》，《法学》2011 年第 5 期，第 136 页。

同约定或者用人单位提供的劳动条件低于劳动基准法的规定时，则发生无效或部分无效的法律后果。[①] 而关于劳动基准对“哪部分”工作时间合同约定有效力控制功能，则可引入日本学界关于工作时间类型的划分，以标准工时为界划分劳动基准法上的工作时间与劳动合同的工作时间，以明确各自的效力。

第二，我国司法认定工作时间的标准过于注重“工作强度”，在加班认定的问题上，司法意见强调“以特定的工作作为内容支撑”，判断原则是“值班通常不视为加班，值班期间所从事的工作与正常工作期间从事工作基本相同的，应当视为其正常工作，不按照加班来处理；另外，应当根据劳动的强度酌情确定加班的时间”[②]。据此，对于非正常工作的值班时间，劳动者无权要求支付工资，一般获得金额较小的津贴作为时间付出的补偿。此外，“劳动强度”是否应作为确定工作时间的考察要素亦值得商榷。上文梳理的美、日司法关于工作时间的认定重点均已从“劳动给付”演进到“时间支配”，对工作时间“业务性”要求仅须符合“雇主利益目的”。我国则仍要求劳动者工作时间具有“完整业务性”，应处于依合同约定实际给付劳动的状态，劳动者所“受拘束”的工作强度应当达到一定程度，诸如值班的较轻程度“受拘束”工作状态并不足够。笔者认为，此项司法裁判原则事实上以“工作强度”为基础承认了工作时间与休息时间之间存在第三类时间，诸如值班等工作强度不大的工作状态即属此类，其法律导向过于偏向用人单位的经济成本考量，造成对劳动者休息时间的蚕食。对于劳动者而言，无论出于何种强度的工作状态都已经不能自主支配时间，即便如值班之相对清闲状态也是在用人单位安排下以其利益为目的之时间付出。并且对于何种劳动强度是适当的问题，缺乏具体的测评标准，留下了法律适用的难点，易于产生个案处理的不同结果。

---

① 林嘉、陈文涛：《论劳动基准法的法律效力》，《清华法学》2014 年第 4 期，第 11 页。

② 王林清：《劳动争议裁诉标准与规范》，人民法院出版社 2014 年版，第 238 页。

为此，工作时间的法律界定应当回应上述问题，理顺劳动基准法上的工作时间与劳动合同中的工作时间，排除工作时间与休息时间之间的灰色地带，为司法裁判提供“构成要件”式的指引。因此，从劳动关系的本质出发，结合上文所述各国立法、学理及司法实践，工作时间的定义应以“用人单位指挥命令”为中心，将“业务性”与“劳动者时间自主性”及“时间付出之目的性”相结合。综上，笔者认为可将工作时间界定为劳动者依劳动合同约定或用人单位指示，为实现用人单位利益而处于工作或相关活动中的时间，不包括劳动者可自由活动的休息时间。当然，工作时间的法律界定并不是终点，此项定义的内涵仍需司法在具体案件的裁判中予以细化和充实。

第三节　工作时间基准的整体检视

一、标准工时与劳动基准高低之争

在加班成为企业用工普遍形态的情况下，实践中有观点认为，在国务院《规定》适用范围过于宽泛的情况下，应当反思每日 8 小时、每周 40 小时的标准工时水平对企业是否过低，以致加班成为企业的理性选择。既然现实中此工时基准不能得到有效落实，应当考虑调高针对企业的工时基准。

针对企业的标准工时应如何设置是重构现有工时制度的核心问题，是应当继续沿用现有国务院《规定》确定的基准，还是遵从《劳动法》采纳每日 8 小时、每周 40 小时的基准，抑或其他工时基准值得慎思。对此问题的分析应当置于有关我国劳动基准高低与否的争论中来审视。早在 2001 年，董保华与常凯两位教授就有过关于我国劳动基准高低与否的争论，董保华教授认为我国劳动标准是高了，而不是低了；常凯教授则认为中国劳工标准过高了是不合适的。[1] 此后，王全兴教授也加入了讨论，[2] 董保华教授就其观点进一步指出我国有些标准虚高，如工时、加班费等，常常是一种纸面上的规定，并未得到真正的落实，对此劳动基准法应当实行“低标准、广覆盖、严执法”，“以一个发展中国家的经济地位，不断挑战世界劳动基准法最高水平，本身就耐人寻味”。[3] 就工时基准高低的问题，在我国学界是缺乏系统的研究的，尤其是纳入世界范围内处于何种水平，尚未有文献予以排名展示。为此，笔者以“法定每周标准工时”为指标，整理了部分主要发达与发展中国家的工时基准水平，如下表所示。

发达国家		发展中国家	
国家	每周标准工时（小时）	国家	每周标准工时（小时）
美国	40	印度	48
日本	40	巴西	44
德国	40	墨西哥	48
法国	35	俄罗斯	40
韩国	40	南非	45

相比之下，我国的周标准工时在法律条文规定层面已与发达国家处于同一水平。《劳动法》以及国务院《规定》确立工时基准的立法背景资料无可查询，因此无法分析20年前立法之时是处于何种考量，一种学术观点认为在当时“姓资姓社”仍是公共话语时，工作时间作为体现劳动者保障水平的重要机制，发达国家都已将工作时间降低到每周40小时的工时，为体现社会主义的优越性，应立法确立同等的工时基准。但无论如何推断

① 常凯、董保华：《WTO给我们的劳动者带来什么》，《新华文摘》2002年第1期。
② 王全兴：《劳动合同立法争论中需要澄清的几个基本问题》，《法学》2006年第9期。
③ 董保华：《中国劳动基准法的目标选择》，《法学》2007年第1期，第57、59页。

立法之成因，在分析现行工时基准是高还是低的问题上必须面对的现实是此基准已实施20余年，是否应予调整或予以怎样的调整均应当在历史实践中找寻答案。笔者据此分析所得的观点是我国《规定》所确定的40小时周工时基准不应调整，问题的症结不在于工时基准的高低，而在于现行制度规定之粗糙与保障机制之不健全。

第一，我国工时基准实施多年，已形成了社会认同和制度惯性。国务院《规定》第7条规定，国家机关、事业单位统一的周休息日为星期六和星期日，企业可以根据实际情况灵活安排周休息日。在现实中大多数企业认可了周六周日作为周休息日，在全社会范围已形成了周末休息时间的共识，从而家庭生活共同的休息时间能够协调。如果提高工时基准必然会导致工作时间与休息时间的重新划分，社会活动及家庭生活也必将受此影响，由此将导致全社会范围内活动时间规划的重新整合，可以想象此项制度变动将引发的争议以及成本。因此，我国工时基准既然已经确立在此水平，不应当考虑“走回头路”降低基准水平，毕竟“劳动条件不是抽象数字化的契约条件，劳动条件及其保障意义均应该摆到劳工的整体生活脉络来思考”①。工时基准法律规定的落实问题应当问究保障机制的缺失，而不是降低保障水平。即便立法将工时基准调高到发展中国家的最高周工作时间之48小时，以墨西哥为例，高工时基准不能消除劳动者长时间工作，在劳动保障机制不完善的情况下，高工时基准仍不可避免地被突破。②

第二，我国已成为世界第二大经济体，在降低工时已成为世界共识与趋势之背景下，如果我国立法“逆之而行”提高工时基准必将有损国际声誉，引致更大外界批评与压力。我国现有工时基准制度实施效果不佳导致

---

① ［日］遠藤隆久：「クローハリセーションと労働法の市民法化」，載於：横井芳弘等編，『市民社会の変容と労働法』，信山社2005年版，52頁。

② Sangheon Lee，Deirdre McCann and Jon C. Messenger，Working Around the World：Trends in Working Hours，Laws and Policies in a Global Comparative Perspective，London：Routledge Press，2007，p. 122.

的长时间工作已被外界批评为“全球劳动标准的底线竞争”[①]，亦被指责中国经济在一定程度上呈现廉价而过度使用劳动力。[②] 在我国经济发展已经取得举世瞩目成就之时，应当是有能力更好地保障劳动者的工作权益并使之分享经济发展成果，而不能采用调高工时基准的方式缓和普遍存在的无序加班状况，否则无异于对过度使用劳动力的默认和纵容。即便我国在20世纪90年代立法之时所确立的工时标准偏高，到当今已有条件使此基准更好地落实。反观同样以长时间工作著称的日本，于1947年制定《劳动基准法》之时所确定的周工时基准是48小时，此后长时间内保持较高的人均劳动时间，直至20世纪80年代，“鉴于日本社会经济状况的变化和劳动者意识的变化，以及国际贸易摩擦背景下欧美发达工业国家对长时间劳动的严厉批判，为了保障劳动者的身心健康和生活质量的提高，增强企业和社会的活力，适应国际劳动标准，维持和确保中长期雇用，以及通过劳动者余暇时间的增加来刺激消费、扩大内需”，日本于1987年将《劳动基准法》的周工时基准修改为40小时。[③] 我国当下同样面临社会经济变化、劳动者权利意识觉醒、应对国际贸易摩擦以及欧美人权议题非难，并且也有责任提高劳动者的保障水平，给予劳动者更多闲暇时间以促进消费，解放内需。因此，工时基准应当坚守，而不是相反。

第三，工时基准制度遭遇大范围违法的症结不在于标准过高，而在于保障机制不健全以及制度整体之粗糙与滞后。董保华教授提出劳动基准应实施低标准是与严执法相联系的，“低标准是严执法的前提，两者存在着联系”[④]。笔者认为，无论标准高低，过于依靠行政执法的保障方式实施劳

---

① Anita Chan, A Race to the Bottom: Globalisation and China's Labour Standards, China Perspectives, 2003 (46), p. 41.

② Nan L., Is There New Hope in Labor Rights Protection for Chinese Migrant Workers? Asian Pacific Law & Policy Journal, 2009 (10), pp. 482-518.

③ 田思路、贾秀芬：《日本劳动法研究》，中国社会科学出版社2013年版，第157页。

④ 董保华：《中国劳动基准法的目标选择》，《法学》2007年第1期，第58页。

动基准必然会遭遇困境。劳动执法作为公权力行为受制于劳动行政部门的人事编制与执行经费，如长三角地区数万名劳动者聚集的工业园区内，仅有几十人编制的劳动监察机构没有能力细致地核查每一个劳动者所处的劳动条件。暂且不论工作时间，即便是劳动生产安全这样关乎生命财产安全的劳动基准都无法依靠劳动监察完全落实。① 在劳动监察较为被动和低效的情况下，劳动者通过仲裁或诉讼的维权方式已成为促进《劳动法》实施的衍生机制，劳动者借此以较低的维权成本获得较高的赔偿，此类争讼行为的普遍化客观起到了法律保障的作用。② 而裁审机制的局限在于其是事后救济，劳动者借此进行的维权活动也是个别化的矫正，因此尚无法克止违反劳动基准之加班行为的大范围存在。从域外经验来看，落实工时制度的重要机制是集体合同，在有些国家集体合同已取代法定工时成为确定工作时间的依据。③ 但是，我国集体劳动关系法制尚未充分发育，基层工会的代表性问题仍存在较大争议。④ 虽然集体合同中包含工作时间的内容，但目前推动集体协商的重点在于工资，且协商机制的运行仍有待观察。⑤ 综上，我国工时基准制度的完善路径不是降低标准，而是将保障思维的重点从行政化的劳动监察转向劳资集体协商，通过劳动关系自治以确立共同认可的工时条件，将劳动基准转变为劳动合同内容。当然，由于我国集体

---

① 例如，2014 年昆山“8・2”工厂爆炸事故造成大量伤亡，该企业位于昆山经济开发区内，长期存在安全生产隐患，劳动行政部门并不能实现有效监管。在网络检索发现，截至 2006 年底，昆山经济开发区已吸纳员工 22.7 万人，但并未查到该区的劳动监察部门有多少人员，即便是估算 200 人也难以对全区的所有企业和劳动者予以有效监察。http：//baike.baidu.com/link？url = s6M5h4KzflQ6 XdPa8UPEcu8T9QNodZUwf _ 8wbb3s4tZOhMqOkfDdc0wYvH5r - sICYBJFVKKHwUH0 _ Nv5iBSgEq#8.

② Virginia E. Harper Ho. From Contracts to Compliance? An Early Look At Implementation Under China's New Labor Legislation. Columbia Journal of Asian Law. 2009，Vol. 23，No. 1，pp77-78.

③ Gerhard Bosch，Working Time and Working Time Policy in Germany，http：//www.jil.go.jp/english/reports/documents/jilpt-reports/no. 7_ bosch. pdf.

④ Simon Clarke，Chang-Hee Lee & Qi Li，Collective Consulatation and Industrial Relations in China，42 BRIT. J. INDUS. REL. 235，241-244（2004）.

⑤ 谢德成、王天玉：《集体劳动关系的法律目标及规范重点》，《当代法学》2010 年第 2 期。

劳动关系领域整体法制进程迟滞，此工时集体协商机制与工资、劳动安全等其他劳动条件一样仍有很长的路要走。

此外，我国工时法制本身的滞后和疏漏其实是实施效果不佳的内在原因。如上文所述，工时法制在非市场化的环境下诞生，缺乏对未来市场机制用工方式变化的想象力。当下我们所处的时代已是全球化，科技创新所带动的生产方式变更滚滚而来，劳动时间结构剧烈变动，工时弹性化趋势已不可逆转，法律调整必须因之而增加弹性，并更为精细化。我国现行工时法制因此力不从心亦是自身肌体孱弱所致，应以体系重构之手术整治，关键点是应对劳动弹性化的非标准工时法制。

二、非标准工时制度之适用与完善

随着 20 世纪 70 年代欧美发达国家实现“从工业转向服务业”的产业结构调整，社会分工体系及劳动形态发生重大变化，促使传统的劳动生产方式向“弹性泰勒主义”（flexibler Taylorismus）的“劳动者自主控制”转变。[①] 全球化竞争以及技术的发展使劳动呈现弹性化的趋势，以典型化、标准化劳动为规范对象的劳动法制难以符合现代社会的生产组织面貌。[②] 为此，各国工时基准均相应地做出了调整。日本于 1993 年、1998 年和 2003 年三度对《劳动基准法》工时及休假规定进行修改，放宽了非标准弹性工时的适用。[③] 德国亦有大量企业实施“工时账户”（Arbeitszeitkonto）、召唤工作（Arbeit auf Abruf）等非标准工作时间制度。[④]

如果说以德日为代表的工时法制经历了由严格规制到适度放松的变化，那么我国工时法制则应由过度放任转向系统调整。德日之劳动基准法

---

① Leisewit, Pickshaus, Reusch, Entgrenzung der Arbeit im flexiblen Kapitalismus: Anforderungen an eine Arbeitspolitik, Hamburg: VAV-Verl., 2001, 298f.

② Rupert Scholz, Wandel der Arbeitswelt als Herausforderung, Köln, 1988, 15ff.

③ ［日］濱口桂一郎:『労働法政策』(ミネルヴァ書房、2004 年), 243 頁。

④ Lale Necati, Arbeitszeitkonten bei flexibler Arbeitszeit, Hamburg: Verlag, 2005, 134f.

制在工业时代已相当完善，对标准化劳动关系有着细致的调整机制，当劳动弹性化兴起之后，彼之立法重心即在于调适原有针对标准劳动的规范体系，适度放松规制强度和范围。我国的情况则与之相反，现有工时法制难称为系统周延，《劳动法》和国务院《规定》均只规定了标准工时，对于标准工时的适用除外情形，《劳动法》第39条规定，企业因生产特点不能实行本法第36条、第38条规定的，经劳动行政部门批准，可以实行其他工作和休息方法；国务院《规定》第5条规定，因工作性质或者生产特点的限制，不能实行每日工作8小时、每周工作40小时标准工时制度的，按照国家有关规定，可以实行其他工作和休息办法。这两部工时制度中主干性的规范性文件均对非标准工时制度的适用予以回避，实际上将此部分的规则制定与执行的权力下放给了劳动行政部门。梳理条文可发现，我国非标准工时的法律制度是由原劳动部发布的两部部门规章构成的，即《关于贯彻执行〈劳动法〉若干问题的意见》（以下简称《意见》）和《关于企业实行不定时工作制和综合计算工时工作制的审批办法》（以下简称《办法》）共13个条文构成，将非标准工时分为综合计算工时制与不定时工时制，①由此形成的调整机制已然失之简略与疏漏。第一，适用范围规定粗糙。依据《办法》，不定时工作制适用于企业高管、外勤、推销等无法按标准工时衡量的职工，长途运输从业者、出租汽车司机和装卸人员等需要机动作业的职工以及其他特殊情形；综合计算工时制适用于交通、铁路、邮电、水运、航空、渔业等行业中因工作性质需要连续作业的职工，地质、勘察、建筑、旅游等行业的部分职工以及其他情形。上述规定所涉及的岗位和行业并不是所有劳动者均不适合采用标准工时，而是一旦企业获

① 综合计算工时是指用人单位以标准工作时间为基础，以周、月、季、年为周期，综合计算工作时间的工时制度。在工时综合计算周期内不区分工作日与公休日，如果总工时超出标准工时则应支付加班费；不定时工作制针对无法按照标准工作时间衡量或需要机动作业的劳动者，采用弹性工作时间计算方式，不受《劳动法》第41条关于加班的限制，不计算加班费的工时制度。

准可以适用不定时工作制或综合计算工时制即极大地扩展了支配劳动者时间的权利，能够最大限度地规避加班限制及加班费成本，无疑使企业获得了非常大的优势。自2008年之后，适用非标准工作时间的企业呈现大幅度增长趋势，其中不乏企业利用非标准工时制度适用范围的简略“钻空子”，以此规避标准工时规定。第二，劳动行政部门审批行为的性质不清晰。企业实施不定时工作制必须经由劳动行政主管部门的审批，对于此审批行为的性质及效力尚缺乏研究，与之相关的问题包括：如果此审批是行政许可，那么劳动者是否可以提起行政诉讼？此审批对劳动合同具有何种效力？用人单位以审批为依据变更工作时间合同约定，劳动者能否依据《劳动合同法》第38条主张解除合同？此类问题在实践中均无定论，根源在于审批行为本身的性质不清。第三，关于劳动者权益保障的规定过于含糊。《意见》和《办法》均规定用人单位应采取适当方式确保职工的休息休假权利，但对于如何确保则没有规定，尤其是对于不定时工作制，由于其完全脱离了标准工时衡量工作时间的轨道，对于工作的适当时长、是否过度、如何救济等缺乏规则依据，以致现实中往往仅依据用人单位的规章指令，法律调整缺位。

在劳动弹性化的冲击下，可以预见我国未来非标准工时制度的适用比例将会进一步扩大。为防止非标准工时的“非正常繁荣”，工时制度应予以系统重构。笔者对此提出的完善思路是，第一，对于综合计算工时，应当将时间周期与工作岗位及企业形态等紧密联系，即分类规定“周、月、季、年”分别对应何种工作岗位及企业形态，可借鉴的外国经验如日本《劳动基准法》规定，一周变形劳动时间制每日不得超过10小时，并且仅适用于劳动者未达到30人的小商店、旅店、饭店、餐饮店等。①第二，对于不定时工作制应当全面改造，可借鉴德国“工时账户”制度，劳动者每

① 田思路、贾秀芬：《日本劳动法研究》，中国社会科学出版社2013年版，第164页。

工作一个小时即在其工时账户中存入一个小时，通过法律规定或集体合同确定结算时间，使劳资双方对工时的累计及工作周期均有预期，并能够据此实现法律的有效调整。依德国 2000 年工商业公会统计，已有 65%的企业实施此工时账户制度，被视为符合劳动者利益的弹性手段。[①] 第三，对于行政审批制度，在无视劳动者的情况下以行政审批的方式决定劳动条件本身就带有浓厚的计划色彩。劳资之间实施何种工时制度应当首先由双方依据工作岗位的特点进行协商，在无法实施标准工时的情况下由双方协商同意采纳非标准工时，此时工时条款已经成立；继而将协商结果向劳动行政部门报批，此行政审批是审查劳资协商结果是否符合豁免标准工时，乃是劳资就工时所达成的合同条款生效要件。由此可以理顺劳动合同与行政审批之间的法理。限于篇幅，非标准工时制度仍有诸多要点有待于深入探寻，本书出于重构工时基准制度之体系完整性考量，对非标准工时制度予以反思并提出完善思路，亦有意于在工时体系框架内继续提问，引发更多思考与文字。

德国谚语有言，时间不是依其长度，而是依其深度来测量。借此，工作时间不仅是劳动者职业生涯“深度”的表征，更是其家庭生活、社会生活，乃至生命状态的映像。工时虽是劳动关系的一个基点，却是无数奔忙个体幸福的起点。

本书关于工作时间基准制度的阐述表明，现行的工时制度成型于改革之初，仍带有浓厚的计划体制思维方式和行政主导色彩，已不能契合市场机制下的灵活化、弹性化生产组织形态及劳动用工机制，以致全社会大范围存在长时间工作、无序加班等的工时失控问题。剖析工时制度机理可发现，我国实际适用的工时制度是以“职工”概念为基础而建构的、覆盖全劳动形态的“大一统”体制，国务院《关于职工工作时间的规定》事实

① Ingo Hamm，Arbeitszeitkonten，Müchen：Bund-Verlag GmbH，2003，13f.

上处于《劳动法》的上位规范地位，导致工时制度并不能针对劳动关系的特点予以有效调整。为此，应现代市场化劳动关系本质及劳动弹性化的发展趋势，工时基准法制应当予以重构，将工作时间界定为劳动者依劳动合同约定或用人单位指示，为实现用人单位利益而处于工作或相关活动中的时间，不包括劳动者可自由活动的休息时间。对于我国标准工时的设定，学界存在基准高低之争，本书从标准工时的制度实践、国际比较等方面综合分析得出，现行标准工时应当坚守，需强化劳动保障机制以落实此法定基准；对于非标准工时制度，鉴于我国现行制度零散简略，应当在立法中对其适用范围及审批程序予以系统完善。

丨第五章丨

平台用工劳动基准的原理更新

在分享经济与网络信息技术的双重推动下，互联网平台作为信息汇集、加工和传播的枢纽地位得以确立，并持续、深度地改变着社会生产和交易方式，其中在服务领域最主要的变革是互联网平台用工的兴起和蓬勃发展。[①]“平台用工”本身并非一个规范的法律概念，通常用以表述劳务提供者基于互联网平台提供特定内容的劳务活动。平台用工治理体系的基础是建立劳动权益保障的底线，这需要建构劳动基准制度，确立平台与从业者之间在劳动报酬、工作时间以及职业安全卫生等劳动条件方面的权利义务结构，形成合理且可持续的利益分配模式。平台用工典型形态的劳动强度与薪酬水平受到社会广泛关注，有关网约车司机工作时间过长、[②]平台抽成比例过高、[③]外卖骑手配送时间过严[④]等热点事件频出，由此导致过度劳动并增加了交通事故风险，甚至出现了网约车司机和外卖骑手猝死的严重后果。从劳动基准角度须追问的关键性问题是，这些事例中劳动条件失控是源自平台用工何种机制，如何有针对性地建构强制性法律规范体系。

---

① See Alek Felstiner, Working the Crowd: Employment and Labor Law in the Crowdsourcing Industry, 32 *Berkeley Journal of Employment and Labor Law*. p. 45 (2011).

② 根据清华大学《2021年中国一线城市出行平台调研报告》，网约车司机每日平均工作时间为11.05小时，每周平均出车时间为6.45天，其中每日出车8～12小时的网约车司机占比为49.21%，其次为每日工作12～16小时的司机占比约为27.38%。https://www.163.com/dy/article/GA78BDRC0511B8LM.html.

③ 市场调查机构弗若斯特沙利文发布的《全国网约车司机生存状态调研报告》显示，目前网约车平台抽成比例最高50%，大多在25%左右，降低抽成比例成为司机们最为强烈的诉求。42.5%的网约车司机认为网约车平台收费不透明，70%的网约车司机认为平台所占收费比例太高。https://new.qq.com/omn/20220302/20220302A0BM1D00.html.

④ 参见赖祐萱：《外卖骑手，困在系统里》，《人物》2020年第8期。

第一节　平台用工劳动条件保障的制度短板

一、平台用工商业模式创新导致劳动基准制度空白

在我国平台用工分类下，具有劳动关系的部分平台用工属于现行劳动法调整，是“披着平台外衣的常规用工”，应遵循《关于职工工作时间的规定》《最低工资规定》等既有劳动基准规范，确定工作时间和工资标准。除此之外，大量从业者以众包劳动等灵活就业方式参与平台用工，可自主决定是否工作、工作时间地点以及工作量，是真正的新就业形态，超出了现行劳动法的调整范围。

《人力资源社会保障部对政协十三届全国委员会第三次会议第 3391 号提案的答复》指出，“新就业形态人员大多通过平台自主接单承接工作任务，准入和退出门槛低，工作时间相对自由，劳动所得从消费者支付的费用中直接分成，其与平台的关系有别于传统的‘企业+雇员’模式，导致新就业形态人员难以纳入现行的劳动法律法规保障范围”。[①] 劳动基准的制度空白具体体现为平台用工既无行业性的劳动定额，亦无可执行的劳动强度控制标准，相当于给予平台与从业者无限制的意思自治空间。部分从业者在收入激励作用下放任自主性，平台因商业效率的驱动没有动机主动限制从业者的工作时间，导致平台与从业者在连续达成订单合意的过程中劳动强度持续增加。

二、平台用工算法对劳动过程的改造增大劳动强度失控风险

根据《互联网信息服务算法推荐管理规定》，算法被界定为“提供互

① 《人力资源社会保障部对政协十三届全国委员会第三次会议第 3391 号提案的答复》，http：//www. mohrss. gov. cn/xxgk2020/fdzdgknr/zhgl/jytabl/tadf/202101/t20210113_ 407557. html.

联网信息的推荐技术”，平台用工算法属于工作调度服务。[①] 平台用工的运营核心是快速高效地实现劳务供需双方的匹配，算法是支撑这种劳动形态的技术基础，“只有通过新技术，才有可能实现这种众包和按需雇用的模式”[②]。平台作为掌握算法的一方，在大数据处理和匹配供需的过程中实现了自动化决策，形成了既有法律缺乏规制的“算法管理”。[③] 欧盟委员会在2021年12月9日发布的《欧洲议会和理事会关于改善平台工作条件指令的建议》中提出，“算法管理是一个相对较新的现象，除了欧盟的数据保护规则外，在平台经济中基本没有受到监管，这对通过数字劳动平台工作的工人和自营职业者都构成了挑战”[④]。

这种挑战的突出表现是，外卖算法在商业逻辑的驱动下追求最优劳动效率，并以可能实现的最优劳动效率作为衡量全体从业者的标尺，形成了所谓的“最严算法”和极限竞争。[⑤] 从业者面对“算法黑箱”无从知悉算法自动决策所推送的任务设定依据，只能被动接受并转化为突破合理边界的任务劳动强度，连续接单可能导致过度劳动，并将平台用工风险外溢到交通安全等公共领域。随着多项监管政策的实施，“最严算法”已被否定，代之以“算法取中”，[⑥] 主要外卖平台公开了“预估到达时间”算法规则，

---

① 《互联网信息服务算法推荐管理规定》第20条规定，算法推荐服务提供者向劳动者提供工作调度服务的，应当保护劳动者取得劳动报酬、休息休假等合法权益，建立完善平台订单分配、报酬构成及支付、工作时间、奖惩等相关算法。

② Daren Brabham, Crowdsourcing, MIT Press, Cambridge, 2013, p. 11-12.

③ See Min Kyung Lee, Daniel Kusbit, Evan Metsky and Laura Dabbish, “Working with machines: the impact of algorithmic and data-driven management on human workers”, Conference CHI'15 Proceedings of the 33rd Annual ACM Conference on Human Factors in Computing Systems, 2015, p. 1-10.

④ See European Commission, Proposal for a Directive on improving the working conditions in platform work (2021), https://ec.europa.eu/social/main.jsp?langId=en&catId=89&newsId=10120&furtherNews=yes#navItem-2.

⑤ 参见陈龙：《“数字控制”下的劳动秩序——外卖骑手的劳动控制研究》，《社会学研究》2020年第6期。

⑥ 市场监管总局牵头的《关于落实网络餐饮平台责任 切实维护外卖送餐员权益的指导意见》（国市监网监发〔2021〕38号）规定，优化算法规则，不得将“最严算法”作为考核要求，要通过“算法取中”等方式，合理确定订单数量、在线率等考核要素，适当放宽配送时限。

调整重点是“在异常场景下为骑手提供时间补充；在部分情况下，将‘预估到达时间’变为‘预估到达时间段’”。[①] 但是，这仅初步解决了一个特定用工场景的极端算法问题，“算法取中”应实现怎样的劳动强度、算法自动化决策应如何保护劳动者的合法权益，尚未形成学理共识和制度构造。

三、平台用工的定价权缺乏规制催生劳动时间不断延长的趋势

平台经济发展过程中，大型数字劳动平台通过海量前期资本投入形成了市场优势地位，建立了涵盖商家、消费者和从业者的平台内市场，从而与平台外的开放市场相分离。平台企业在平台内市场拥有绝对的定价权，可以借助算法工具制定每单价格、订单完成时限、积分排名和奖惩规则，其他市场参与者没有与平台进行议价的能力，构成了“信息和权力的不对称”[②]。

由于平台用工具有基于需求的任务化特点，从业者易于在持续接单过程中产生对平台的依赖，既有通过“多劳多得”增加收入的需求，也有提高积分排名以获得平台内市场竞争优势的动机。[③] 在平台掌握定价权的基本设定下，从业者意图实现收入目标须确保一定的订单完成量，并按照不同时段的奖励规则调配工作时间，这就形成了“单价既定”前提下工作时间与收入水平的对应关系，从业者因收入目标产生了长时间工作的意愿，进一步推高平台用工整体的劳动强度。

对此问题，目前的监管政策采取了集体协商修正平台定价权的策

---

① 方诗琪：《美团首次公开外卖配送算法规则！预估到达“时间”变“时段”》，https：//www. sohu. com/a/489109764_ 161795.

② See Calo，Ryan and Rosenblat，Alex，The Taking Economy：Uber，Information，and Power. Columbia Law Review，Vol. 117，2017，No. 2017-08，p. 1627.

③ See Sarah Mason，“High score，low pay：why the gig economy loves gamification”，The Guardian，20. 11. 2018. https：//www. theguardian. com/business/2018/nov/20/high-score-low-pay-gamification-lyft-uber-drivers-ride-hailing-gig-economy.

略，在 2020 年 7 月国务院办公厅发布的《关于支持多渠道灵活就业的意见》提出，企业层面集体协商和行业层面集体协商两条路径。①此后，人社部等八部门联合印发的《关于维护新就业形态劳动者劳动保障权益的指导意见》（以下简称 56 号文）和全国总工会发布的《关于切实维护新就业形态劳动者劳动保障权益的意见》，均将行业集体协商作为工作重点。②政策组合的目标是将平台“独占”的定价权转变为行业集体合同限定的定价权，有助于缓解平台内市场的竞争压力并降低从业者过度劳动意愿。但是，集体合同不具有劳动基准的效力，不能以强行法的规制方式要求平台设定劳动报酬底线和工作任务上线，对平台定价权的规制效果有限。

四、小结

在基本劳动标准立法已列入十三届全国人大常委会立法规划的背景下，学界有关平台用工的讨论相应地纳入了劳动基准法范畴，其中既有现行劳动基准体系不完善的“老问题”，也有平台算法及定价权的“新问题”。可供选择的方案有二：一是在完善现行劳动基准体系的立法过程中扩大适用范围，并根据平台用工的独特性设立“特别规定”，实质是标准就业劳动基准体系“做减法”；二是将平台用工作为独立的劳动形态，针

---

① 《国务院办公厅关于支持多渠道灵活就业的意见》第 10 条规定，研究制定平台就业劳动保障政策，明确互联网平台企业在劳动者权益保护方面的责任，引导互联网平台企业、关联企业与劳动者协商确定劳动报酬、休息休假、职业安全保障等事项，引导产业（行业、地方）工会与行业协会或行业企业代表协商制定行业劳动定额标准、工时标准、奖惩办法等行业规范。

② 人社部等八部门联合印发的《关于维护新就业形态劳动者劳动保障权益的指导意见》（人社部发〔2021〕56 号）第 17 条规定，积极与行业协会、头部企业或企业代表组织开展协商，签订行业集体合同或协议，推动制定行业劳动标准。全国总工会发布的《关于切实维护新就业形态劳动者劳动保障权益的意见》（总工发〔2021〕12 号）第 5 条规定，发挥产业工会作用，积极与行业协会、头部企业或企业代表组织就行业计件单价、订单分配、抽成比例、劳动定额、报酬支付办法、进入退出平台规则、工作时间、休息休假、劳动保护、奖惩制度等开展协商，维护新就业形态劳动者的劳动经济权益。

对平台算法和定价权形成的合同以“做加法”的路径引入劳动权益保障规定，最终在劳动基准立法中形成“新就业形态专章”，而不是“特别规定”。

不同方案隐含着对平台用工的差异化定位与认识逻辑，根本来说是将平台用工作为数字时代的新劳动形态，还是某种规避常规劳动关系义务的非标准形态，取舍的结果不仅决定平台用工劳动基准的建构路径，也将影响劳动基准立法的体例结构。值得注意的是，新就业形态职业伤害保障试点区分了有劳动关系的劳动者和没有劳动关系的从业者，前者适用现行《工伤保险条例》，后者被称为“新就业形态就业人员”，适用该职业伤害保障办法。① 由此可见，政策已在职业安全保障方面将平台用工作为独立的劳动形态，开启了现行劳动法范围外的试点探索。那么，平台用工的劳动报酬和工作时间作为劳动基准的主干，应进一步考察新业态内在逻辑与现行劳动基准固有法理之间的关系，从而选择可行且有效的制度建构路径。

---

① 国务院于 2017 年 4 月发布的《关于做好当前和今后一段时期就业创业工作的意见》（国发〔2017〕28 号）已明确提出“新就业形态发展”的议题，专项阐释了“完善适应新就业形态特点的用工和社保等制度”，提出“职工社会保险+灵活就业人员保障”的两条路径，即“从业者与新兴业态企业签订劳动合同的，企业要依法为其参加职工社会保险”；“其他从业者可按灵活就业人员身份参加养老、医疗保险和缴纳住房公积金，探索适应灵活就业人员的失业、工伤保险保障方式”。2019 年 8 月 8 日，国务院办公厅发布的《关于促进平台经济规范健康发展的指导意见》提出，抓紧研究完善平台企业用工和灵活就业等从业人员社保政策，开展职业伤害保障试点。2021 年 7 月 16 日，人社部等八部门印发的《关于维护新就业形态劳动者劳动保障权益的指导意见》（人社部发〔2021〕56 号）规定：“以出行、外卖、即时配送、同城货运等行业的平台企业为重点，组织开展平台灵活就业人员职业伤害保障试点。”广东等地试点明确规定职业伤害险适用于“未建立劳动关系的新业态从业人员”。可见，新业态职业伤害保障试点是在区分“职工与灵活就业人员”的基础上，探索为无劳动关系的灵活就业人员提供伤害保障。参见王天玉：《试点的价值：平台灵活就业人员职业伤害保障的制度约束》，《中国法律评论》2021 年第 4 期。

第二节　平台用工分类下的问题归因

一、互联网平台用工的基本类型

1. 自治型平台

此类平台的功能是提供虚拟交易场所及交易规则。劳务供需双方分别在平台上注册，相当于进入交易场所。劳务需求者发布工作任务、期限和报价，从业者选取工作任务，完成“要约—承诺”的交易过程，平台不参与定价和缔约，但在交易成功后收取一定的费用，具有代表性的平台如亚马逊 Amazon's Mechanical Turk（AMT）。

该平台上的劳务类型通常是仅需基本计算和语言能力的小额工作（Microwork），如选取图片、修改文章、段落翻译、调查问卷等。[①] 在劳务供需双方交易成功后，劳务需求方应向 AMT 平台缴纳其支付劳务对价的 20%作为平台使用费（MTurk Fee），最少为 0.01 美元。[②] 平台处于中立地位，从业者亦不将平台视为劳务交易合同相对方。例如在 Crowd Flower 案中，Crowd Flower 是数据分析公司，其将工作任务拆分，并在平台上作为劳务需求者（Requesters）发包给多位从业者（Turkers）。从业者起诉 Crowd Flower 公司，要求其承担雇主义务，但并未将 AMT 平台作为雇主或连带雇主。[③] 此类平台交易结构如图 5-1 所示。

---

① Panagiotis G. Ipeirotis, Analyzing the Amazon Mechanical Turk Marketplace, http://crowdsourcing-class.org/readings/downloads/platform/analyzing-mturk.pdf.

② 此规定为一般平台使用费，如果某项劳务需分解为 10 个及以上工作任务，那么劳务需求方应向平台按劳务对价的 20%支付额外费用。See https://www.mturk.com/pricing.

③ 法院最终判决从业者是独立承包人（Independent contractor），与 Crowd Flower 公司不构成劳动关系。Otey v. CrowdFlower, Inc., No. 12-CV-05524-JST, 2013 WL 5734146 (N. D. Cal. Oct. 22, 2013).

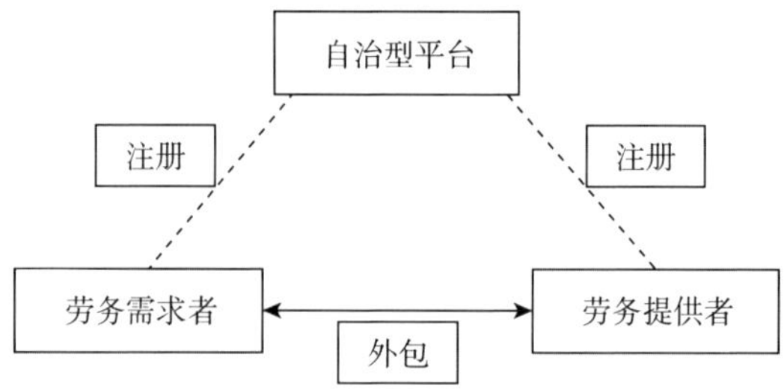

图 5-1　平台交易结构示意图

2. 组织型平台

此类平台提供的不是虚拟交易场所，而是基于互联网创设远程交易路径（Access）并制定交易规则，统一集成在终端 App 中。劳务供需双方注册并使用该 App 的行为，包含承认平台交易规则和使用网络交易路径两方面的内容。与自治型平台不同，组织型平台的交易路径并不联通劳务供需双方，而是使二者分别与平台连接。劳务供需双方分别与平台进行缔约，二者之间没有直接的缔约行为。平台通过劳务定价、接收劳务要约、配置劳动力的方式组织整个交易链条，形成了"劳务需求者—平台""平台—从业者"两个合同关系。劳务需求者作为客户通过 App 向平台发出劳务要约，该要约是平台定价及服务规则与具体劳务需求的计算结果，平台基于技术设定予以快速承诺，成立劳务需求合同。为履行该劳务需求合同，平台以一定方式组织和配置劳动力。由此可见，平台的作用是劳务交易组织者，① 或者说其本质上已不是具有承载性的平台，而只是交易渠道。

对于"何谓平台用工的最优合同形式"，目前并无标准答案，平台在不断尝试中探索，形成了不同合同的组合。在一起案件中，某大型网络配

① 对于网络平台组织者的身份定位，张新宝教授以"顺风车"为例指出，网络平台将乘客与顺风车车主双方的需求经由复杂的技术手段匹配起来，并为顺风车业务的顺利进行提供了相当的技术保障。网络平台的这些行为已经构成了一场异常复杂的"组织行动"。参见张新宝：《顺风车网络平台的安全保障义务与侵权责任》，《网络信息法学研究》2018 年第 2 期。

送平台说明了其三种劳务提供方式：一是“自营骑手”，即平台与从业者订立劳动合同；二是代理商骑手，由平台代理商与从业者订立劳动合同；三是 App 众包骑手，由自然人下载并注册平台 App，用自己的业余时间接单进行配送。[①] 此三种方式可分别界定为组织型平台 A、B、C 三种形态，基本能够涵盖现有组织型平台的运营模式。平台在不同运营模式下配置劳动力的能力、成本、风险均不相同，各有利弊。

A 模式下，平台直接雇用从业者，二者订立劳动合同，适用《劳动法》，除平台通过 App 发布指令的形式变化外，与常规劳动关系没有区别，通常被称为“重资产模式”。[②] 该类平台合同关系如图 5-2 所示。

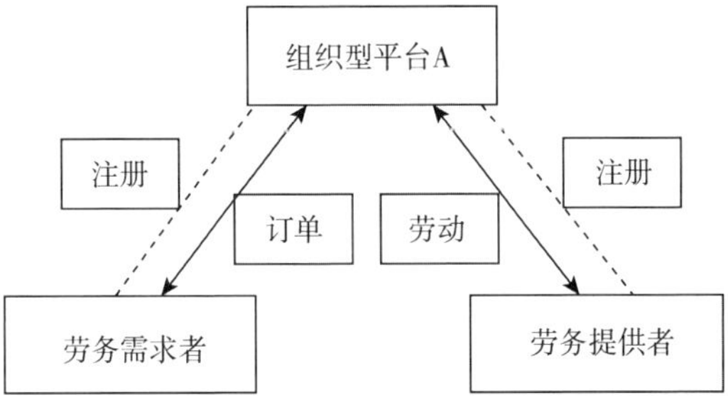

图 5-2　“重资产模式”平台合同关系示意图

B 模式是 A 模式的衍生品。由于重资产模式的运营成本较高，平台将其特定区域的工作量整体外包给代理商，由代理商组织劳动力完成工作任务。代理商为确保运力与从业者签订劳动合同，从业者作为代理商雇用的劳动者，接受指挥管理。平台与从业者之间无直接合同关系，称为“轻资产模式”。该类平台合同关系如图 5-3 所示。

C 模式是真正“共享经济”意义上的互联网平台用工，即从业者在平台 App 上注册并接单，可自主决定是否提供劳务、何时以及何地提供

---

① 参见南京市鼓楼区人民法院（2017）苏 0106 民初 1322 号。

② Peter C. Evans & Annabelle Gawer, https://www.thecge.net/app/uploads/2016/01/PDF-WEB-Platform-Survey_01_12.pdf.

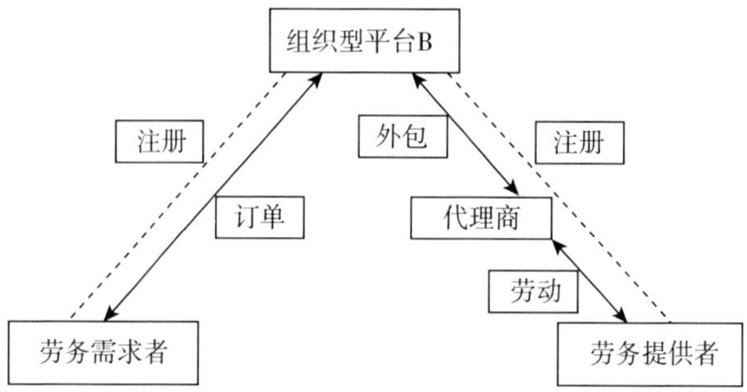

图 5-3 “轻资产模式”平台合同关系示意图

劳务，享有完全不同于劳动法上劳动者的自主权。以网约车为例，司机以此种方式提供劳务的程序一般包括：第一个阶段是注册，司机提供姓名、身份证号、驾照等相关信息，平台审核信息并通过视频告知软件操作、服务流程等即可完成注册；第二个阶段是司机打开软件，平台派单，司机确认接单并完成工作任务。[①] 虽然在操作上存在派单、抢单等差别，但此流程可反映出“共享经济”意义上的劳动参与方式，体现出对闲置劳动力的开发与整合，其中部分从业者已演进为零工就业形态。[②] 代驾、配送等其他主要网络劳务亦是如此。该类平台合同关系如图 5-4 所示。

① 吴清军、李贞：《分享经济下的劳动控制与工作自主性——关于网约车司机工作的混合研究》，《社会学研究》2018 年第 4 期。

② 随着工作机会的增加和累积，部分网络从业者逐渐脱离典型雇用劳动模式，从空闲参与转变为主营网络劳务，借此由“共享经济”中分离出“劳务需求主导型”（on-Demand）的“零工经济”（Gig Economy）。See Antonio Aloisi, Commoditized Workers. Case Study Research on Labour Law Issues Arising from a Set of “On-Demand/Gig Economy” Platforms, 37 Comparative Labor Law & Policy Journal. 654（2016）.

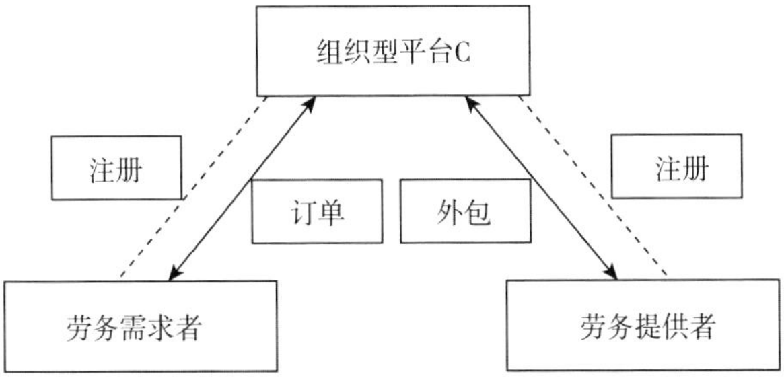

图 5-4　互联网平台合同关系示意图

二、针对平台用工的主要批评观点及其分析

（一）平台用工是“去劳动关系化”

“去劳动关系化”是现有文献对平台用工的主要评价之一，不同的是，劳动经济学用此概念描述平台用工的特点，即“传统劳动关系已不适用分享经济新业态，而去劳动关系化则被视为数字经济时代用工的特点”。[①] 而法学多持批评态度，如“平台用工去劳动关系化对整个社会风险防范机制造成巨大冲击”，[②]“去劳动关系化的方式在实践中可能会进一步扩大劳动关系灰色地带的问题：第一，虚假自雇，即通过合同安排将劳动关系伪装成非劳动合同关系；第二，部分从业者对平台企业存在经济上的依赖性，若适用民法的调整方式，会使其直接暴露于市场风险之下”[③]。笔者认为，对平台用工是否“去劳动关系化”不应一概而论，应从平台用工的类型予以剖析：

1. 在平台用工的分类下讨论“去劳动关系化”。在自治型平台与组织型平台的基本分类下，自治型平台不存在劳动关系问题，而组织型平台也

① 杨伟国、张成刚、辛茜莉：《数字经济范式与工作关系变革》，《中国劳动关系学院学报》2018 年第 10 期。

② 范围：《网络平台用工模式对社会风险分担机制的冲击及其化解路径》，《中国法律评论》2018 年第 6 期。

③ 班小辉：《“零工经济”下任务化用工的劳动法规制》，《法学评论》2019 年第 3 期。

不能一概而论。组织型平台可分为：平台直接雇用劳动者的 A 模式、代理商雇用劳动者的 B 模式、从业者自主注册和接单的 C 模式。[①] 在这三种模式中，A 和 B 两种模式存在劳动关系，只有 C 模式不存在劳动关系，具有所谓“去劳动关系化”的特征。由此可见，平台用工不等同于“去劳动关系化”，平台通过劳动关系组织劳动力仍是基本方式之一。而 C 模式比例能有多大？笔者在某大型外卖平台调研得知，该平台已于 2018 年停止了 A 模式，目前只有 B 和 C 两种模式，大致各占一半。如果按照组织型平台 1000 万名从业者估算，所谓“去劳动关系化”的 C 模式人数必然是百万级的，就其规模而言，不能说已经对中国劳动力组织体系造成了重大影响。

2. 有必要检讨“去劳动关系化”的概念表述。在劳动法学理中，“去劳动关系化”是一个新表述，并无严格的概念界定。按照语义理解，“去劳动关系化”在逻辑上应以“劳动关系”为前提，可能的情形是事实上已存在劳动关系或者虽不存在劳动关系但法律上有建立劳动关系的义务，那么将已存在的劳动关系改造为民事关系，或者采取其他劳务给付合同形式以规避建立劳动关系的法定义务，可称为“去劳动关系化”。而现有文献对“去劳动关系化”的使用主要是作为“劳动关系”的相对概念，即“市场经济条件下，不同所有者之间劳动力和生产资料的结合方式可分为‘基于劳动关系’和‘去劳动关系化’两类”，在该语境下，“去劳动关系化”的实质是“去除雇用或从事从属性劳动的束缚”[②]。据此内涵，不应使用“去劳动关系化”的表述，而应是“非劳动关系”，连“化”字都没有必要，既然无劳动关系的前提，何来“去”之？那么，平台用工中具有自主性特征的 C 模式不应是“去劳动关系化”，而应是“非劳动关系”，这两种表述相比较，前者具有价值判断的内涵，而后者更强调事实判断，

① 参见王天玉：《互联网平台用工的合同定性及法律适用》，《法学》2019 年第 10 期。

② 胡磊：《网络平台经济中“去劳动关系化”的动因及治理》，《理论月刊》2019 年第 9 期。

可以更为清晰地表明平台用工作为一种新型劳务给付方式，不是通过规避劳动法、获取违法利益而发展起来的劳务交易形态。

（二）平台用工是“隐蔽雇佣”

隐蔽雇佣的概念是国际劳工组织在《关于雇佣关系的建议书》第4条提出的，意指“雇主以一种掩盖着某人作为雇员的真实法律地位的方式不把他或她当作一个雇员对待”。有观点认为，平台用工“实质上具有以民事关系掩盖雇佣关系、以非标准劳动关系掩盖标准劳动关系的隐蔽性”，将平台用工等同于隐蔽雇佣。对于二者的关系，可以从以下四个方面来理解：

1. 平台用工在整体上不等同于隐蔽雇佣。如前所述，平台用工的类型多样，且处于不断发展变化中，不可能对平台用工做出整体性判断，任何关于平台用工法律问题的分析都应首先明确针对何种平台类型。不论是“去劳动关系化”还是“隐蔽雇佣”都不能对平台用工一概而论。因此，可以说平台用工中存在隐蔽雇佣的问题，但不能断言平台用工就是隐蔽雇佣。

2. 平台用工中存在隐蔽雇佣的问题。隐蔽雇佣的第一种情形是以民事关系掩盖雇佣关系，平台用工A模式下存在这种情况，相关文献引用的典型案例是“好厨师案”，该案中合同约定内容与平台实际管理不符，笔者认为“该案中的用工模式与常规劳动关系无差别”，无疑构成隐蔽雇佣。隐蔽雇佣的另一种情形是“以非标准劳动关系掩盖标准劳动关系”，此处所指是在B模式下，平台将业务外包给代理商，而代理商并非真正的雇主，只是承担劳务派遣中介的角色。据此理解，这种隐蔽雇佣就是通常所说的“假外包、真派遣”。《劳务派遣暂行条例》第27条规定，用人单位以承揽、外包等名义，按劳务派遣用工形式使用劳动者的，按照本规定处理。由于平台用工的代理商B模式广泛存在，各地操作的规范性不一致，存在一部分“假外包、真派遣”是可能的。

3. 隐蔽雇佣与模糊雇佣应明确区分。隐蔽雇佣是将劳务给付之从属性以其他法律形式予以掩盖，而模糊雇佣是劳务给付之从属性本身存疑。在前述文献中，“闪送案”是用来论证隐蔽雇佣的基本材料之一，但是此案与“好厨师案”有根本区别，在于合同约定内容与实际履行内容无明显差别，闪送平台并未像好厨师平台一样实施直接的指挥管理行为。因此，“闪送案”可能涉及“模糊雇佣”，而很难说是“隐蔽雇佣”。笔者认为，目前学术争论主要是组织型平台C模式下的劳动关系认定问题，可以结合“模糊雇佣”进行讨论，但并非“隐蔽雇佣”。

4. 不能用隐蔽雇佣来倒推平台用工的法律关系。隐蔽雇佣是劳动世界中长期存在的一种社会现象，平台用工产生之后亦不能豁免。既然隐蔽雇佣的实质是劳动关系，存在用人单位的指挥监督，则能够依据从属性理论予以辨识和认定。但是，不能借此进行逆向推理，即从平台用工中存在隐蔽雇佣出发，推论“网约工”均可认定劳动关系。“好厨师案”作为平台用工中的不法特例可以证明存在隐蔽雇佣，但不足以证明平台用工均为劳动关系。

三、平台用工争论中的学理问题与执行问题

平台用工的讨论一直未能明确区分劳动法之学理问题与执行问题，再加上概念使用得不规范，使讨论难以聚焦，分歧不断变为误解，增加了问题分析的难度。笔者认为，应当建立“学理问题与执行问题”的框架，在事实层面讨论执行问题，在理论层面讨论学理问题。

1. 执行问题。首先，务必建立平台用工类型化的思维，笔者一直主张不能将平台用工视为一个整体。平台用工虽然在形式上是通过互联网平台给付劳务，但劳动力组织方式的差别甚大，无论是主张适用劳动法还是采取其他调整方式，都须有针对性地阐明适用于哪一种平台用工。若非如此，任一论断都是片面的。

其次，厘清有法律依据的问题，主要是隐蔽雇佣，无论是 A 模式下以民事关系掩盖劳动关系，还是 B 模式下“假外包、真派遣”，劳动法均有相应规定，可以按照劳动违法行为处理，也有明确的劳动争议救济程序，笔者称为“披着平台外衣”的常规用工模式，并不因平台而存在适用劳动法的障碍。如同任何用工方式一样，平台用工当然存在各种不规范的情形，但在学理研究中须谨防将执行问题视作学理问题，尤其是使用案例作为论证依据，不能将涉及平台的案例一律等同视之，而应根据案件事实，区分案例要点是常规劳动法问题还是平台用工新型法律问题，如“好厨师案”就是披着平台外衣的常规劳动法问题，而“闪送案”是平台用工新型法律问题。

2. 学理问题。笔者认为，平台用工真正的学理问题是组织型平台 C 模式的法律关系定性及调整机制。事实上，很多研究指向的正是该模式，但由于未对平台用工予以分类，且未区分学理问题与执行问题，使执行层面的隐蔽雇佣干扰了理论层面的法律关系定性，简言之，问题指向与论证材料不统一，存在用执行层面的材料解决学理问题的误区。此外，笔者反对“去劳动关系化”的概念表述，该表述应限定为以劳动关系为前提，无论是事实上的还是法律上的，若要表达平台与劳务提供者之间的关系不同于劳动关系，应使用“非劳动关系”。理论研究之关切应是平台用工因何而构成“非劳动关系”，“非劳动关系”是什么关系、此关系中的弱者权益应当如何加以保障。

四、劳动法学界关于平台用工法律关系的争论

除笔者外，劳动法学界普遍未区分平台用工的各种类型，其争论对象虽然泛指平台用工，但实质是组织型平台 C 模式。在该模式下，平台对劳务提供者施加了何种控制，该控制能否证明存在劳动关系之从属性？这是争论的源头。与平台控制相对应的是劳务提供者的自主，二者构成了矛盾

的两极。从现有文献来看，一方强调控制，主张平台控制是信息条件下的新型控制方式，借以证明成立劳动关系；另一方强调自主，主张劳务提供者具有不同于劳动关系中劳动者的自主性，以此主张不成立劳动关系。在此争论中，至少我们可以确定平台用工在“控制与自主”的基本特征上不同于常规劳动关系，那么应检讨我们回答“平台用工是什么”这一核心问题的思路，厘清我们是如何讨论的。

（一）“控制”与“自主”的迷思

平台用工的事实在研究中是清楚的，研究者关注的两个最具法律意义的要点如下：一是平台通过评分机制和数据收集对劳务提供者的服务过程进行控制，以网约车为例，“司机完成工作的方式与工作环境受到评分机制的管控……评分机制暗含监督管理权与冲突的转移”。① 二是劳务提供者享有很大的工作自主权，能够决定是否工作、何时工作以及在何地工作，这是常规劳动关系下不可能存在的。

1. 关注“控制”的学者主张平台与劳务提供者之间成立劳动关系。在德国学界，Kocher 和 Hensel 主张平台与劳务提供者之间存在劳动关系最主要的证据是平台建立了针对劳务提供者的反馈、评价和排名体系，② Krause 提出顾客评价的标准是平台设定的，平台在与劳务提供者的合同中单方面决定了强制性的服务方式，如车辆的类型和状况、劳务提供者面对顾客的衣着和举止。③

我国学者对平台控制的评价有两种：一种认为平台对劳务提供者的控制比常规劳动关系更强，如常凯教授指出：“劳动者在平台上的任何操作都在互联网企业已设定的程序范围之内，可以说，互联网企业无时无刻不

① 参见吴清军、李贞：《分享经济下的劳动控制与工作自主性——关于网约车司机工作的混合研究》，《社会学研究》2018 年第 4 期。

② Kocher/Hensel，NZA，2016，S. 984（977）.

③ Krause，NZA-Beilage，2017，S. 53（59）.

在对平台劳动者下达工作指令、进行工作指挥……互联网经济中的劳动者受到相比传统企业中的直接监控更加严格的人格约束。”[①] 谢增毅研究员也认为：“相比传统劳动关系，从某种意义上看，平台企业对工人的控制不是减少了而是加强了。”[②]

另一种认为平台对劳务提供者的控制比常规劳动关系更弱，结果是劳务提供者的从属性随之减弱。为了描述这一状态，现有文献发展出了“非典型劳动关系”的概念，张素凤副教授在网约车的研究中提出“专车软件运营商和专车司机之间形成了一种从属性弱化、用工关系性质模糊的非典型劳动关系”[③]。田思路教授主张，网络平台共享劳动等灵活就业形态弱化了从属性，“比如从业者依据用户企业或网络平台公司的指示提供服务，具有了部分从属性的特征，处于雇佣与自营业的中间领域”[④]。

2. 关注“自主”的学者主张平台与劳务提供者之间不成立劳动关系。德国学者 Lingemann 和 Otte 认为，即使平台用工存在几项劳动关系的特征，但法院在多数案件中否定了劳动关系，一个主要原因是劳务提供者有充分的自由来决定何时以及何地提供服务。[⑤] Schubert 指出，劳务提供者并不是在平台指令下进行常规性工作。[⑥] Bourazeri 主张，平台的技术标准和质量要求并不是雇主的指示权，而只是给付劳务方式的描述。[⑦]

我国持此观点的学者主张平台用工不符合劳动关系从属性标准，其中于莹教授指出：“由于劳动提供者可以自己掌握工作的时间和强度，其人

---

① 常凯、郑小静：《雇佣关系还是合作关系——互联网经济中用工关系性质辨析》，《中国人民大学学报》2019 年第 2 期。

② 谢增毅：《互联网平台用工劳动关系认定》，《中外法学》2018 年第 6 期。

③ 张素凤：《“专车”运营中的非典型用工问题及其规范》，《华东政法大学学报》2016 年第 6 期。

④ 田思路：《工业 4.0 时代的从属劳动论》，《法学评论》2019 年第 1 期。

⑤ Lingemann/Otte，NZA，2015，S. 1043ff.

⑥ Schubert，RdA，2018，Rn. 200（203）.

⑦ Bourazeri，NZA，2019，Rn. 741（744）.

格的从属性很弱。在报酬上，劳动提供者一般是按次计酬，平台并不控制工资，经济上的从属性也相对弱化。另外，此时劳动提供者更是不从属于企业的体系，也未纳入企业组织之中，组织的从属性也较难符合，不符合从属性理论的要求。”① 班小辉副研究员认为，平台用工作为“零工经济的任务化用工”，“劳务提供者受到平台企业控制的特征并不明显”，与常规劳动关系相比，平台用工“削弱了用工关系的继续性、模糊了用工关系的人身从属性、弱化了用工关系的组织从属性、降低了用工关系的经济从属性”。② 娄宇副教授更是直接指出：“劳动者参与经济生活和获取报酬的方式也发生了本质的变化，他们不再是雇主组织中的雇员，而是演变成为与平台企业合作的自我雇佣者。”③

3. 小结。现有讨论未能形成共识的症结在于平台对劳务提供者的控制相比于常规劳动关系中雇主对劳动者的控制是更强了还是更弱了？这一问题的答案决定着劳务提供者是否具有劳动关系下劳动者的从属性，如果平台控制更强了，那么以现有的从属性理论应该能够清晰认定，平台用工的问题也就是现有从属性规则的执行问题；如果平台控制更弱了，导致“模糊雇佣”，那么是否应修正现有的从属性理论和标准，将平台用工纳入劳动法调整？抑或根据平台用工的特点，另行构建保障机制？由此可见，无论如何提问，从属性都是“必经之路”。

（二）“众说纷纭”的从属性标准

学界公认为从属性是劳动关系的本质特征，是劳动者在雇主指挥监督下给付劳务的法律抽象，但对于从属性的构成、各构成要件的内涵、从属性的判断则尚未形成共识，与平台用工相关的分歧包括：

---

① 于莹：《共享经济用工关系的认定及其法律规制——以认识当前“共享经济”的语域为起点》，《华东政法大学学报》2018 年第 3 期。

② 班小辉：《“零工经济”下任务化用工的劳动法规制》，《法学评论》2019 年第 3 期。

③ 娄宇：《新就业形态群体的社会保险制度设计》，《中国医疗保险》2020 年第 1 期。

第一种观点认为，应坚持现有从属性标准，“传统劳动关系概念和判定标准具有较强的弹性和适应性。并非完全过时，仍可包容网络平台用工关系”，[①] 现有的问题是面对用工关系的新形式，“直接套用现有的法律规定会面临适应性问题”，[②] 相应的对策是“应该在坚持劳动关系的认定标准以及相应劳动立法的基础上，针对平台以及平台从业者的特点进行针对性的适当调整”。[③] 可见，该观点建立在平台用工之控制更强，符合现有从属性标准基础上。

第二种观点认为，应通过修正从属性理论以放宽劳动关系认定标准，如王全兴教授认为：“依据劳动关系是从属性、继续性之用工关系的原理，以部分组织从属性、外部经济从属性、继续性等要素探索据以认定非典型劳动关系的指标系列……将从属性达到一定程度且有继续性的‘网约工’认定为非典型劳动关系”，并有选择地适用劳动法保护手段。[④] 田思路教授指出：“即使从业者没有人的从属性，但被认为存在经济的从属性时，可以较为广泛地对符合劳动契约目的的法律规定加以适用，并提供与该从属性程度相对应的一定的法律保护。”[⑤] 可见，该观点建立在平台用工之控制程度弱，按照现有从属性标准难以认定劳动关系，因此，通过修正或放宽标准，实现适用劳动法之目的，并且借由“非典型劳动关系”的定位使平台用工的劳动法保护有别于常规劳动关系。

第三种观点认为，应坚持现有从属性标准认定劳动关系，既然平台用工不符合现行标准，那么就不是劳动关系，应创设一种新型法律关系。班小辉副研究员认为，将劳动法的调整对象从传统的“劳动关系”变为“工

---

① 谢增毅：《互联网平台用工劳动关系认定》，《中外法学》2018 年第 6 期。

② 常凯、郑小静：《雇佣关系还是合作关系——互联网经济中用工关系性质辨析》，《中国人民大学学报》2019 年第 2 期。

③ 范围：《互联网平台从业人员的权利保障困境及其司法裁判分析》，《中国人力资源开发》2019 年第 12 期。

④ 王全兴、王茜：《我国“网约工”的劳动关系认定及权益保护》，《法学》2018 年第 4 期。

⑤ 田思路：《工业 4.0 时代的从属劳动论》，《法学评论》2019 年第 1 期。

作关系”，“将在经济依赖地位下亲自提供劳务的就业主体纳入劳动法的保护范围”。① 于莹教授认为，“在劳务关系与劳动关系的中间建立第三种用工关系模式——零工关系”，不纳入劳动法调整，但给予工资、工时和社保方面的保障。②

综上，从属性分歧之根源仍在于对平台控制的不同判断，由此导致劳动关系定性的不同结论，以及是否适用劳动法和如何适用的不同观点。笔者理解的各方论证逻辑如图 5-5 所示。

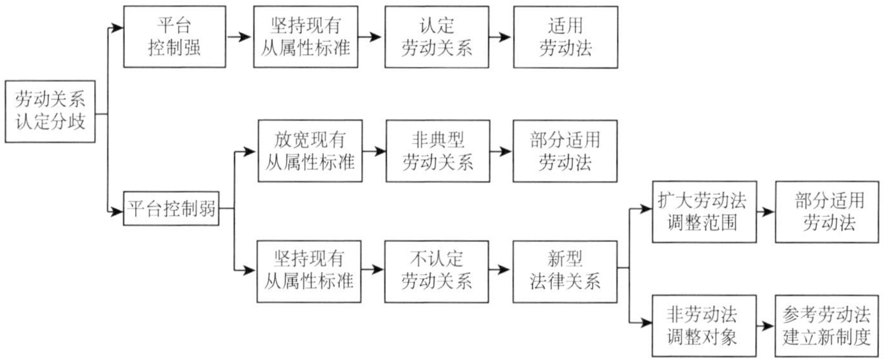

图 5-5　从属性标准的分歧与论证逻辑

第三节　劳动形态变革的法理阐释

C 模式下平台用工的法律关系为何，是否符合从属性标准？须首先在现行法下进行分析。现行法须对平台用工这一“矛盾体”做出解释，涵盖平台在劳动过程中对劳务提供者的“控制”以及劳务提供者可以决定是否工作、何时工作以及在何地工作的“自主”，以判断法律关系，决定适用

① 班小辉：《“零工经济”下任务化用工的劳动法规制》，《法学评论》2019 年第 3 期。

② 于莹：《共享经济用工关系的认定及其法律规制——以认识当前“共享经济”的语域为起点》，《华东政法大学学报》2018 年第 3 期。

劳动法还是民法。现行法的分析重点在于阐释事实要点的法律效果，也为学理分析做准备。

一、现行法下的劳动关系认定

现行法对劳务给付行为的调整框架是“从属性劳动—独立性劳动”的二分法，即独立性劳动由民法调整，从属性劳动由劳动法调整。那么，现行法下对平台用工的分析进路是先判断是否符合劳动关系之从属性标准，以便确定是否应由劳动法调整；如果不符合从属性标准，则在民事合同体系内分析平台用工的合同类型。

从属性之所以会产生如此大的分歧，一个重要原因是学界对其理解并不统一。在此，笔者首先声明自己对从属性的理解：无论是在从属性理论下主张“人格从属性与经济从属性”的二要件论还是“人格从属性、经济从属性与组织从属性”的三要件论，一个法律标准要适用于个案必须有明确的指引，即什么证据足以证明从属性，这个证据可以是单个关于控制的直接证据，也可以是多个关于控制的间接证据。从属是一种事实评价，在劳务给付关系中，接受劳务的一方对提供劳务的一方有指示权的情况下，都可以说存在某种从属。而作为劳动关系认定标准的从属性是从属程度的总结，是一种法律评价。因此，我们可以说从属程度强，抑或控制程度强，但对于从属性只能说有或无，这是性质判断，而不是程度判断。当给付劳务一方对接受劳务一方的从属程度足够强，我们可以得出存在从属性的结论。而证据如何证明从属程度足够强呢？这就需要从从属性的构成要件来回答。

在从属性的构成要件中，笔者始终认为人格从属性是主要要件，把握雇佣劳动的本质；经济从属性是次要要件，描述劳动过程；组织从属性是对人格从属性和经济从属性缺乏领悟所致，没有必要单列。[1] 无论将从属性分解为几个要件，核心都是人格从属性。笔者对“人格从属性”的理解深受日本法学家我妻荣先生影响。依照我妻荣先生的观点，使用人（雇主）的指挥命令权能只是便利其自身的利益，而不当地拘束劳务人（劳动者）的人格……从而使劳雇双方“形成了一定程度上的人格性结合关系”，使此劳务共同体（Arbeitsgemeinschaft）带有大量的人格法色彩（Personenrechtliche Farbe）。而在其他劳务供给契约中，如委任，劳务与人格之间的不可分离也不会构成对债务人人格的不当拘束。[2] 据此，从属性的本质是劳雇双方在劳务给付过程中形成了人格性结合关系，或者说带有人格法色彩的劳务共同体。

那么，我们回到平台用工的具体场景，考察平台对劳务提供者的控制是否更强了，以及劳务提供者是否符合从属性标准，要看二者是否形成了更紧密的人格性结合关系。笔者提出以下四点意见：

1. 平台在劳动过程中对数据信息的收集和记录不等同于控制。劳动关系语境下的控制应包含明确的指挥监督，其与隐含在该指挥监督后的惩戒构成了人格性结合的基础。但平台并非在劳动过程中针对劳务提供者发出具体且明确的指令，其所收集和记录的信息本质上是事后评价劳务质量的证据。并且，这种劳动过程的监督也包含平台履行政府强制安全保障义务的内容。应当注意的是，我们在讨论控制时设想的场景大多为网约车或代驾，存在司机与乘客直接接触的服务过程，而在大量其他平台用工场景中，如外卖送餐和同城快递，平台很少主动监管劳动过程，而重视劳务结果，一般是准时和完好。因此，笔者认为平台对劳动的控制并非更强，而是更弱。

---

① 参见王天玉：《经理雇佣合同与委任合同之分辨》，《中国法学》2016 年第 3 期。

② ［日］我妻荣：《民法讲义 · 债法各论》（中卷二），周江洪译，中国法制出版社 2008 年版，第 4、13 页。

2. 顾客评价体系不足以证明存在劳动关系。德国学者 Waas 认为，顾客对服务的事后评价几乎不能被视为从属性工作，评价体系对劳务提供者的影响主要是未来与平台订立合同的机会，不能导致人格从属性（Personal dependence），顶多是经济从属性（Economic Dependence）。而顾客评价体系的惩罚效果（Disciplining Effect）也仅是合同罚则（Contractual Penalties），在劳动关系以外的合同中也十分常见，难以证明劳动关系的存在。①笔者也认为，顾客的评价体系在于帮助平台进行服务质量控制，可以说平台将对劳务结果的管理转移给了顾客，而对劳务结果的管理并不等于雇主，雇主的权利包括对劳动全过程的管理，或者说雇主通过对劳动过程的管理实现对劳务结果的控制。顾客评价体系中的惩戒实质是劳务提供者未充分履行平台用工合同约定的违约责任，而不是雇主的惩戒，后者是劳动者违反雇主广泛指示权的后果，属于雇主管理行为。据此，平台用工之顾客评价体系不能证明人格从属性，而其对经济从属性的影响不足以证明存在劳动关系，正如德国慕尼黑地方法院在 2019 年一份平台用工争议判决中指出的，以平台用工为主要收入来源的劳务提供者认为其迫于压力而持续与平台缔约，该事实不意味着劳务提供者有权适用针对雇员的保护规定。②

3. 劳务提供者的自主性是否定劳动关系的重要证据。美国著名劳动关系学者 Harris 认为："独立从业者可以自行决定何时以及是否向顾客提供服务"是"平台—独立从业者关系中最重要的创新"，由此导致的结果是"平台与独立工作者都会对工作有所控制"，"但关键决策权仍由独立从业者控制。也许最重要的是，没有雇员可以像独立从业者一样选择何时、是

① See Waas, Liebman, Lyubarsky, et al. Crowdwork— A Comparative Law Perspective, Bund-Verlag GmbH 2017, pp. 154-155.

② LAG München, 4. 12. 2019-8 Sa 146/19.

否、如何以及在何地工作”。[①] 前文所述的学理争论中，主张平台用工控制更强的观点未能充分说明劳务提供者的自主性问题，假定平台对劳动过程的控制增强了，但劳务提供者可以自主决定是否工作以及工作的时间和地点，那么能否说平台用工在整体上对劳务提供者的控制更强了？对于这一问题，主张平台用工控制更弱的观点将劳务提供者的自主性归结为用工灵活性，从而调和了这一矛盾。否定劳动关系的观点则将劳务提供者的自主性拓展至劳动过程，并且在一定程度上弱化了平台的控制。笔者认为，我们应当对劳务提供者的自主性予以充分的考量。平台用工通过赋予劳务提供者自主性，打破了工业时代建立起的立体化劳动组织模式，形成了基于网络平台的平面化劳动组织模式，平台经济的灵活、效率与劳务提供者的自主性是互为一体的。劳务提供者的自主性在科层制的立体劳动组织中是不可能存在的，这正是 Harris 所说的“没有雇员可以像独立从业者一样”，也是平台用工的创新所在。凭借此自主性，劳务提供者几乎不可能与平台形成人格性结合。

4. 多指标的综合判断须以人格从属性为依归。平台用工存在多个相互冲突的指标，包括平台对信息的独占、平台的价格决定、劳务提供者佩戴平台标识及穿着平台服装等行为外观因素等。笔者认为，平台在信息、技术以及定价上的强势地位能证明的是劳务提供者在此关系中的弱者性，但不能证明劳务提供者的从属性，平台外观因素也是如此。无论如何列举用工的指标，个案中对全部指标的综合判断要归结到是否形成了人格性结合。需要特别指出的是，大陆法系的从属性理论与英美法系的控制理论虽然都是对劳动关系本质的法律抽象，但在个案中的推理方法有所不同，从属性理论以归纳为重点，将现实中形态各异的用工特征代入从属性“公

① ［美］赛思·D. 哈瑞斯：《美国“零工经济”中的从业者、保障和福利》，汪雨蕙译，《环球法律评论》2018 年第 4 期。

式”以得出结论；控制理论则强调演绎，追求充分列举劳动关系典型用工特征，[①] 作为法官裁判指引。那么，在我国大陆法系的体制下，[②] 将判断从属性的各种用工特征予以列举或者指标化，有助于法律关系的定性，但是不应将大陆法系与英美法系两套裁判推理思维混淆，个案中的全部指标均服务于从属性“公式”，最终仍需要采用归纳的方法，判断从属的程度是否构成人格性结合，那么各项从属性指标并非具有相同的法律意义，只有能够直接证明人格从属性的指标才是证明力最强的，包括过程控制、指示频率、拘束程度，而生产条件、劳动对价、经营风险作为证明经济从属性的指标，是辅助性的，证明力相对较弱。[③]

综上，笔者认为，在现行法下，用平台对劳务提供者的控制程度低，未形成人格性结合，无人格从属性，不符合从属性标准，不成立劳动关系。

二、现行法下的民事合同类型

劳动法所讨论的平台用工是以劳务为标的，本质是“劳务之债”，“以劳务履行为内容，自不外雇佣、承揽、委任，乃至于其他无名契约形式”。[④] 虽然平台对劳务提供者的控制较弱，未达到人格从属性的程度，但显著区别于承揽、委任等要求当事人平等的民事典型合同。有必要单独辨析的是平台用工与雇佣关系，以及若是不构成雇佣关系，应属于什

① See S. G. Borello & Sons, Inc. v. Dep’t of Indus. Relatins, 48 Cal. 3d 357 (1989); United States v. Silk, 331 U. S. 704 (1947).

② 我国司法实践中判断劳动关系的基本依据是原劳动和社会保障部发布的《关于确立劳动关系有关事项的通知》(劳社部发〔2005〕12号)，该文将大陆从属性审查模式确立为“构成要件”式。参见王天玉：《基于互联网平台提供劳务的劳动关系认定》，《法学》2016年第6期。

③ 关于判断从属性程度的指标体系请参见王天玉：《经理雇佣合同与委任合同之分辨》，《中国法学》2016年第3期。

④ 林佳和：《劳工定义：古典还是新兴问题？从保险业务员谈起》，《月旦法学杂志》2015年第10期。

么合同类型。

1. 平台用工不构成雇佣关系。虽然有学者在网约车的研究中主张即使平台与司机之间不能构成稳定的劳动关系，但至少可以构成雇佣关系，[①]司法裁判中也有判决将平台与劳务提供者的关系认定为雇佣关系，[②] 这又涉及劳动关系与雇佣关系在理论上的复杂认识。谢增毅研究员认为，“雇佣合同的规则主要立足于劳务的提供和报酬的支付，当事人的财产利益，是其关注的焦点”，而“作为主要规范财产关系的合同法规则本身是难以照顾到标的（劳务）之外的提供者的身份属性及其人格要求的”，在这个意义上，劳动合同区别于一般雇佣合同之处为劳动者从事的是“从属性”或“依附性”劳动。[③] 这一论断凸显了作为劳动关系本质的人格性结合，也表明劳务给付行为从雇佣关系到劳动关系的规则演变，郑尚元教授提出“现代劳工关系可以称为产业雇佣关系”，“劳动关系的调整不仅涉及个别雇佣契约之法理构造，更为重要的是，从整体上追求劳资关系的协调”[④]。据此，雇佣关系与劳动关系在内容上都是劳务给付行为，区别在于当事人在该行为过程中的结合程度。那么，具体到平台用工，笔者认为平台通过顾客评价系统等方式对劳务提供者施加的控制主要针对劳务结果，而非针对劳务给付行为，那么平台用工与雇佣关系的根本区别不在于当事人的结合程度，而在于前者的标的为劳务给付结果，而后者的标的为劳务给付行为。

2. 平台用工属于非典型合同中的混合合同。笔者认为，应充分认识平

---

① 参见丁宇翔：《跨越责任鸿沟——共享经营模式下平台侵权责任的体系化展开》，《清华法学》2019 年第 4 期。

② 参见上海市浦东新区人民法院（2014）浦民一（民）初字第 37776 号民事判决书、广州市中级人民法院（2017）粤 01 民终 13837 号民事判决书、上海铁路运输人民法院（2017）沪 7101 民初 621 号民事判决书、上海铁路运输人民法院（2017）沪 7101 民初 617 号民事判决书、天津市第二中级人民法院（2017）津 02 刑终 62 号刑事判决书。

③ 谢增毅：《民法典编纂与雇佣（劳动）合同规则》，《中国法学》2016 年第 4 期。

④ 郑尚元：《雇佣关系调整的法律分界》，《中国法学》2005 年第 3 期。

台用工的创新性以及现行法对其解释的方式。平台用工的创新性在于其混合了多种用工特征，不符合现有任一典型合同，不管以劳动关系还是雇佣关系来解释，都会局限于“单一契约说”。以往人们认识中的非典型合同都是针对零散、个别的交易方式，常见、普遍的交易方式均是在较长时间内形成的，使民法有充分的时间将其提炼为典型合同。但网络对社会生活的改造速度超越了以往任何时代，平台用工正是在短时间内形成了大规模的社会交易方式，是以非典型合同的形式实现了典型合同的社会效果。在非典型合同视角下，平台用工中既包含承揽合同对劳务结果的要求，又涉及劳务提供者在经济上的从属性，属于承揽合同与劳动合同特征混合构成的“类型融合契约”,[①]“原则上应当适用此两种类型的规定”。[②]

三、平台用工的学理画像：类雇员

平台用工在现行法下是非典型合同，这并不妨碍对其进行学理构造。在理论层面上的阐释应形成一个研究原型的基本想象，称为“学理画像”。笔者认为，平台用工之劳务提供者在学理上应是“类雇员”，这一概念与从属性都源自德国，或者说是从属性在学理上的副产品。德国在劳动立法的早期就意识到工人并非唯一有保护需求的人。[③] 1869 年就有人提出扩大劳动法保障群体的范围，将那些不在工厂生产组织中劳动，却有一定保护需求的人视为在工厂工作的人。[④] 1923 年，梅尔斯巴赫（Melsbach）提出

---

① 平台用工非典型合同的详细论证过程请参见王天玉：《互联网平台用工的合同定性及法律适用》，《法学》2019 年第 10 期。

② 王泽鉴：《债法原理》，北京大学出版社 2013 年版，第 141 页。

③ Vgl. Nicole Neuvians, *Die arbeitnehmerähnliche Person*, Berlin: Verlag Duncker & Humblot, 2002, S. 23.

④ 1869 年《工商业管理条例》（GewO）第 119 条继受了当时的《北德联邦工商业管理条例》第 136 条，在工资保护方面，确立了家内工作者与工厂工人同样的权利，理由是他们虽然不在工厂内部工作，但有不低于工人的保护需求。Vgl. Pfarr, in: Festschrift fur Karl Kehrmann, S. 75 (77), nach Nicole Neuvians, Die arbeitnehmerähnliche Person, Berlin: Verlag Duncker & Humblot, 2002, S. 23.

对与劳动者同样有保护需求的人，应当制定专门规定（特别调整、单独调整），或者将这类人视为类雇员，通过类比的方法适用劳动法。[①] 德国《劳动法院法》于1926年首次在法律上界定了类雇员，即不存在于一种劳动关系之中，代表他人并为他人工作负责的人（im Auftrag und auf Rechnung anderer Arbeit leisten）。1934年，经济从属性作为类雇员的基本特征被纳入规范中。[②] 类雇员的主要人群是家内工作者，其工作本质上是一种“经营性劳动”，家内工作者与相对方之间的合同关系“很少是纯粹的雇佣合同，而原则上是买卖合同、承揽合同的因素与雇佣合同的结合。在法律上，家庭劳动者（工作者）的地位介于自由企业主和劳动者之间”[③]。德国《集体协议法》（TVG）、《联邦休假法》（BUrlG）、《员工保护法》（BeschäftigtenschutzG）、《劳动保护法》（ArbSchG）等诸多立法均有针对类雇员的规定，将劳动法中关于工资、工时、职业安全等方面的部分制度予以组合，形成了适用于类雇员的规范体系。由此，德国形成了“自营业者—类雇员—劳动者”的“劳动三分法”调整框架，法律保障强度随劳动过程受拘束程度而递增。

范围教授在分析平台用工权益保障困境时提出“旧瓶新酒”还是“新瓶旧酒”，笔者借用这一形象说法，在德国这种有类雇员规范体系的国家，用类雇员规范调整平台用工，如Waas等学者所主张的那样，是“旧瓶新酒”。而在我国这种“从属性劳动—独立性劳动”或者说“劳动者—民事主体”的“劳动二分法”框架下，平台用工的法律调整是“新瓶新酒”，应根据类雇员之学理，在劳动法中选取适当制度，针对劳务提供者自身的保障需求，构建规范体系，推动现有的“劳动二分法”向

---

① Vgl. Melsbach, Deutsches Arbeitsrecht, 1923, S. 23, 24. nach Nicole Neuvians, Die arbeitnehmerähnliche Person, Berlin: Verlag Duncker & Humblot, 2002, S. 24.

② Vgl. RGB1. I 1934, S. 319. nach Nicole Neuvians, *Die arbeitnehmerähnliche Person*, Berlin: Verlag Duncker & Humblot, 2002, S. 25.

③ ［德］雷蒙德·瓦尔特曼：《德国劳动法》，沈建峰译，法律出版社2014年版，第356页。

“劳动三分法”转型。

四、平台用工的劳动本质：承揽合同的社会化

劳动合同的逻辑起点是雇佣合同，如果说雇佣合同的当事人以平等地位实现劳务交易，接受劳务的一方未与给付劳务的一方形成人格性结合，那么可以说该劳动过程仍是“自由劳动”。随着工业化的兴起，“自由劳动同实现自由劳动的客观条件相分离”，形成了“一无所有且只能靠出售自身劳动力来维持生存的劳动大军”，①自由劳动不复存在，雇佣合同为劳动合同所替代，“不具从属性的一般雇佣关系的比例低、数量少。因此，大部分劳务提供者都作为雇员或‘劳动者’受到劳动法的调整和保护”②。劳动合同及其制度的形成是雇佣合同社会化的结果，郑尚元教授认为：“雇佣契约实际上已经社会化了，契约的履行不单纯是雇佣关系主体之间的私人事件，而是渗入了社会要素。”③从雇佣合同到劳动合同，社会化未改变劳务给付行为这一合同标的，但改变了劳务给付行为过程中人的结合方式，从独立性到从属性，劳动立法获得了脱离民法的基础。

笔者认为，从劳动法出发解释平台用工难以顺畅的根本原因在于，平台用工的逻辑起点是承揽合同，是承揽合同社会化的结果。由于承揽与雇佣在实践中本就不好区分，④且承揽在合同法上又主要针对有形物，⑤进而在网络技术推动下发生了社会化，导致平台用工更易与劳动关系相混淆。就根本特征而言，承揽要求承揽人独立完成劳务，交付特定结果。定作人

---

① 林密：《马克思“以时间消灭空间”的空间生产思想及其深层逻辑探微》，《哲学研究》2019年第12期。

② 谢增毅：《民法典编纂与雇佣（劳动）合同规则》，《中国法学》2016年第4期。

③ 郑尚元：《雇佣关系调整的法律分界》，《中国法学》2005年第3期。

④ 参见崔建远：《承揽合同四论》，《河南省政法管理干部学院学报》2010年第2期。

⑤ 特殊场合下，承揽合同中承揽人所提供的是劳务的实施，并要求此种劳务须具有完成特定结果的特性。参见李超：《非典型承揽合同的判定及定作人过失的责任承担》，《人民司法》2014年第14期。

不干预承揽人的劳动过程，而承揽人主要服务于一个定作人的情形也通常不在我们想象之内。但是，工业化将雇佣合同予以社会化的同时，也将承揽合同予以社会化，如德国工业化形成的社会分工中，存在大量为工厂提供配套加工或服务的人，早在 19 世纪就已经出现“圆珠笔的生产厂家生产出零件以后把组装的工作交给好几个家庭来完成”[①] 的情况，这正是类雇员的起源。基于此社会化过程，承揽合同中承揽人的独立性逐步丧失，在承揽合同上附加经济从属性之后，承揽人也就变成了类雇员。

平台用工作为类雇员在网络环境下的新形式，本质上是将零散、个别发生的、以劳务为内容的承揽，通过网络技术快速升级为社会化的服务形态。常见的外卖送餐、同城快递的承揽特征鲜明，即便是网约车、代驾，作为运送合同在性质上也属于承揽合同。[②] 基于这一视角，平台用工是承揽人（劳务提供者）面向定作人（平台）以外的第三人（顾客）完成特定劳务结果，而该劳务结果是定作人与第三人约定的，因此承揽合同也约定了承揽人面向第三人完成劳务结果的方式和标准，这就是行为外观因素，而顾客评价系统实质是将定作人对承揽人完成劳务结果的评价权部分转移给了第三人，但最终评价仍是定作人做出的，即定作人根据第三人的评价对承揽人做出奖惩决定。由于该承揽关系在一段时间内连续发生，因此承揽人的劳务完成情况以及第三人评价对其承揽对价和缔约机会造成影响，这种影响已经客观化为“平台积分”，笔者认为，可以纳入“经济从属性”来理解。劳务提供者因“平台积分”与平台之间的经济性结合更紧密，其遵从平台定价机制和服务标准要求的意愿也更强烈，劳务提供者作为承揽人的独立性渐趋弱化，获得社会保护的需求则不断强化。

---

① 王倩：《德国法中劳动关系的认定》，《暨南学报（哲学社会科学版）》2017 年第 6 期。

② 通说认为运送系具有承揽性质之契约类型，其一定工作之完成即达到目的地，并经交付物品或使旅客安全离开。参见林诚二：《民法债编各论》（中），中国人民大学出版社 2007 年版，第 303 页。

第四节　政策工具的适应性演进

2021年7月16日，经国务院同意，人社部等八部门共同印发《关于维护新就业形态劳动者劳动保障权益的指导意见》（人社部发〔2021〕56号）。该意见将依托互联网平台就业的新就业形态分为三种类型：(1) 符合确立劳动关系情形的，企业应当依法与劳动者订立劳动合同。(2) 不完全符合确立劳动关系情形但企业对劳动者进行劳动管理（以下简称不完全符合确立劳动关系情形）的，指导企业与劳动者订立书面协议，合理确定企业与劳动者的权利义务。(3) 个人依托平台自主开展经营活动、从事自由职业等，按照民事法律调整双方的权利义务。第（1）项、第（3）项对应的是劳动关系和民事关系，分别由劳动法和民法调整，构成我国现行劳动法律框架，称之为“劳动二分法”。而第（2）项“不完全符合确立劳动关系情形”是首次出现在我国规范性文件体系中，标志着我国劳动制度正式引入了第三种劳动形态，与之相关的一系列保障措施具有填补“劳动法—民法”之间制度空白的意义，表征着我国劳动法律框架向“劳动三分法”转型。在这样一个历史性的时间节点上，不应忽视的问题是，劳动三分法是怎样形成的？

回答这一问题须有清晰的线索，可概括为三个阶段、两种立场和一个参照系。三个阶段，是指政策层面对于新就业形态从鼓励支持到规范监管的转变，大致可以分为“支持鼓励创新”“包容审慎监管”“全面规范管理”。两种立场，是指保障新业态从业者劳动权益的两种主要方案，一种是固守现行劳动法制度，主张将新业态全部认定为劳动关系，纳入劳动法调整范围；另一种是突破劳动二分法，主张根据平台经济下劳动就业的新特点，创设新的劳动类型及保障制度，向劳动三分法转型。一个参照系，是指英美等西方国家针对新业态进行了社会实验和制度探索，为我国的学术讨论和政策制定提供了重要的参考。

一、支持鼓励创新阶段

从 2014 年至 2018 年可视为新业态发展的第一个阶段。新就业形态是随着移动互联网发展起来的，自 2013 年开始以网约车的形式进入社会生活，随后与 4G 网络的推开和智能手机的普及相结合，快速延伸至外卖送餐、即时配送、同城货运等多个行业，催生出大量新就业岗位的同时，也极大地改变了相关行业的格局和模式，对城市服务水平和民众生活便利程度有显著提升作用。

在这一时期，新就业形态被视为共享经济的组成部分，政策层面的基本态度是“支持鼓励创新”，如 2016 年 3 月发布的“十三五规划纲要”提出，促进“互联网+”新业态创新，积极发展分享经济；同月，国务院发布《关于促进绿色消费的指导意见》，提出“支持发展共享经济，鼓励个人闲置资源有效利用”；2016 年 12 月，国务院发布《“十三五”国家战略性新兴产业发展规划》，提出“以体制机制创新推动分享经济发展，促进交通、旅游、养老、人力资源、日用品消费等领域共享平台企业规范发展，营造分享经济文化氛围”。2018 年 7 月，发改委等十七部门印发《关于大力发展实体经济积极稳定和促进就业的指导意见》，提出大力发展平台经济、众包经济、共享经济等新业态新模式。

这种政策取向对从业者劳动权益的影响集中体现在 2016 年 7 月交通运输部等七部委发布的《网络预约出租汽车经营服务管理暂行办法》，该办法第 18 条规定：“网约车平台与驾驶员根据工作时长、服务频次等特点签订多种形式的劳动合同或者协议。”此项规定赋予网约车平台与司机充分的意思自治空间，并未施加强制性监管要求。鉴于当时几家主要平台竞争极为激烈，司机是各方争夺的主要资源，因此，司机在市场机制驱动下获得了较为优厚的回报，其劳动权益保障问题尚未凸显，国内几乎没有网约车平台与司机的诉讼争议。

然而，在大洋彼岸的网约车诞生地美国，司机与平台之间的诉讼已经开始。在 2015 年的 Uber 案中，司机诉请法院认定其与平台之间的劳动关系，加州北区联邦地区法院（N. D. Cal.）的主审法官 Edward Chen 虽然判决二者构成劳动关系，但并未掩饰其面对的裁判困境。他指出，依据现有规则不能得出清晰明确的结论，应由议会或上诉法院在新型经济形态下改进或修正现有规则，当然也期待出台专门针对此新型“共享经济”的立法。在 2016 年的 Lyft 案中，法官 Vince Chhabria 更是对裁判困境做出了经典概括：陪审团对平台工作人员进行分类的难题，就像“在两个圆形的孔中选出一个，钉入一个方形的钉子”。美国法官裁判困境的起因在于美国的劳动法律框架与我国同为“劳动二分法”，按适用主体分为“雇员—独立承包人”（Employee-Independent Contractor），以网约车司机为代表的平台从业者已经无法简单归为二者中的任何一类。

事实上，美国法官面对的裁判困境在我国也存在。笔者于 2015 年检索平台用工相关案例时发现，虽然几乎没有网约车司机或外卖骑手的争议，但已有网约代驾司机的争议。一类争议是代驾司机诉请法院认定其与平台之间的劳动关系，法院均未支持；另一类是代驾司机在行驶过程中发生交通事故，需要判定损害赔偿主体。一部分法院认为，代驾为司机个人行为，应判决司机承担责任；另一部分法院认为，代驾为职务行为，应判决平台承担责任。这种司法分歧由此已经显现，其中隐含着某种结果导向的裁判思维，即如果争议中不存在从业者受伤或损害赔偿，法院通常不会判决从业者与平台之间存在劳动关系。而如果争议焦点是从业者受伤后的救济或造成他人损害的赔偿，部分法院可能会考虑从业者与平台之间悬殊的经济实力差距，最终要求平台承担责任。这种裁判困境随着平台用工的发展而延伸，同样出现在网约车、外卖骑手等其他平台用工争议中。

透过中美两国的司法裁判困境，“劳动二分法”面对新业态的困境已经逐渐显现。一个直观的事实是，在“劳动二分法”下，如果不认定劳动关系，新业态从业者完全得不到保障。由此促使一部分人提出，依靠现行劳动法解决平台用工劳动权益保障问题，这是固守劳动法立场的来源。

二、包容审慎监管阶段

2019 年 8 月，国务院发布《国务院办公厅关于促进平台经济规范健康发展的指导意见》（国办发〔2019〕38 号），明确提出“落实和完善包容审慎监管要求，推动建立健全适应平台经济发展特点的新型监管机制”，标志着平台经济的监管进入新阶段。该意见将新就业形态从业者权益保障的重点设定为“职业伤害保障”，提出“开展职业伤害保障试点，积极推进全民参保计划，引导更多平台从业人员参保”。2020 年 2 月发布的《中共中央 国务院关于抓好“三农”领域重点工作确保如期实现全面小康的意见》（2020 年中央一号文件）从顶层设计的高度要求“开展新业态从业人员职业伤害保障试点”。可见，职业伤害保障成为我国在这一时期的新业态保障关键词。

对职业伤害保障的探索有以下两层含义：一是积极回应新就业形态最为突出的劳动权益问题，尤其是外卖骑手的伤害救济问题。经过几年的发展，外卖送餐已经成为平台用工中最活跃、最典型的劳动形态，大量外卖骑手穿梭于城市的大街小巷，暴露在公共交通风险之下。骑手受伤的事件频繁见诸媒体，引发了社会公众的广泛关注。二是为综合性的新就业形态治理方案积累经验。骑手在受伤后因无法认定劳动关系而不能获得工伤待遇的困境，将劳动关系认定问题推进公共舆论的焦点，有人据此提出“平台用工是对劳动法的挑战”。但此时政策层面尚在研究新就业形态的本质与趋势，仍无法确定能否依据劳动法进行调整和规范。为此，暂时不讨论新就业形态的法律关系定性，探索直接针对骑手的职业伤害保障，是更为稳妥和务实的对策。据此，浙江、江苏、广东等地进行了职业伤害保障试点，有利于更为全面深入地理解新就业形态及其保障制度的建构。

与此同时，美国在“劳动二分法”下进行了成本极高的社会实验。加利福尼亚州为了扩大劳动法的适用范围，于 2019 年 9 月 11 日通过《AB5 法案》，要求法院引入劳动关系认定的“AB5 测试”，大幅度增加平台否定劳动关系的证明责任。但此项改革引发了极大的争议，诸多公司为防止其与服务提供者被认定为劳动关系而解除了合同，大量灵活就业者因此失业。在此压力下，法院不得不列举极为复杂的豁免适用情形，但仍难平纷争。直到 2020 年 11 月 3 日，加利福尼亚州以全民投票的方式决定了网约车司机不是雇员，而是“应予以工资和福利保障的独立承包人”，标志着加利福尼亚州扩大劳动法适用范围的实验失败，也标志着美国劳动法在“雇员与独立承包人”之外增加了第三类主体，开启了“劳动三分法”的转型。

三、全面规范管理阶段

2020 年 5 月的两会期间，习近平总书记指出，新冠疫情突如其来，“新就业形态”脱颖而出。当前最突出的就是“新就业形态”劳动者法律保障问题、保护好消费者合法权益问题等。要及时跟上研究，把法律短板及时补齐，在变化中不断完善。总书记的这一指示开启了新就业形态全面规范管理的新阶段。

如何补齐劳动者法律保障的短板？固守劳动法与创设新制度的两种立场之争更为激烈。固守劳动法的立场提出降低劳动关系认定标准，以此扩大劳动法的适用范围，并对劳动法的制度体系进行拆分，提取其中的部分制度适用于新就业形态。创设新制度的立场则主张对新就业形态进行类型化调整，其中属于劳动关系的用工类型由劳动法调整，无法认定为劳动关系的用工类型应引入“类劳动关系”的概念，将此类平台从业者界定为

“类雇员”，并根据平台经济下劳动的新特点探索相应的保障机制，而不是套用劳动法现有制度。两种立场的争论在一定程度上迟滞了政策的出台，并持续影响着后续政策的制定。

在争论胶着期，来自英国的一份判决提供了新的研究样本。英国最高法院于 2021 年 2 月 19 日判决优步（Uber）司机为工人（Worker）的案件在国内引起了广泛关注，让很多人意识到雇员与工人是不同的概念。英国法律框架为“劳动三分法”，即“工人（包括雇员、非雇员工人）和自雇者”，工人是包含雇员的概念，雇员与我国劳动法上的劳动者基本一致，强调雇佣的稳定性和长期性，权益保障最为全面充分。非雇员工人主要在临时或不定期工作领域就业，权益保障以最低工资、最低休息时间、防止非法歧视为主。由此可见，英国的“劳动三分法”是首先划分工人与自雇者两大群体，然后在工人群体内划分标准就业的雇员和灵活就业的非雇员工人。保障制度的构建以非雇员工人为起点，通过基本权益实现底线保障，充分尊重劳动灵活性，在此基础上，针对雇员设置解雇保护等强力保障机制，维护标准就业的稳定性。在此框架下，英国法院通过优步案判决，能够同步实现“稳就业”和“保基本”，不至于像美国加利福尼亚州那样在“劳动二分法”下进行高成本的社会实验。

2021 年 7 月 7 日，我国国务院常务会议明确提出：“适应新就业形态，推动建立多种形式、有利于保障劳动者权益的劳动关系。”李克强总理指出，维护好新就业形态劳动者劳动保障权益，有利于促进灵活就业、增加就业岗位和群众收入。此次会议确定了新就业形态的政策走向，即不拘泥于劳动关系和劳动法，以“多种形式的劳动关系”适应新时代劳动方式变革，构建新业态灵活就业人员劳动权益保障制度。据此，人社部等八部门文件正式引入了“劳动三分法”，形成了“劳动关系—不完全符合确立劳动关系情形—民事关系”的制度结构。

应注意的是，“不完全符合确立劳动关系情形”并不是一个成熟的法律概念，更类似于一种描述性用语。此项表述仍带有固守劳动法的思维，有人解读为“绕开对劳动关系认定的纠缠”，这种折中的做法有可能造成劳动关系与灵活就业的边界不清，增加法律转型的难度。“劳动三分法”虽然已经在我国形成，但仍需长时间的探索与完善。

第六章

平台用工劳动基准的规范迭代

平台用工劳动基准旨在形成平台经济下灵活就业从业者的基本劳动条件。当前政策组合中的劳动基准规范属于雇主义务型劳动基准，以《最低工资规定》中的“正常劳动”和“劳动定额”为工具，试图将基于从属性劳动的劳动基准构造适用于平台用工。但平台用工因灵活性与自主性已突破“劳动过程受拘束”的劳动形态及劳动基准的雇主义务法理，形成承揽合同社会化的新形态，应探索基于经济从属性的任务计量型劳动基准，控制承揽任务单价、连续性和总量，并建立算法知情与集体同意规则，在劳动基准立法中采取“独立专章”的制度建构路径，在劳动条件领域推动“劳动二分法”向“劳动三分法”转型。

第一节　平台用工治理的路径之争

一、纳入劳动法调整的规制方案

（一）劳动法调整方案的内在逻辑

这一方案的形成有一个潜在的前提，就是平台用工应属于劳动法调整，但实践中因平台用工未遵从劳动法的调整，以致大量劳务提供者的权益未能得到充分保障，因此平台用工构成了对劳动法的挑战。笔者认为，这一前提应当予以检讨，分为三个方面：第一，“平台用工应属于劳动法调整”是需要论证的，前文对平台用工进行了分类，提出组织型平台 A 模式和 B 模式有明确的劳动关系，属于劳动法调整范围，而 C 模式即此处所说的平台用工，是否适用劳动法存在争议。经过对平台用工的从属性考察及学理画像，笔者认为平台用工不成立劳动关系，不适用劳动法。那么，既然平台用工不属于劳动法调整范围，当然不存在对劳动法挑战一说。第二，“实践中因平台用工未遵从劳动法的调整”这一点也要区分对象，如果组织型平台 A 模式和 B 模式存在此问题可能构成“隐蔽雇佣”，劳动法均有相应规定，属于执行问题；而 C 模式经过论证，不适用劳动法，也就无劳动法落实问题。第三，“劳务提供者的权益未能得到充分保障”这一点应当从两方面来看，如果发生在组织型平台 A 模式和 B 模式下，仍是劳动法执行不到位的问题；如果发生在 C 模式下，因不在劳动法调整范围内，而适用民法又无法给予充分保障，那么应是现行法律框架存在缺陷的问题。

在“劳动二分法”框架下，全社会各类劳务给付行为要么适用劳动法，要么适用民法，而二者保障水平相差甚大。劳动法提供全方位保障，有劳动关系则全部适用，无劳动关系则全部不适用，学界将此概括为“全有全无”的保障机制。然而，在劳动法与民法之间缺乏一个保障强度递减的法律层次，使平台用工中因欠缺从属性而溢出劳动法的劳务提供者无法获得相应的保障，直接归入民法调整。由此可见，“劳动二分法”在结构上是两极化的，两极之间缺乏过渡性保障机制，未建立起多层次的保障体系。平台用工在“劳动二分法”下无法实现有效的调整，导致劳务提供者的权益未能获得充分保障，此为平台用工对“劳动二分法”的挑战。

对于“放宽从属性标准，扩大劳动法适用范围”的观点，笔者认为，这一观点并非证明“平台用工是对劳动法的挑战”，而是针对“劳动二分法”的改革方案。如果用逻辑关系来表示，将“平台用工是对劳动法的挑战”表示为 X，“放宽从属性标准，扩大劳动法适用范围”表示为 Y，那么二者之间，X 是 Y 的前提，Y 是 X 的结果，能够从 X 推导出 Y，而不能从 Y 推导出 X。Y 也可以是其他原因的结果，如“劳动二分法”。从法律效果来看，“放宽从属性标准，扩大劳动法适用范围”是通过扩大劳动法这“一极”来填补“二分法”下“两极”之间的制度空白，即延续“二分法”的结构，用扩大劳动法来填补这一空白，在劳动世界中形成“大劳动法、小民法”的格局。在此方案中，“大劳动法”是由现有从属性标准确定的“典型劳动关系”和放宽从属性标准后确定的“非典型劳动关系”构成的。

（二）对该方案的评价

劳动法调整方案可称为“劳动二分法”下的“大劳动法”。该方案并不可行，存在的主要问题包括：“大劳动法”为了填补“二分法”的制度空白必须放宽从属性标准，那么放宽到什么程度合适？用“非典型劳动关系”的概念来说，“非典型”可以到什么程度？从前文所述观点来看，非典型劳动关系不要求人格从属性，而以经济从属性、用工继续性为依据。据此，“大劳动法”涵盖“非典型劳动关系”，以“部分保护”来扩大劳动法调整范围，即对“非典型劳动关系”适用一部分劳动法制度，改变劳动法适用“全有全无”的状况。这一方案有以下几个难以解决的理论和实践难题。

第一，欠缺人格从属性的劳务给付行为是否可以称为“非典型劳动关系”？如果可以，现有以人格从属性为核心的劳动关系就应称为“典型劳动关系”，那么作为二者上位概念的“劳动关系”应如何界定？若该上位概念“劳动关系”须体现“典型劳动关系”与“非典型劳动关系”的共性，该共性只能是“经济从属性”，而“劳动关系”的基本特征应是“经济从属性”，那么仅具备“经济从属性”的“劳动关系”才应是“典型”，而在“经济从属性”之外增加了“人格从属性”的“劳动关系”是“非典型”。

第二，“部分保护”的前提应是“劳动关系获得劳动法全部保护，但因非典型劳动关系的特殊性而给予部分保护”，那么由谁、经什么程序确定非典型劳动关系下的劳动者获得什么样的部分保护？有文献以“好厨师案”和“闪送案”说明“部分保护”已有的司法探索,[①] 笔者认为，现行法下法院无权进行“部分保护”的探索，如果认定劳动关系，劳动者就有权主张全方位的劳动保护，法院不能决定给予什么和不给予什么，法院能够掌握的是根据当事人的诉讼请求和证据进行判决。如果当事人仅主张部分劳动权益，那么法院判决不涉及其他劳动权益，如“闪送案”;[②] 或者当事人提出诉讼请求，但证据不足以支持，法院则不予支持，如“好厨师案”。[③]

第三，若是“大劳动法”方案下的“部分保护”是以立法的形式作出的，实质上仍是针对“无人格从属性、有经济从属性”的群体进行了单独立法，只是不用“类雇员”的表述，而是“非典型劳动关系”，在“二分法”形式下发展为“三分法”的结构，这种进路是否妥当？“大劳动法”应分为基于“典型劳动关系”的现行劳动法和基于“非典型劳动关系”的扩大劳动法，已有文献将现行劳动法称为“传统劳动法”，那么扩大的劳动法按照“传统”的反义词，似乎可以对应地称为“现代劳动法或前卫劳动法”，或许更适当的表述是根据调整对象将二者称为“典型劳动法与非典型劳动法”。这一结构的实质是将“劳动二分法”下的制度空白转移到了“大劳动法”内部，形成了现行劳动法之“典型劳动法”与填补空白之“非典型劳动法”的新“二分法”，且二者的调整对象在从属性上有根本差异，即便名称上仍是劳动法，但与当前劳动法的内涵已经不同。“大劳动法”内部也会冲突不断，典型劳动法与非典型劳动法的边界难以划清，实务操作将更为复杂，须先认定劳动关系，再认定是典型劳动

---

① 参见王全兴、刘琦：《我国新经济下灵活用工的特点、挑战和法律规制》，《法学评论》2019 年第 4 期。

② 参见北京市海淀区人民法院（2017）京 0108 民初 53634 号民事判决书。

③ 法院在“好厨师案”中认为双方当事人签订的《合作协议》是履行劳动关系的协议，因而未支持双倍工资；加班费请求因缺乏证据未予以支持；补缴社会保险费因不属于法院受理范围，未予以审处。参见北京市第三中级人民法院（2017）京 03 民终 11768 号民事判决书、北京市第三中级人民法院（2017）京 03 民终 11769 号民事判决书。

关系还是非典型劳动关系，进而决定适用哪些制度。虽然劳动法在形式上扩大了调整范围，但对于解决现实问题是弊大于利的。

二、基于类雇员家庭工作委员会的规制方案

（一）家庭工作委员会方案的内在逻辑

家庭工作委员会（Heimarbeitsausschuss）是德国针对类雇员这一群体建立的集中定价机制。在德国法上，家内工作者是类雇员的基本形态。从类雇员概念的发展脉络来看，先有家内工作者，后形成家内工作立法，在此基础上才抽象出类雇员的概念。因此，基于不同法律规定形成的“类雇员谱系”中，家内工作者与劳动法上的劳动者最类似，也因此可以无差别地适用某些劳动法规则。[①] 德国于1911年通过了《家内工作法》（HAG），为企业家公司（Betriebe eine Unternehmer）之外的人提供社会保护（Sozialschutz）。当时，有些雇主为了规避劳动法对女性、青少年和儿童的保护，将通常基于从属性劳动完成的任务以委托的方式变为家内工作，导致家内工作的工作时间长、工资低。[②] 这种状况凸显出家内工作者特殊的保护需求：他们处在工厂之外相对孤立的环境，既不能与其他劳动者进行信息沟通，更无法通过结社或其他团结的方式争取权益。并且，“通过私人自治无法实现社会可接受的合同安排（Vertragsgestaltung）”。[③] 基于上述原因，立法者认为，家内工作者与劳动者有一定程度的类似性，需要特别规范之

---

① See Manfred Weiss & Marlene Schmidt, *Labour Law and Industrial Relations in Germany*, p. 48.

② Vgl. Rohmer, Hausarbeitsgesetz, Einleitung, S. VII, IX. nach Nicole Neuvians, *Die arbeitnehmerähnliche Person*, S. 24.

③ Kempen/Zachert, TVG, § 12a Rz. 1. nach Nicole Neuvians, *Die arbeitnehmerähnliche Person*, S. 24.

保护。[①] 因此，《家内工作法》第一次出台了类似于劳动者的保护规则。[②] 1923 年，梅尔斯巴赫（Melsbach）提出，对于与劳动者同样有保护需求的人，应当制定专门规定（特别调整、单独调整），或者将这类人视为类雇员，通过类比的方法适用劳动法。[③] 同年，《劳动合同法》（AVG）草案欲将类雇员与劳动者平等对待，但该法案最终没有通过。[④] 在实体法难以推进的情况下，程序法另辟蹊径，为类雇员提供了专门的救济渠道。1926 年的《劳动法院法》（ArbGG）首次规定了类雇员，并明确劳动法院对其争议有管辖权。[⑤] 此后，《集体协议法》（TVG）、《联邦休假法》（BUrlG）、《员工保护法》（BeschäftigtenschutzG）、《劳动保护法》（ArbSchG）等诸多立法均有针对类雇员的规定，适用于类雇员的情形越发多样复杂，保障事项逐渐增加。

家庭工作委员会是依据《家内工作法》设立的，由三名家内工作者代表、三名合同相对方代表以及一名当地劳动主管部门任命的主席组成，主要职责是确定本地家内工作者的最低工资和工作条件。[⑥] 家内工作者根据参与工作的人员可分为两种形态：一种是独自或在家庭成员的辅助下从事劳动，这是典型的家内工作者形态；另一种是在不超过两名非家庭成员的辅助下从事劳动，这是非典型的家内工作者形态。对于后者，如果辅助人员超过两人，应由家庭工作委员会认定是否存在社会保护需求，考察要点

---

① Vgl. Nicole Neuvians, *Die arbeitnehmerähnliche Person*, S. 24.

② 1911 年 12 月 20 日的《家内工作法》在第一稿中几乎只包含了关于家内工作经营保护和健康保护的规则。1923 年 6 月 27 日的《家内工作者工资保护法》既改善了健康保护，又改善了工资保护，使《家内工作法》的劳动保护涵盖劳动时间保护、危险保护、工资保护等。参见［德］雷蒙德·瓦尔特曼：《德国劳动法》，沈建峰译，法律出版社 2014 年版，第 356 页。

③ Vgl. Melsbach, Deutsches Arbeitsrecht, 1923, S. 23, 24. nach Nicole Neuvians, *Die arbeitnehmerähnliche Person*, S. 24.

④ Vgl. Pfarr, in: Festschrift für Karl Kehrmann, S. 75 (81). nach Nicole Neuvians, *Die arbeitnehmerähnliche Person*, S. 24.

⑤ Vgl. RGB1. I 1926, S. 507. nach Nicole Neuvians, *Die arbeitnehmerähnliche Person*, S. 24.

⑥ See Manfred Weiss & Marlene Schmidt, *Labour Law and Industrial Relations in Germany*, p. 49.

包括：辅助人数、对合同相对方的经济从属性、直接进入销售市场的可能性、投资的额度、一定时期的交易量。[①]

（二）对该方案的评价

作为类雇员的典型形态，家内工作者与合同相对方在劳动条件的协商与缔约上实力悬殊，处于实质上的不平等地位，而因家内工作者以单一或主要合同相对方为主要经济来源，致使合同相对方在事实上掌握劳动定价权。德国法为了矫正这一类合同的权利结构，提供了两种解决方案：一种是集体协商制度，另一种是家庭工作委员会定价制度。

德国《集体协议法》第12a条第1款规定，类雇员是指具有经济从属性并且像劳动者一样具有保护需求的人，可以集体谈判的方式与合同相对方进行谈判并签订集体协议，概括适用于该地区的类雇员群体，这仍是程序性的劳动基准形成机制。另一方面，德国家庭工作委员会有权根据当地工资水平确定计件最低报酬及其他劳动条件，这一决定具有准法规效力，合同当事人不能通过自治予以变更，属于实体性的劳动基准形成机制。

可见，德国在类雇员劳动基准的立法上亦采用“实体+程序”的复合结构，但是从实践来看，虽然德国有发达的集体协商制度与实践，但家内工作者的集体协商制度始终没有有效落实。德国学者指出，德国类雇员有关工资和其他劳动条件的集体协议在理论上是可行的，但实践中并未发挥任何作用。[②]究其根源，类雇员不具备劳动法上劳动者的结社与团结基础。这一群体的典型特征是分散而灵活的工作方式，不存在相互协作，各自独立完成工作任务，且分别与合同相对方缔约，组织的成本极高，且难以维系，因而无法形成有效的集体协商实践。真正有效的

---

① See Manfred Weiss & Marlene Schmidt, *Labour Law and Industrial Relations in Germany*, pp. 48-49.

② See Manfred Weiss & Marlene Schmidt, *Labour Law and Industrial Relations in Germany*, p. 49.

制度是集中定价的家内工作委员会，在实体层面确立最低标准，解决了协商与缔约成本的问题。

第二节　雇主义务型基准的构造与局限

一、现行劳动基准的雇主义务法理

劳动基准制度通过强制手段保障劳动条件，作为“保护性强行法”在劳动报酬、工作时间和休息休假方面确立“雇主义务型规范”，单方面强制用人单位承担特定给付义务。① 在劳动关系中引入强制性劳动基准的正当性基础在于劳动者无法借助“契约自由原则”获得足够的保护，“由于其较个别劳工强势，雇主即可单方面强制决定劳动契约之内容”②。据此从两个层面来审视劳动基准：在个体层面，雇主与劳动者间的意思自治空间受限制。劳动基准的强制性效力排除劳动关系双方以合意方式就其放弃或变更的可能，劳动合同只能是在最低工资之上及最高工时之下约定劳动条件，否则将构成雇主违反法定义务；在社会层面，劳动基准具备生活保障功能。例如，工资不仅是劳动的评价，也“基于劳动者生活保障之考量，往往以生活水准、物价指数等为指标”。③

不能忽视的是，此处的“劳动”并不是全社会各类劳动形态的统称，而是特指“从属性劳动”，即劳动基准建立在劳动关系之上，劳动关系以人格从属性为核心，则劳动基准的边界由人格从属性划定。人格从属性的内核是“使用人（雇主）的指挥命令权能只是便利其自身的利益”，而不

---

① 参见沈建峰：《劳动基准法的范畴、规范结构与私法效力》，《法学研究》2021 年第 2 期。

② 参见崔永宇《个别劳动法：理论与实务》，五南图书出版公司 2019 年版，第 10 页。

③ 参见台湾劳动法学会：《劳动基准法释义——施行二十年之回顾与展望》，新学林出版股份公司 2010 年版，第 351 页。

当地拘束劳务人（劳动者）的人格……从而使劳雇双方“形成了一定程度上的人格性结合关系”[①]。劳动关系区别于其他劳务给付关系的根本特征是劳动者在用人单位的拘束下给付劳务，并且这种受拘束劳动状态因一定时间的持续性形成了人格性结合。“受拘束劳动”按照德国判例法的解释包括：1. 雇主决定，即劳动者在雇主的指挥监督下提供劳务，劳动的时间、地点及方式等由雇主决定，劳动者不能自主决定；2. 组织管理，劳动者进入雇主的经营或生产组织开展劳务；3. 劳动利他，劳动者提供劳务以实现雇主利益为目的。[②] 由于劳动力与劳动者人身不可分离，劳动者一旦受到雇主的拘束后，无论是否处于实际劳务给付状态，其都无法为另一雇主提供劳务以获取生活来源。

那么，人格从属性使雇主有权在劳动合同期限内独占劳动者给付具体劳动的可能性，而在此期限内，劳动力依其自然属性必然不断消耗，不能储存、累积，劳动者获取生活来源的时间与机会也随之减少。因此，雇主在劳动条件方面的保障义务与其对劳动的拘束、独占与支配权利相匹配：在工资方面，工资请求权的发生时间是劳动者依据合同约定第一次进入雇主的“指挥圈”，此部分工资是劳动者基于从属地位而取得的，在于补偿其丧失其他工资获取机会。[③] 在工作时间方面，劳动者未解除受拘束的状态而不能自由支配时间之情形，“劳动者只要没有获得劳动解放”是为工作时间。[④] 司法之判断标准为“不要求付出体力或心智”，只要“雇员被要求放弃对其本人时间或活动实质性的支配”。[⑤]

可见，劳动基准是通过对劳动者受拘束下劳动条件的保障实现对雇主

① ［日］我妻荣：《民法讲义·债法各论》（中卷二），周江洪译，中国法制出版社 2008 年版，第 4、13 页。

② Vgl. BAG NZA 1993, 174, 175; 1992, 36, 37; 894, 895.

③ 参见［日］本多淳亮：『労働法実務大系十三·賃金、退職金、年金』，総合労働研究所 1971 年版，第 119 页。

④ 参见［日］菅野和夫：《労働法》，弘文堂 2012 年版，第 267 页。

⑤ Anderson v. Mount Clemens Pottery Co., 328 U.S. 680, 6 WH Cases 83 (1946).

决定权的控制，雇主为营业利益而拘束劳动者之对价和时间须限定在合法范围内，确立了劳动基准与人格从属性的对应关系，并在规范上形成了法定标准强制修正劳务交易中意思自治的边界。按照Guy Davidov等的解释，“雇员身份通常决定了一个人是否有权获得一系列重要的权利或者根本没有保护，它在享有大量监管支持的工人群体和必须接受市场力量支配的群体之间划定了一条界限”①。

法律依据人格从属性对劳动基准保障和市场力量支配之界限划定有“二分”与“三分”两种主要模式，以美国典型的劳动二分法为例，从劳动主体的角度分为“雇员—独立承包人”（employee-independent contractor），通过工人分类问题（worker classification）认定雇员身份进而确定劳动基准适用范围，根据美国公平劳动标准法规定，劳动基准仅适用于“雇主—雇员关系”。② 德国作为典型的劳动三分法立法模式，在“雇员—自营职业者”之外增加了“类雇员”，雇员与其他两类主体的根本区别在于人格从属性，即“根据私法合同，有义务遵循指示并在个人依赖的状态下为另一个人工作的人”③。在这一分类结构下，劳动基准限定于雇员保护范围内，“类雇员”不适用最低工资标准制度。④

二、基于雇主义务法理建构平台用工劳动基准的尝试及评价

我国目前采取的平台用工规制政策带有浓厚的雇主义务法理色彩，以“雇主—控制”为基本逻辑展开，将平台用工视为受拘束劳动，以“平台拘束下的最低劳动对价”和“解除平台拘束”分别作为规范劳动报酬和工

---

① Guy Davidov，Mark Freedland and Nicola Kountouris. The subjects of labor law：‘Employees’and other workers. Matthew W. Finkin and Guy Mundlak eds.，Comparative Labor Law. Edward Elgar Publishing 2015，p. 115.

② See 29 U. S. C. A. § §206-07.

③ BAG 11. 8. 2015-9 AZR 98/14，NZA-RR 2016，288.

④ ［德］沃尔夫冈·多伊普勒：《德国劳动法》，王倩译，上海人民出版社2016年版，第237页。

作时间的劳动基准依据。从基础性的 56 号文来看，最低工资和休息制度是以“正常劳动的劳动定额”为核心，包括“督促企业向提供正常劳动的劳动者支付不低于当地最低工资标准的劳动报酬”“推动行业明确劳动定员定额标准，科学确定劳动者工作量和劳动强度”，由此形成的劳动基准是平台用工从业者在正常劳动情况下完成行业劳动定额，获得的劳动报酬不低于当地最低工资，并且不超出最高工作时间。

这一劳动基准政策显然是延续了《最低工资规定》的制度逻辑。《最低工资规定》第 3 条对“最低工资标准”的定义是劳动者在法定或约定工作时间内“正常劳动”获得的最低劳动报酬，“正常劳动”是指“劳动者按依法签订的劳动合同约定，在法定工作时间或劳动合同约定的工作时间内从事的劳动”。考虑到典型平台用工普遍采用“按单计酬”，正常劳动与计件工资中的劳动定额相结合，《最低工资规定》第 12 条规定：“在劳动者提供正常劳动的情况下……实行计件工资或提成工资等工资形式的用人单位，在科学合理的劳动定额基础上，其支付劳动者的工资不得低于相应的最低工资标准。”

在此制度结构中，正常劳动与劳动定额形成了“相互界定”的关系：经抽象的一般技能水平劳动者在单位时间内正常劳动能够完成的工作量为劳动定额，某一个具体的劳动者在单位时间内完成了劳动定额则为正常劳动。之所以能够形成二者的界定关系，是因为正常劳动与劳动定额可以测定或量化，或者说劳动者在受拘束状态下给付劳动的过程可以测定或量化，这是用人单位劳动管理和业绩考核体系的产物，默认前提是劳动者须服从用人单位规章制度等管理要求。如果劳动者有权不服从管理流程、没有任务要求，则正常劳动和劳动定额几乎是无法量化的，也可以说是不可测定的。

据此来分析外卖送餐员和网约车司机的政策可以发现，默认前提仍是存在可量化的正常劳动和劳动定额。市场监管总局牵头的《关于落实网络餐饮平台责任切实维护外卖送餐员权益的指导意见》（国市监网监发〔2021〕38号，以下简称38号文）明确劳动基准是：劳动报酬方面，“劳动定额标准+每单最低报酬=正常劳动的最低工资标准”以及“节假日等特殊情形补贴”；工作时间方面，“算法取中+订单饱和度+连续送单超过4小时停止派单20分钟=管控在线工作时长”。[①] 交通运输部牵头的《关于加强交通运输新业态从业人员权益保障工作的意见》（交运发〔2021〕122号，以下简称122号文）明确劳动基准是：劳动报酬方面，“报酬计算规则和标准+正常劳动=最低工资标准”；工作时间方面，“科学确定驾驶员工作时长和劳动强度，保障其有足够休息时间”“不引诱超时劳动”。[②] 在前述诸项规制要素中，目前唯一可量化的只有“外卖每单最低报酬”或者“网约车每公里最低报酬”，而从业者何种劳动状态是正常劳动、劳动定额对应多少订单量并无明确结论。

须强调的是，在劳动定额与最低工资的对应关系中，劳动定额是劳动者在单位时间内正常劳动应完成的最低工作量。但是，平台用工区别于常规劳动关系下受拘束劳动的根本特征是灵活就业，并且是网络环境下更为

① 《关于落实网络餐饮平台责任切实维护外卖送餐员权益的指导意见》规定，制定科学合理的劳动定额标准和外卖送餐员接单最低报酬，确保外卖送餐员提供正常劳动的实际所得不低于当地最低工资标准。明确劳动报酬发放时间和方式，确保按时足额发放。外卖送餐员在法定节假日、恶劣天气、夜间等情形下工作的，适当给予补贴。科学确定订单饱和度，向外卖送餐员分派并发单量时，要充分考虑安全因素。合理管控在线工作时长，对于连续送单超过4小时的，系统发出疲劳提示，20分钟内不再派单。

② 《关于加强交通运输新业态从业人员权益保障工作的意见》规定，保障从业人员合理劳动报酬。相关行业主管部门、工会组织、行业协会等要持续关注行业运行情况及网约车驾驶员劳动报酬水平，并适时公开发布，引导驾驶员形成合理收入预期。各级工会组织要根据工作性质、劳动强度、工作任务、当地职工平均工资、市场经营状况等因素，与网约车平台企业、行业协会协商确定驾驶员劳动报酬计算规则和标准并向社会公布。督促网约车平台企业向提供正常劳动的网约车驾驶员支付不低于当地最低工资标准的劳动报酬。保障从业人员获得合理休息。各地相关部门要督促网约车平台企业科学确定驾驶员工作时长和劳动强度，保障其有足够休息时间。督促网约车平台企业持续优化派单机制，提高车辆在线服务期间的运营效率，不得以冲单奖励等方式引诱驾驶员超时劳动。

灵活的新就业形态。[①] 按照56号文关于公平就业的规定，从业者可在多平台就业，38号文也明确了外卖平台规制须适应灵活就业发展趋势。那么，平台用工劳动基准的政策目标就应表述为确立灵活就业的正常劳动和劳动定额，或者说灵活就业的最低工作量及最高工作时间。然后，灵活就业本身就是与受拘束劳动不同的劳动形态，将建筑在受拘束劳动之上的劳动基准制度构造迁移到灵活就业之上，就会发现雇主义务法理已难以适用。平台用工从业者在灵活就业状态下可以随时开始或停止工作，亦可以在极短时间内转换到另一个平台工作，还可以根据自身状态调整工作效率和频次，这使雇主义务法理中劳动的拘束性、独占性、支配性与持续性可能都不存在。

由此产生的逻辑悖论是平台既要遵循灵活就业保障从业者自主劳动的权利，又要遵循雇主义务法理促使从业者正常劳动以完成劳动定额，并控制从业者的灵活就业工作时间。例如，网约车司机常见的工作方式是同时使用几个平台，在各平台间选择性接受订单。在此情况下，任一平台是不可能控制司机的整体工作时长和劳动报酬的。又如，外卖行业的订单分布具有显著的波峰波谷特点，中午和傍晚的订单最为集中。如果以订单密集时段或者达到订单饱和度的连续工作状态作为测定正常劳动的依据，则其他非繁忙时段的劳动如何评价、应获得怎样的保障等问题，都因脱离了受拘束的劳动形态而难以解答。

三、小结

雇主义务型劳动基准必须经由劳动合同才能成为劳动关系中的具体

---

① 《中国共享经济发展报告（2020）》指出，由于共享经济灵活用工、弹性就业的特点，使服务提供者能够以兼职形式获得收入。滴滴平台上兼职司机大约占到九成，78.9%的兼职司机每天在线时间少于5小时；美团平台上52%的骑手每天工作4个小时以下。参见国家信息中心：《中国共享经济发展报告（2020）》，http：//www.sic.gov.cn/News/568/10429.htm.

权利义务，或者说基于雇主义务法理的劳动基准只有与劳动合同相结合才能发挥其应有效力。平台用工下的灵活就业不属于受拘束劳动的范畴，从业者可以随时参与或脱离平台用工，即便平台通过算法分配订单并在订单履行过程中施加服务要求，也不能强制要求从业者与之建立持续性的劳务给付关系，否则可能构成劳动关系。在灵活就业与受拘束劳动之间的内在冲突下，某一平台无法遵循雇主义务法理有效实施劳动基准，即便通过行业集体协商或公开服务定价等方式确定最低订单报酬，也很难对照劳动关系最高工作时间制度确立一个从业者工作时间的上限控制。从业者拥有多平台就业的权利，这意味着其劳动总时长可能远超单一平台的限制。

虽然多地提出建立平台用工监测机制，[①] 但这种监测机制主要针对行业性劳动力构成、流动、价格等宏观要素，难以细化至每一个从业者的劳动情况。若依据雇主义务法理控制平台用工的工时上限基准，就须建立一个涵盖全部数字劳动平台的总系统，每一个从业者对应一个工时账户，无论在哪个平台工作都能实时将信息传输给总系统。总系统检测到某一从业者工作时间超出工时上限时，将强制所有平台不能向其派单，从而排除从业者一切参与平台用工的机会。也就是说，只有存在一个所有平台“代理人”的总系统，才能够在平台用工中落实雇主义务法理。现实地看，如此设想的总系统投资巨大且运行成本高昂，需要全社会所有平台配合并实时共享信息，在当前条件下几乎是不可能实施的。

---

① 北京要求结合全市平台经济综合监管系统建设，建立新就业形态动态监测机制。河北、辽宁、湖南等地提出建立平台企业用工情况等报告制度；四川、贵州等地则提出建立跨部门数据共享机制、建立新就业形态劳动者就业信息数据库等。参见郭美婷等：《新业态用工权益保障政策观察：宁夏等探索界定三类劳动形态，上海遏制“以罚代管”》，21 世纪经济报道，http：//www. 21jingji. com/article/20220228/herald/fb458c693200bd811f8818d7a5ce94dc. html.

第三节　任务计量型基准的逻辑与功能

一、承揽合同社会化的劳动变革是劳动基准变革的动因

平台用工劳动基准的制度建构是平台用工治理模式争论议题之一，焦点在于平台用工能否纳入现行劳动法调整，分歧的关键在于能否通过修正劳动法以应对平台用工的调整：如果持肯定意见，则修正劳动关系认定标准和保障制度构成，实现“劳动法做减法”；[①] 如果持否定意见，则通过“民法做加法”，增加“类雇员”这一“第三类劳动形态”，推动法律框架从“民法—劳动法”的二分法向“民法—类雇员法—劳动法”的三分法转型。[②]这一基础性问题的分歧，在劳动基准立法模式上表现为“特别规定”抑或“独立专章”。经前文阐释雇主义务型劳动基准的局限性后，应从事实层面提炼平台用工所引发之劳动变革，以此为基础推动劳动基准变革。

劳动基准制度的核心功能是确立一个均衡工作量，旨在实现劳动者以日常可负担之体脑劳动力消耗获得合理劳动报酬，以维系个人及家庭生活的正常水平。此正常生活水平不仅体现为劳动报酬支持日常消费与必要开支，还包括劳动者在工作之余仍保持相应的体力、脑力与时间，以实现私

---

① 参见王全兴、王茜：《我国“网约工”的劳动关系认定及权益保护》，《法学》2018 年第 4 期；田思路：《工业 4.0 时代的从属劳动论》，《法学评论》2019 年第 1 期，第 37 页。

② 参见娄宇：《新就业形态人员的身份认定与劳动权益保障制度建设——基于比较法的研究》，《中国法律评论》2021 年第 4 期，第 61 页；王天玉：《互联网平台用工的“类雇员”解释路径及其规范体系》，《环球法律评论》2020 年第 3 期，第 99-100 页。

人生活的建构。[①] 在这个意义上，劳动基准是划分劳动就业与私人生活之间边界的标尺。在劳动二分法塑造的知识体系和观念体系下，劳动权益保障的正当性植根于人格从属性，劳动者在受拘束的劳动过程中不得自由支配时间，只能通过“劳动解放”从劳动就业领域进入私人生活空间。

劳动基准设定均衡工作量的目的是限定雇主拘束和消耗劳动者体脑劳动力的程度及劳动对价标准，构成雇主与劳动者“债之关系”的限定内容。在从属性劳动形态下，雇主控制劳动过程，组织劳动力以实现生产经营目标，并负担经营风险。劳动者因给付劳务的利他性，在劳动力处于雇主拘束状态时就属于工作时间并可获得报酬，即便劳动过程因原料中断、停电失火等经营风险而停顿，劳动者并不因此丧失请求劳动报酬之债权。[②] 可见，从属性劳动的重点在于雇主对劳动过程的控制，表现为拘束劳动者的劳动过程，雇主的生产经营效益或工作任务是过程控制的劳动成果，劳动者不承担经营风险，也不对劳动过程的最终成果负责。针对这一劳动形态，劳动基准从劳动过程中提炼出正常劳动和劳动定额，以实现法律对雇主劳动过程控制的再控制。

平台用工引发之劳动变革使从业者在网络技术赋能下脱离组织化劳动过程控制，以个人状态通过平台直接参与社会分工，凭借劳动成果获取报酬。劳动形态表现为连续完成特定工作任务，并且这种连续性可以随时停止、中断或恢复。有学者将此新劳动形态概括为“任务化用工”，“劳务提供者在确认接单前和任务完成后，并不负有按照平台企业发送的订单信息

---

① 遠藤隆久提出：“劳动条件不是抽象数字化的契约条件，劳动条件及其保障意义均应置于劳工的整体生活脉络中思考。”参见［日］遠藤隆久：「クローハリセーションと労働法の市民法化」，載於横井芳弘等編『市民社会の変容と労働法』，信山社 2005 年版，第 52 页。両角道代主张，劳动者在职场中受到的保护应扩大至其家庭生活领域，为劳动者养育子女和照顾家庭创造条件。参见［日］両角道代：「職業生活と家庭生活の両立と法」，載於岩村正彦等編『岩波講座現代の法 12 -職業生活と法』，岩波書店 1998 年版，第 275-277 页。

② MünchArbR/Blomeyer，2 Aufl.，München 2000，§ 57 Rn. 19-21.

提供劳务的义务，双方的合作关系是通过每次的接单任务得以实现”[1]。从这一角度来说，平台用工中以订单形式存在的任务是对特定劳务成果的要求，如果仅考察从业者完成单个任务的行为，无论是自治型平台劳务供需双方之间的合同，如软件开发或广告设计，还是组织型平台与从业者之间的合同，如运送乘客或物品至指定位置，[2] 都符合以劳务成果为标的之承揽合同。在从业者连续在平台完成订单任务的过程中，因积分与报酬等因素的影响，承揽合同处于连续缔结和履行的状态，加之行业性、规模化平台用工的兴起，个人可便捷进入平台进行劳务交易，由此催生“承揽合同的社会化”。可见，劳动关系下从属性劳动强调劳动过程控制，平台经济下任务化用工强调劳务成果交付，二者在合同原点上有本质区别。因此“从劳动法出发解释平台用工难以顺畅的根本原因在于，平台用工的逻辑起点是承揽合同，是承揽合同社会化的结果”[3]。

劳动形态的变革要求劳动条件保障制度发生相应的变革。现行劳动基准通过正常劳动和劳动定额控制劳动过程的机制已难以适应平台用工，平台用工劳动基准应从过程控制转向成果控制。这一制度转变仍遵循均衡工作量的宗旨，保障从业者以可负担的体脑劳动力消耗，在合理时间内获得正常生活水平之报酬，并须在从业者具有完全不同于劳动关系之灵活就业自主性基础上，升级“正常劳动”和“劳动定额”的规制理念和机制，通过任务计量施加工作总量控制。

---

① 班小辉：《“零工经济”下任务化用工的劳动法规制》，《法学评论》2019 年第 3 期。

② 通说以为运送系具有承揽性质之契约类型，其一定工作之完成即达到目的地，并经交付物品或使旅客安全离开。参见林诚二：《民法债编各论（中）》，中国人民大学出版社 2007 年版，第 303 页。

③ 王天玉：《超越劳动二分法：平台用工法律调整的基本立场》，《中国劳动关系学院学报》2020 年第 4 期。

二、任务计量型劳动基准的法理构造

得益于承揽合同社会化，从业者通过一段时期内反复交付任务成果，可以从平台获得持续性劳动对价，由此构成其收入来源的重要组成部分。与劳动关系下受拘束的过程控制不同，从业者在平台用工中能够主动中断承揽的连续性，也可自主安排某一时间连续参与订单承揽。这就使从业者与平台之间在剥离人格从属性之外仍能够形成相对紧密的经济性结合关系，从业者的劳动收入因其积分排名、提成比例而与平台的订单分配、奖励机制等直接相关。为此，经济依赖性或者经济从属性开始脱离人格从属性及劳动关系，逐渐成为独立的劳动权益保障的正当性基础。

在域外劳动二分法框架下，美国学者在“雇员—独立承包人”（employee—independent contractor）之外提出了具有经济依赖性的“依赖型承包人”（dependent contractors），[①] 并引发了广泛讨论。[②] 与之类似，欧盟委员会在“雇员—自雇者”（employee—self-employed）二分法之外论述了“类雇员”等具有经济依赖性的“第三类劳动形态”及相关国家实践。[③] Guy Davidov 建议引入第三类劳动形态并命名为“依赖型承包人”，建立一

---

① See Seth D. Harris & Alan B. Krueger, A Proposal for Modernizing Labor Laws For Twenty-First-Century Work: The “Independent Worker”. https://www.onlabor.org/wp-content/uploads/2015/12/modernizing_labor_laws_for_twenty_first_century_work_krueger_harris-1.pdf.

② See Miriam A. Cherry & Antonio Aloisi, “Dependent Contractors” in the Gig Economy: a Comparative Approach, Vol. 66, Iss. 3, (2017): 635.

③ 欧盟专家中心（ECE）在《平台用工 2021 年专题评论综述报告》中的表述是“第三类、中间类或子类别就业形态”（third, intermediate or sub-categories of employment status），这种法律技术的目标是“将劳动和社会保护部分或全部扩大到在经济上依赖单一客户或‘雇主’的个人自营职业者”，具体包括：奥地利和德国的“类雇员”（employee-like persons）、西班牙和斯洛文尼亚的“经济依赖型自营职业者”（economically dependent self-employed）、意大利的“准从属型自营职业者”（quasi-subordinated）。还有一些国家正在就是否引入第三类形态进行讨论，包括比利时、法国、爱尔兰和芬兰。See European Centre of Expertise (ECE) in the field of labour law, employment and labour market policies, Thematic Review 2021 on Platform work synthesis report, https://ec.europa.eu/social/main.jsp?catId=738&langId=en&pubId=8419&furtherPubs=yes.

个权利清单，[①] Delphine Defossez、Teemu Kautonen 等持基本相同的观点。[②] 我国学者将经济从属性与人格从属性分离后，将其作为构建平台用工社会保障制度的依据，代表性观点为“将劳动关系中的经济依赖性独立出来，并关联社会保险参保关系”。[③]

任务计量型劳动基准旨在因应承揽社会化及由此形成的经济性结合关系，将平台用工劳动条件保障的逻辑起点从雇主义务型劳动基准的人格从属性，转向以任务成果计算对价的经济从属性，基于经济从属性导致的弱者性构造保障制度。如果说雇员身份及其人格从属性是在“享有大量监管支持的工人群体和必须接受市场力量支配的群体之间划定了一条界限”，那么经济从属性则是在“接受市场力量支配的群体”中“再划定了一条界限”，在原本依据民法调整、完全受市场支配的灵活就业群体中区分出依托平台就业并形成经济从属性的人群，将其塑造为“类雇员”，根据其承揽合同的任务计量设定强制性劳动条件，建立不可约定变更或免除的权利清单。

此项基于经济从属性的劳动基准制度将在“民法—劳动法”的二分法结构外，将“民法做加法”的保障理念表达为具体规则，并在法理上实现两个基本要点修正：其一，契约自由原则的再限定。劳动基准作为强制性劳动条件的本意是限定劳雇双方的意思自治空间，将契约自由原则限定在基准劳动条件之上。按照现行雇主义务型劳动基准，劳动者与用人单位只能在最低工资之上与最高工时之下约定具体劳动条件，由此形成对劳动领

---

① See Guy Davidov, Setting Labour Law’s Coverage: Between Universalism and Selectivity, Oxford Journal of Legal Studies, Vol. 34, No. 3 (2014), p. 558.

② See Delphine Defossez, The employment status of food delivery riders in Europe and the UK: Self-employed or worker? . Maastricht Journal of European and Comparative Law, https://journals.sagepub.com/doi/10.1177/1023263X211051833; Teemu Kautonen and Ewald Kibler, The “grey area” between employment and self-employment: implications for official statistics, https://ec.europa.eu/eurostat/cros/powerfromstatistics/OR/PfS-OutlookReport-Kautonen_ Kibler.pdf.

③ 参见娄宇：《新业态从业人员职业伤害保障的法理基础与制度构建》，《社会科学》2021年第6期。

域契约自由的首次限定。在此基础上建构任务计量型劳动基准，从业者虽然以灵活就业方式参与平台用工，但其与平台之间连续缔约和履行承揽合同之契约自由将被限定。平台对任务单价的设定不能随意为之，而须遵循集体协商等劳动议价程序。从业者完成任务之连续性和总量亦不再完全由其个人决定，其与平台之间抽象意义上可以无限连续发生的承揽关系将因任务计量基准而停止。从业者与平台将在最低任务单价之上与最高任务总量之下产生灵活的经济性结合，由此形成劳动领域契约自由的再次限定。

其二，灵活就业组织者的保障义务。在现行雇主义务型劳动基准下，灵活就业的组织者没有法定强制保障义务，无论是劳务中介还是具有混合合同属性的其他劳动组织形式，均因无劳动关系而不发生组织者与从业者之间的保障关系。但对于平台用工所塑造之灵活就业，无论是自治型平台还是组织型平台，均是该劳务交易体系的核心，能够基于数据和算法把握从业者完成任务的劳动强度和工作总量，尤其是组织型平台还有工作调度和任务定价的权利。据此，任务计量型劳动基准须设定平台作为灵活就业组织者的保障义务，合理确定任务单价并检测从业者连续工作的劳动强度和任务总量。当从业者达到任务计量基准时，平台应停止派单，否则平台将承担违反强制性规定的法律责任。平台的保障义务将有利于矫正灵活就业中的非理性参与问题，克制过度劳动。

第四节　任务计量型基准的制度设计

一、基于承揽任务单价和总量的劳动条件保障

平台用工劳动基准的制度建构，旨在强制规范塑造灵活就业的基本劳动条件，限缩原本适用民法调整的意思自治空间，在承揽合同社会化之后

形成的民事混合合同基础上，[①] 增设强制性劳动条件实体规定或强制性劳动条件协商程序，以“民法做加法”的路径限定和规范平台用工的定价权，确立平台与从业者之间利益分配的基准线及动态调整机制。为此，平台用工劳动基准应以任务承揽为内容的劳动形态为基础，在规制模式上将“正常劳动”转变为“正常定价”、“劳动定额”转变为“任务总量”，进而从两个层面规制劳动条件：一是单个任务的劳动对价，二是一天内任务的连续性及总量。

1. 承揽任务单价控制。平台用工的价格形成机制包括任务计价、抽成比例、奖惩规则等多个方面，在劳动基准层面是从业者完成单个承揽任务所获得的劳动报酬，即任务计价经抽成并附加奖惩情形后的最终结果。任务单价控制在平台用工劳动基准中处于核心地位。一方面，任务单价可控才能建立可预期的劳动报酬。当前监管政策对平台定价权的规制重点是价格形成机制，56 号文等文件构成的政策组合建立了公权力及集体协商机制修正平台定价的规范基础，尤其是外卖和网约车两项政策规定了协商结果公示制度，使计价方法实际上处于公开的状态，保障了任务单价的确定和可控。相较之下，“正常劳动”即便能依据数据模型计算一个标准值，在灵活就业的实践中因过程不受拘束，结果也是不可控的。所以，在最低收入保障的制度设计上，如果从业者的劳动报酬计算是“正常劳动×工作时间”或“正常劳动×任务总量”，都将因“正常劳动”无法标准化而不能得出确定的结果。故此，从业者的最低收入保障应是“任务单价×任务总量×行业系数”，此处“任务总量”对应一天中参与平台用工总时长的接单数量，“行业系数”是不同平台用工行业一天中不同时段订单饱和度、特殊情形奖励等加权计算结果，旨在反映外卖、网约车等行业在订单波峰波谷等不同时段的劳动状态，以便平衡订单集中时段的较高收入与订单不

① 参见王天玉：《互联网平台用工的合同定性及法律适用》，《法学》2019 年第 10 期。

足时段的较低收入。据此公式得出的从业者全天平台劳动报酬除以工作小时数，应高于当地最低小时工资标准。

另一方面，任务单价处于可控和稳定状态有利于从业者形成合理的收入预期，便于计算达到收入预期目标的工作时间，引导形成灵活就业总时长的自主控制。平台用工下任务单价与工作时间上限具有互动关系，二者统一在全天收入预期目标之下，也就是说，任务单价降低会导致工作时间延长，反之亦然。实际上，劳动关系下拘束性劳动也存在类似的计件工资与工作时间的互动关系，但是劳动法已对正常劳动及加班时间规定了上限，超越工时上限是明确的违法行为。因此，规范化的劳动关系基准模式是在工作时间法定范围内，通过集体协商工资或市场调节工资实现劳动者收入的增加。与之不同的是，灵活就业从来没有法定工时上限，有关何时工作和工作时长是此种劳动形态自主性的一部分。这就决定了平台用工的工时上限难以直接规定一个确定的小时数，那么工作总时长的控制就更加需要借助任务单价予以间接控制。因此，集体协商程序确定的任务单价经公示后，便于从业者计算实现收入预期目标的每日工作时长，进而在整体上实现行业工作时间均值维持在一个合理区间。

2. 任务连续性和总量控制。在从业者灵活就业总时长无法直接控制的前提下，大型平台可以通过任务连续性和总量的控制来限制劳动机会，防止过度劳动。任务连续性控制已是监管政策的共识，外卖行业的 38 号文规定了平台对连续接单 4 小时的配送员暂停派单 20 分钟，网约车行业的 122 号文虽然没有规定具体的时段控制，但也规定了“科学确定工作时长，保障足够休息时间”，以滴滴为代表的大型平台在 2019 年就引入了“司机每工作 4 小时需休息 20 分钟”的防疲劳驾驶规则。[①] 不过，各主要平台用工领域均没有任务总量的明确控制标准，若以“从业者连续工作 4 小时并

① 《滴滴网约车新规：司机工作每 4 小时需休息 20 分钟》，http：//gd. sina. com. cn/news/m/2019-06-18/detail-ihvhiqay6392798. shtml.

休息20分钟”为一个时段，假设从业者持续在一个平台接单，其可以在一天内反复工作多个时段。在任务单价控制的基础上，若从业者有较为合理和稳定的收入预期目标，那么其能够在可承受的劳动强度内停止工作。针对部分自主安排劳动时间欠缺充分理性的从业者，劳动基准从法律父爱主义的立场出发，① 应要求平台控制从业者一天内完成任务的总订单数或总时长。平台有能力依托大数据测算完成单个任务的一般性劳动强度，据此建立任务总量及劳动强度的梯度控制和提醒制度。例如，网约车司机在一天中第一个连续工作4小时后休息20分钟，第二个连续工作4小时后休息30分钟，直至在该平台达到全天工作时长上限时，平台应停止派单。

二、多平台就业情形下的工作总量弹性控制

任务计量型劳动基准制度设计以大型平台为对象，可以在整体上发挥劳动强度控制作用，但因从业者可多平台就业，如果从业者为获得高收入而有意超出适当工作时间，在多个平台间转换接单，那么任一单个平台都不可能控制其任务总量和工作总时长。换言之，平台用工下从业者的自主性既有利于其划分劳动就业与私人生活的边界，掌握“劳动解放”之门的钥匙，但也会衍生出自主性滥用，以过度劳动的方式追求短期收益。平台用工所塑造的劳动就业与私人生活可以随时切换，随着从业者开启或关闭平台App就可完成，使二者呈现相互交织的结构。劳动关系之从属性劳动则是泾渭分明地存在劳动就业与私人生活两个板块，劳动基准通过控制劳动就业的边界辅助劳动者建构私人生活。劳动者不能在一个劳动关系下放弃工时上限的保护，但可以放弃部分私人生活而将此个人时间用以“兼职”，相当于自愿建构了一个新的劳动就业空间。

---

① 法律父爱主义理论主张政府在某些领域为了公民自身的利益可以不顾其意志而限制其自由或自治。参见孙笑侠、郭春镇：《法律父爱主义在中国的适用》，《中国社会科学》2006年第1期。

对于兼职等多份工作的工时总量控制，我国劳动基准尚无制度准备，域外劳动法有两种典型做法，一是法国采取的“雇主确认规则”，根据《法国劳动法典》第 L. 3171-1 条至第 L. 3171-4 条，雇主有义务记录劳动者的工作时间。由于雇主违反最高工作时间的行为会受到处罚，所以雇主通常会确认劳动者没有受雇于另一个雇主。雇主确认的方式应为书面形式（包括电子邮件），一个月左右一次。如果雇主发现劳动者有违反法定最高工时的情形，雇主应要求劳动者改变其工作方式，从另一个雇主处辞职，否则将予以解雇。① 二是日本采取的“雇员申报规则”，劳动者在兼职开始前须在本职工作场所完成规定的工作时间，然后按照工作顺序计算“总工作时间”（労働時間の通算），须符合《劳动标准法》第 36 条第 6 款之规定。除劳动者本职工作外，其他工作场所的工作时间依靠劳动者报告，兼职雇主没有义务查明劳动者的总工作时间。② 这两种做法都试图将劳动者的工作总时长限定在法定最高工时内，区别在于法国将事后控制义务强加给劳动者本职工作的雇主，督促该雇主成为“劳动解放”之门的守门人，严格维护劳动基准所确立的劳动就业与私人生活的边界，劳动者没有部分放弃私人生活用以兼职的权利。日本在形式上维护劳动基准的最高工作时间，但通过劳动者报告规则将掌握工作时间总量的权利交由劳动者，劳动者不报告或不如实报告而超过法定最高工时，雇主均没有责任，这就事实上承认了劳动者可部分放弃私人生活，通过兼职扩大了劳动就业的边界。

回到平台用工，由于劳动过程已脱离场所控制，从业者可在多平台就业，即便要求从业者向平台报告此前已完成的工作时间，甚至将该时间计

---

① ［日］森・濱田松本法律事務所：兼業・副業の労働時間・健康管理に関する論点整理 に向けた海外制度に関する調査報告書，https：//www.meti.go.jp/meti_lib/report/2019FY/000219.pdf.

② ［日］厚生労働省：《副業・兼業の促進に関するガイドライン》（令和 2 年 9 月改定），https：//www.mhlw.go.jp/file/06-Seisakujouhou-11200000-Roudoukijunkyoku/0000192844.pdf.

入本平台连续工作的4小时，只要从业者有持续劳动意愿就可以不报告或不如实报告，平台没有查明的能力和机制。所以，劳动关系下兼职的工作时间控制手段难以适应平台用工，平台用工的总时长几乎无法用一个强制性小时数予以限定，只能通过引导从业者建立理性的收入预期、限定大型平台的任务连续性及总量，将多平台就业的合计工作量控制在相对合理的区间内。

三、平台用工算法知情与集体同意规则

平台算法是执行任务单价、连续性和总量控制的技术手段。实体性平台用工劳动基准既需借助平台算法和数据进行标准量化设计，也需通过算法落实为从业者具体的劳动条件。虽然当前的政策组合强调算法规制，但基本是原则性的“算法取中”和“算法公开”，尚未建立起明确的平台用工算法规则体系。从域外实践看，欧洲已将算法治理作为平台用工劳动基准的重要议题，欧盟委员会在2021年2月24日发布的《应对平台工作条件相关挑战的可能行动第一阶段社会伙伴磋商报告书》中规定，算法管理是指数字劳动平台通过自动化手段对平台从业者所提供的服务在分配、绩效、评估、排名、审查以及其他相关行动方面进行或多或少的控制。[①] 此后，在2021年6月15日发布的《第二阶段社会伙伴磋商报告书》中，欧盟委员会指出，算法在管理和控制工作业绩以及平台市场运作中的作用越来越受到关注，各国对与算法相关挑战的反应非常有限。除了西班牙“骑手法”引入了对算法的知情权，没有其他成员国通过劳动立法专门解决平台工作中与算法有关的挑战。在不影响内部市场法律的情况下，建立关于保护个人数据的立法或反歧视立法可能无法解决平台工作

① See European Commission, First phase consultation of social partners under Article 154 TFEU on possible action addressing the challenges related to working conditions in platform work, https://ec.europa.eu/social/main.jsp?langId=en&catId=522&furtherNews=yes&newsId=9932.

中使用算法所产生的全部问题，如人类对算法决策予以及时和合理的监督或对受影响的人进行补救的可能性。①在此背景下，平台用工算法规则应在公开的基础上进一步提升透明度，将“算法公开”与平台解释义务整合为“算法知情”，并在个体知情的基础上借助集体协商制度建立集体同意规则。

1. 算法知情。欧盟委员会《第二阶段社会伙伴磋商报告书》提出的治理目标是“确保算法管理的公平性、透明度和问责制。通过平台工作的人可能缺乏信息和理解，不知道算法是如何应用的，被用来做出某些决定，从而影响他们的工作条件，而且可能缺乏对这种决定的补救。算法管理的使用可能会进一步掩盖平台所履行的实际管理职能，从而使义务归属面临挑战，而这些义务可能是应有的。在 GDPR 和拟议的《人工智能法》的基础上，制定规则以改善对此类系统的工作方式及其对相关人员的影响，可以为预防和纠正不公平或歧视性的结果开辟途径。这将有助于改善平台工作的工作条件”②。2021 年 12 月 9 日发布的《欧洲议会和理事会关于指令改善平台工作条件指令的建议》在拟议文本的第一条提出：“通过确保正确确定从事平台工作的人员的就业状况，通过促进平台工作中的算法管理的透明度、公平性和问责制，以及通过提高平台工作的透明度，包括在跨境情况下，来改善从事平台工作的人员的工作条件。”③

作为打开“算法黑箱”的传统规制手段，算法公开曾被视为贯彻算

① See European Commission，Second phase consultation of social partners under Article 154 TFEU on possible action addressing the challenges related to working conditions in platform work，https：//ec. europa. eu/social/main. jsp？ langId = en&catId = 522&furtherNews = yes&newsId = 10025.

② See European Commission，Second phase consultation of social partners under Article 154 TFEU on possible action addressing the challenges related to working conditions in platform work，https：//ec. europa. eu/social/main. jsp？ langId = en&catId = 522&furtherNews = yes&newsId = 10025.

③ See European Commission，Proposal for a Directive on improving the working conditions in platform work（2021），https：//ec. europa. eu/social/main. jsp？ langId = en&catId = 89&newsId = 10120 & furtherNews = yes#navItem-2.

法透明原则的主要方法，但其面临“技术不可行、公开无意义、用户算计与侵犯知识产权等难题”。[①]因此，平台算法规制不能止步于公开，还须要求平台作出算法自动决策的结果解释。现有文献通常从受算法影响主体的角度阐释“算法解释权”，即“当自动化决策的具体决定对相对人有法律上或者经济上的显著影响时，相对人向算法使用人提出异议，要求提供对具体决策解释，并要求更新数据或更正错误的权利”[②]。但考虑到平台用工具体场景下，从业者相对于平台处于明显的弱势地位，以个体的力量行使解释权面临诸多困难。因此，有必要将算法解释设定为平台义务，平台须按照《互联网信息服务算法推荐管理规定》关于“算法保护劳动者合法权益”的原则向社会公众作出解释，并且该解释应视为平台对算法社会效果的承诺。如果平台用工实践与该算法解释不符，则平台有义务作进一步解释并接受监管机构审查，若发现虚假信息则应承担相应责任。

2. 集体同意。平台算法在用工领域的影响具有群体性，甚至超越具体的法律关系，对参与用工的各类劳务提供者产生大致相同的效果。但在“劳动二分法”下，集体协商权利是劳动关系的一部分，仅劳动者才能享有。在英国 Deliveroo 案中，独立工人工会（IWGB）向中央仲裁委员会（CAC）请求认定骑手为工人，以便获得集体谈判的权利。但是仲裁委员会否定了这一请求，认定骑手是自营职业者，一个重要原因是骑手可以将订单转给他人并收取报酬，这不符合工人定义中的亲自履行义务。[③]2021 年 6 月，英国上诉法院确认了这一仲裁结果。[④]为此，欧洲

---

① 丁晓东:《论算法的法律规制》,《中国社会科学》2020 年第 12 期。

② 张凌寒:《商业自动化决策的算法解释权研究》,《法律科学》2018 年第 3 期。

③ See Independent Workers’ Union of Great Britain (IGWB) v. RooFoods Limited T/A Deliveroo, Central Arbitration Committee (CAC), TUR1/985 (2016), 2017.

④ See Independent Workers Union of Great Britain V Central Arbitration Committee and another [2021] EWCA Civ 260.

尝试扩大集体协商的主体范围，欧盟委员会在《第二阶段社会伙伴磋商报告书》中表示将出台一项单独倡议，旨在确保欧盟的竞争法不妨碍需要集体谈判的自营职业者，而竞争法的其他方面仍适用于自营职业者和平台。①但是，这种尝试受限于欧盟各成员国关于集体劳动法的规定，《欧洲议会和理事会关于改善平台工作条件指令的建议》仅是明确针对劳动关系下的劳动者“引入与使用自动监测和决策系统相关重大变化的信息和协商的集体权利”，并指出“现有的和拟议的欧盟内部市场和数据保护法律规范解决了算法管理某些方面的问题，但没有具体落实集体劳动权利”②。

我国于2020年12月修订《工会法》，明确了新就业形态从业者参加和组织工会的权利，不以劳动关系为前提，将灵活就业的从业者纳入集体协商机制。针对算法的集体协商是为了克服从业者个人的认知局限，在个人算法知情权的基础上建立从业者集体的知情与协商权利，且只有经过协商才能以书面形式证明达成集体同意。集体同意规则是“集体劳动权在平台经济下扩张”的具体体现，③在平台用工算法规制中引入了从业者个体与平台之外的第三方“工会”，在平台算法的权力结构中“引入第三方力量参与合作治理”，④使集体同意代替个人同意成为平台用工劳动条件的合意基础。

平台用工被视为“二十一世纪劳动力市场新实践的标志，这也解释了

---

① See European Commission, Staff Working Document accompanying the consultation on working conditions in platform work (2021), https://ec.europa.eu/social/main.jsp?langId=en&catId=522&furtherNews=yes&newsId=10025.

② See European Commission, Proposal for a Directive on improving the working conditions in platform work (2021), https://ec.europa.eu/social/main.jsp?langId=en&catId=89&newsId=10120&furtherNews=yes#navItem-2.

③ 班小辉：《超越劳动关系：平台经济下集体劳动权的扩张及路径》，《法学》2020年第8期。

④ 参见张凌寒：《算法权力的兴起、异化及法律规制》，《法商研究》2019年第4期。

为什么就整个市场而言，一个小现象会引起如此大的争论”[①]。当前，平台用工的人数和规模在劳动力市场中仅占据较小的比例，[②] 但其显示出劳动变革趋势已经为社会所认知。实际上，在承认平台用工为灵活就业的新业态且不能在现行法下认定劳动关系的这一刻起，以雇主义务法理为基础的劳动基准制度就已不适应平台用工构造劳动条件的需要。但是，既有制度、知识和观念的惯性仍将“正常劳动”与“劳动定额”作为建构平台用工劳动基准的基本工具，只是这种建构尝试一旦面对“从业者多平台就业”的实践就将被迅速消解。

从受拘束劳动到自主性劳动的演进，因应平台用工的发展需探索新的知识体系，这是实践对理论提出的新要求。劳动基准在从属性劳动下是对雇主拘束劳动过程的控制，而在平台用工下既有对平台算法正当性与合理性的规制，更有对从业者非理性放任自主性的控制。平台用工劳动基准已不是在劳动关系下清晰地划分劳动就业与私人生活的边界，而是旨在确立平台从业者劳动就业与私人生活相互交织的基本配比，并引导从业者形成更为妥当的劳动就业与私人生活比例。据此，平台用工劳动基准与雇主义务型劳动基准存在本质差异，不应在劳动基准立法中采取“特别规定”的立法模式，而应选择“独立专章”的制度建构路径，构成由劳动“二分法”向“三分法”制度转型的组成部分。

---

① Miguel Rodriguez-Pinero Royot, Platforms and Platform Work in Spanish Industrial Relations, Comparative Labor Law & Policy Journal; Champaign Vol. 41, Iss. 2, (2019): 444.

② 参见王天玉：《超越劳动二分法：平台用工法律调整的基本立场》，《中国劳动关系学院学报》2020 年第 4 期。

第七章

平台用工职业伤害保障的创新示范

平台用工治理的一项关键措施是职业伤害保障制度。对于职业伤害保障制度是如何形成的、未来试点将如何开展的问题，应从前期试点中探寻制度发展的路径依赖和约束条件。试点的启动是源于灵活就业人员的职业伤害风险缺乏制度保障，各地实施的试点方案主要是“直接加入工伤保险”“自愿参加单工伤保险”“非工伤保险”，其中“非工伤保险”包括社会补偿、政府主导的商业保险以及新设保险。试点的问题主要是合法性不足、保障范围不够适应新业态、自愿参保效果差、职业伤害认定不清、保障待遇不充分等。新职业伤害保障制度解决了试点中出现的多数问题，吸收了试点的经验教训，是当前制度约束下的最优选择。

第一节　职业伤害保障的制度约束

一、试点的出来：灵活就业人员的保障空白

国务院 2017 年 4 月印发的《关于做好当前和今后一段时期就业创业工作的意见》(国发〔2017〕28 号）已明确提出“新就业形态发展”的议题，专项阐释了“完善适应新就业形态特点的用工和社保等制度”，提出“职工社会保险+灵活就业人员保障”的两条路径，即“从业者与新兴业态企业签订劳动合同的，企业要依法为其参加职工社会保险”“其他从业者可按灵活就业人员身份参加养老、医疗保险和缴纳住房公积金，探索适应灵活就业人员的失业、工伤保险保障方式”。此后，地方试点逐步展开，政策层对于平台用工从业者的权益保障问题亦更为关注，2019 年 8 月 8 日发布的《国务院办公厅关于促进平台经济规范健康发展的指导意见》提

出，抓紧研究完善平台企业用工和灵活就业等从业人员社保政策，开展职业伤害保障试点。2020 年 2 月发布的《中共中央 国务院关于抓好“三农”领域重点工作确保如期实现全面小康的意见》（2020 年中央一号文件）从顶层设计的高度要求“开展新业态从业人员职业伤害保障试点”。2021 年 7 月 7 日的国务院常务会议更为具体地提出，“以出行、外卖、即时配送等行业为重点，开展灵活就业人员职业伤害保障试点”。2021 年 7 月 16 日，人社部等八部门共同印发《关于维护新就业形态劳动者劳动保障权益的指导意见》，明确“以出行、外卖、即时配送、同城货运等行业的平台企业为重点，组织开展平台灵活就业人员职业伤害保障试点”，并且要求平台企业“应当按规定参加”。由此可见，强制性的职业伤害保障试点即将全面铺开。

随着实践经验的积累，政策层对于此项制度适用范围与功能定位的认识日渐清晰。《人力资源社会保障部对政协十三届全国委员会第三次会议第 3391 号（社会管理类 287 号）提案的答复》指出，“与平台的关系有别于传统的‘企业+雇员’模式，导致新就业形态人员难以纳入现行的劳动法律法规保障范围”，为此“提出了职业伤害保障模式”。可见，职业伤害保障试点的思路是清晰的，就是在区分“职工与灵活就业人员”的基础上探索为无劳动关系的灵活就业人员提供职业伤害保障。

我国灵活就业人员的职业伤害保障长期处于空白状态，平台用工的发展不是制造了新问题，而是放大了老问题。首先，工伤保险以“职工”为对象，《社会保险法》第三十三条规定，职工应当参加工伤保险，由用人单位缴纳工伤保险费，职工不缴纳工伤保险费。职工是劳动关系或雇佣关系下受雇人的统称，根据《工伤保险条例》第二条的规定，职工包括各类用人单位的职工和个体工商户的雇工。[①] 对于非职工的灵活就业人员，《社会保险法》为其提供了参加基本养老保险和基本医疗保险的制度入口。该法第十条、第二十三条规定了灵活就业人员可以参加基本养老保险和职工基本医疗保险，个人缴纳保险费。然而，工伤保险并无此项制度入口，完全是以“职工”为主体。

其次，灵活就业人员的界定不清。《社会保险法》在“职工”之外列举的主体包括“无雇工的个体工商户、未在用人单位参保的非全日制从业人员以及其他灵活就业人员”，此为可自愿参加基本养老保险和职工基本医疗保险的主体范围。但其中的“非全日制从业人员”却属于工伤保险的“职工”，《实施〈中华人民共和国社会保险法〉若干规定》（人保部令第13号）第九条特别写明了“职工包括非全日制从业人员”。[②] 那么，按照《社会保险法》的主体分类来解释，工伤保险所不能适用的灵活就业人员是无雇工的个体工商户和其他灵活就业人员，这相当于对灵活就业人员进行了“列举+概括”式的立法，唯一能够列举的是无雇工的个体工商户，其他所有以非正规形式就业、无劳动关系的主体均属于其他灵活就业人员。如果我们考察针对就业和社保的规范性文件可以进一步发现，灵活就业人员的概念使用极为混乱。

---

① 《工伤保险条例》第二条：“中华人民共和国境内的企业、事业单位、社会团体、民办非企业单位、基金会、律师事务所、会计师事务所等组织和有雇工的个体工商户（以下称用人单位）应当依照本条例规定参加工伤保险，为本单位全部职工或者雇工（以下称职工）缴纳工伤保险费。中华人民共和国境内的企业、事业单位、社会团体、民办非企业单位、基金会、律师事务所、会计师事务所等组织的职工和个体工商户的雇工，均有依照本条例的规定享受工伤保险待遇的权利。”

② 《实施〈中华人民共和国社会保险法〉若干规定》第九条：“职工（包括非全日制从业人员）在两个或者两个以上用人单位同时就业的，各用人单位应当分别为职工缴纳工伤保险费。职工发生工伤，由职工受到伤害时工作的单位依法承担工伤保险责任。”

规范性文件	灵活就业人员的界定
《就业促进法》第二十三条	非全日制用工等灵活就业人员
《国务院关于完善企业职工基本养老保险制度的决定》	个体工商户和灵活就业人员
《国务院关于统筹推进城乡社会保障体系建设工作情况的报告》	城镇个体工商户、灵活就业人员
《北京市基本养老保险规定》第二条	城镇个体工商户和灵活就业人员
《江苏省企业职工基本养老保险规定》第一条	个体工商户及其雇工、灵活就业人员
《浙江省职工基本养老保险条例》第十一条	城镇个体工商户、城镇灵活就业人员（统称城镇个体劳动者）
《广东省灵活就业人员服务管理办法（试行）》第二条	个体经营者；非全日制从业人员

新就业形态人员（包括依托电子商务、网络约车、网络送餐、快递物流等新业态平台实现就业，但未与新业态平台相关企业建立劳动关系的从业人员）；法律、法规、规章规定的其他灵活就业人员。

可见，社会保险基本架构是以“职工”为对象建立的，各类规范性文件以劳动关系作为确定“职工”范围的标准，由此规定强制参保的社保制度边界。“灵活就业人员”在这一制度环境下主要作为“职工”的相对概念使用，以便涵盖非职工的各类劳动人群。因此，社保制度的设计上就没有动力对灵活就业人员进行严格界定和细化分类，只须在经验层面上区分出非全日制用工和个体工商户即可，除此之外一概归入“其他灵活就业人员”。

在这种较为粗放的社保制度下，灵活就业人员的职业伤害保障一直未受到社会的广泛关注，亦不是学理研究的重点。究其原因，在平台经济兴起前，灵活就业主要是以小额、分散的形式存在，是对正规就业的补充，对其劳动权益的关注多于对其社保权益的关注。[①] 但平台经济的兴起彻底改变了灵活就业的规模和效应，网络技术实现了对单个从业者的赋能，并催生出网约车、外卖送餐、即时配送、网约代驾等依托互联网的典型新就业形态，使灵活就业能够以行业化、社会化的方式提供劳动，[②] 实质是以网络平台替代科层组织（用人单位）进行劳动力配置。由此，社会保险与平台用工不匹配的问题就迅速凸显。

职工代表的是科层制组织化用工，意味着基于科层结构的组织体是用工的主流，在平台经济兴起前能够基本涵盖行业化、规模化的劳动形态。社会保险将适用对象限定为职工的意义是与科层制组织化用工对接，从而实现对社会主流劳动形态的保障，其基本逻辑是“社会保险—职工—科层制组织化用工—社会化劳动”。平台用工在变革社会劳动方式的同时，也在很大程度上突破了社会保险的内在逻辑。时而发生的外卖骑手受伤、猝死或致第三人损害事件已成为舆论热点和学术焦点，讨论平台从业者的职业伤害保障很容易陷于劳动关系认定问题，似乎认定劳动关系是为平台从业者提供保障的唯一途径。[③] 这种思维和视野仍停留在“社会保险—科层组织”中，未认识到或者不愿承认平台用工相对于以往劳动组织方式的根本性差异，尤其是未给予灵活就业应有的认可和足够的研究。而实践层面并未纠结于劳动关系，试点明确针对无劳动关系的灵活就业人员，在工伤保险未给予灵活就业人员参保入口的前提下，如何突破工伤保险设定的参保条件以及在多大程度上突破，就成为各地试点的重点，由此形成了“直接参加工伤保险”“单工伤保险”“政府主导商业险”“新设职业伤害险”

---

① Fang Lee Cooke, Ronald Brown, The Regulation of Non-standard Forms of Employment in China, Japan and the Republic of Korea, https: //www.ilo.org/wcmsp5/groups/public/—ed_protect/—protrav/—travail/documents/publication/wcms_414584.pdf.

② 平台用工不全是劳动关系或灵活就业，而是多种类型用工形式的混合体。参见王天玉：《互联网平台用工的合同定性及法律适用》，《法学》2019 年第 10 期。

③ 参见王天玉：《为灵活就业者提供法制保障——“劳动三分法”及其时代意义》，《中国劳动保障报》2021 年 5 月 18 日第 3 版。

等多种方案。

二、直接参加工伤保险的试点方案及评价

（一）潍坊和南通两地的试点

潍坊早在2009年就以市人社主管部门的名义发布了《关于灵活就业人员参加工伤保险的通知》，规定的核心内容包括三项：第一，灵活就业人员有参保义务，覆盖范围是“在我市各级劳动保障事务代理中心、人才交流中心等劳动人事事务代理机构代理劳动关系的各类灵活就业人员”；第二，灵活就业人员缴费，标准是每人每月按参保职工社会保险费月缴费基数的1%，且“须与职工基本养老保险费、基本医疗保险费同步缴纳”；第三，工伤认定、劳动能力鉴定、工伤保险待遇按《工伤保险条例》执行，但是“《工伤保险条例》规定应由用人单位支付的待遇，由灵活就业人员自己承担”。相关研究指出，潍坊试点总体运行良好，但没有上位法支撑，存在诉讼风险。①

南通于2015年以市人社主管部门的名义发布了《南通市灵活就业人员工作伤害保险暂行办法》，虽命名为“工作伤害保险”，但其基金、经办等都纳入现行工伤保险制度中，实质是灵活就业人员直接参加工伤保险。南通与潍坊在试点思路和规定内容上基本一致，如参保条件要求办理劳动人事事务代理手续、工作伤害保险缴费与基本养老医疗保险缴费同步征收等，但是南通试点有三个方面的调整，一是工作伤害保险费率降至0.5%；二是明确灵活就业人员的工作伤害保险与劳动关系的工伤保险不能并存，“缴纳工作伤害保险费后被用人单位录用的，保险关系即自然终止”；三是回避了用人单位工伤保险责任问题，如果说潍坊是明示要求灵活就业人员自己承担，那么南通是以未规定基金承担的形式默示要求灵活就业人员自

① 参见翁仁木：《平台从业人员职业伤害保障制度研究》，《中国劳动》2019年第10期。

己承担。

（二）直接参保的共性问题

第一，试点缺乏合法性基础。潍坊的此项政策并不是近年来各地针对新就业形态的职业伤害保障试点之一，而是该地区自行对工伤制度进行的改革。该政策是市人社主管部门（原劳动和社会保障局）下发的通知，虽然主张依据《工伤保险条例》，但是《工伤保险条例》并无授权地方政府或主管部门修改、补充条例内容的规定。《工伤保险条例》第五条规定，“县级以上地方各级人民政府社会保险行政部门负责本行政区域内的工伤保险工作”，此为部门职责规定，而非立法授权规定。即便是该政策所依据的《潍坊市人民政府办公室关于贯彻鲁政办发〔2008〕10号文件精神全面推进工伤保险工作的通知》也没有修改、补充行政法规的立法权。南通试点的依据更为模糊，未说明上位法依据，仅以“促进多层次保障体系的建立和发展，结合本市实际”为依据。因此，两地试点要求灵活就业人员参加工伤保险，无论初衷如何，实质是新设社保项目，缺乏法律依据。

第二，试点的保障范围十分有限。两地试点能够持续运行的一个主要原因是严格限定了适用的人员范围，仅为在该地区办理了劳动人事事务代理手续的灵活就业人员。此类人员一般是有一定的受教育水平，有档案托管需求或已办理过社会保险，但这是灵活就业人员中的一小部分。灵活就业人员的主要来源是进城务工者，办理相关手续的需求很低。并且，两地试点将灵活就业人员工伤保险缴费与职工基本养老保险、基本医疗保险缴费捆绑，进一步提高了灵活就业人员参保的门槛。虽然按当地1%的标准缴纳工伤保险费这一项支出不高，[①] 但若与基本养老保险和基本医疗保险累加，则必然对灵活就业人员造成较大经济压力，迫使一部分人员放弃参

① 有观点认为，假如按照每个月三千元工资的标准，潍坊1%的费率，一年的总数也只有360元，工伤的保险金标准并不高。参见李坤刚：《“互联网+”背景下灵活就业者的工伤保险问题研究》，《法学评论》2019年第3期。

保。可见，试点之所以能够“运行良好”，很大程度上是因为其只保障了灵活就业人员中经济能力比较好的一部分人，借此推知这部分人的就业情况相对较好，职业风险控制也相对合理，因此未对既有工伤保险制度产生明显影响。

第三，试点的制度安排不尽合理。两地试点严重的弊端是按照工伤保险的标准为灵活就业人员设定了缴费义务，亦表明在发生工伤后按照工伤保险规定给付保险待遇，却将原本应由用人单位承担的工伤保险待遇转嫁给灵活就业人员，明示或默示地要求灵活就业人员自己承担。我国工伤保险制度并未充分社会化，用人单位在参加工伤保险后仍须承担一定的工伤保险责任，主要是《工伤保险条例》第33条规定的工伤工资、第36条规定的职工因工致残被鉴定为五级伤残、六级伤残的津贴。灵活就业人员没有用人单位就会发生保障断档，在其已经按规定标准缴纳工伤保险费，且试点已明确缴费以“以支定收、收支平衡”为原则的前提下，应当由工伤保险基金承担用人单位的工伤保险责任。若在执行上难以按月支付，也应换算为一次性待遇，否则难以实现应有的保障，不符合权利与义务相对等的原则。

第四，试点不可能适用于平台用工。两地试点对工伤保险的突破仅限于给小部分灵活就业人员提供了制度入口，并且参保要求高，无法应对大规模、高流动的平台灵活就业人员。加之试点缺乏严谨的论证，生搬硬套地将工伤保险制度适用于灵活就业人员，在工伤认定等环节存在诸多问题。尤其是灵活就业与劳动关系显著区别的用人单位工伤保险责任部分，试点未能给出有效的解决办法，必然引发新的风险和矛盾。因此，此类试点仅在严格限定条件下的很小地域内才能持续，对于平台经济下的新业态职业伤害保障缺乏推广价值。

三、单工伤保险试点方案及评价

（一）浙江试点

第一，试点的主要内容。浙江省人社厅于2019年10月发布《关于优化新业态劳动用工服务的指导意见》，提出“积极探索新业态从业人员职业伤害保障机制”，具体做法包括：其一，新业态从业者可以按规定先行参加工伤保险，由此将工伤保险与劳动关系解绑，继而与基本养老保险、基本医疗保险分离，工伤保险的参保和缴费无须与其他社保险种挂钩；其二，平台企业被定位为用工主体，承担工伤保险的用人单位义务，如平台企业以全省上年度职工月平均工资为基数缴费、承担工伤工资和伤残津贴等用人单位工伤保险责任，平台企业可以将此项责任转嫁给商业保险；其三，单工伤保险与劳动关系下的社会保险可以兼容，多重劳动关系的新业态从业者可以有多个用人单位的工伤保险缴费。

第二，试点合法性问题。与潍坊试点同样的问题是地方人社主管部门是否有权创设单工伤险种，能否仅以省人社厅通知的名义对工伤保险制度进行改革，这是试点合法性的问题。虽然该通知提出“根据劳动保障法律法规和省委省政府有关规定”，但《社会保险法》和《工伤保险条例》并没有对地方人社主管部门的立法授权，即便是省级政府规定也无这一权限。赋予浙江试点合法性的是2020年12月出台的《浙江省数字经济促进条例》，该条例是浙江省人大常委会通过的地方性法规，其第57条规定“数字经济新业态从业人员通过互联网平台注册并接单，提供网约车、外卖或者快递等劳务的，平台经营者可以通过单险种参加工伤保险的形式为从业人员提供工伤保险待遇”。借此，浙江试点得以在制度上固定下来，同时该条也规定“法律、行政法规另有规定的，从其规定”。作为试点的退出条款，仍明确自身的试点定位，预计在地方探索之后会有全国性的规范性文件出台。若国务院以行政法规的形式出台专门的职业伤害保障办法，则浙江试点将“从其规定”而退出制度体系。

第三，试点的进步意义。相较于潍坊和南通，浙江试点的进步是显著的。首先，浙江试点的适用范围广，旨在涵盖网约车、外卖或者快递等职业风险突出的平台用工类型，不以劳动人事事务代理手续设定准入门槛，能够吸纳进城务工人员等各类型灵活就业人员。其次，浙江试点将参保模式由潍坊的个人参保缴费转变为平台企业参保缴费，以解决适用对象扩大后的制度运行问题，亦适应平台用工下灵活就业规模大、流动性强的特点。最后，浙江试点并未回避用人单位工伤保险责任的问题，虽然要求平台企业承担此项责任尚需学理论证，但弥补了工伤保险社会化不足的制度空白，实现了灵活就业人员的完整全程保障。

（二）广东试点

广东试点的启动是 2020 年 8 月广东省人社厅和财政厅联合发布的《广东省灵活就业人员服务管理办法（试行）》，该办法第九条规定，在广州、深圳、佛山市开展新就业形态人员职业伤害保障试点，“根据试点情况逐步建立健全职业伤害保障制度，将各类新就业形态人员纳入职业伤害保障范围”。此后在 2020 年 12 月，广东省人社厅、财政厅和国家税务总局广东省税务局联合发布《关于单位从业的超过法定退休年龄劳动者等特定人员参加工伤保险的办法（试行）》，第二条明确了新业态从业人员单项参加工伤保险的做法。

从整体来看，广东试点与浙江试点思路和内容大致相同，但其在借鉴以往试点经验的基础上进行部分调整，主要是：第一，适用对象上强调“无劳动关系”。同浙江一样，广东试点将新业态职业伤害险适用于“通过互联网平台注册并接单，提供网约车、外卖或者快递等劳务的”，但是广东明确提出“未建立劳动关系的新业态从业人员”，这就表明新业态从业人员中同时存在劳动关系与非劳动关系，那么现行工伤保险与职业伤害险亦应并存。第二，准入条件上强调“自愿”。浙江试点用“可以”已表明单工伤是自愿参保，但广东更凸显试点的自愿性，在条文中用“可参照本办法自愿”予以规定，似乎有意识地防范政策在解读和执行时发生偏颇。第三，试点退出条款强调“国家政策”。相对于浙江试点退出条款的“法律、行政法规”，广东试点的退出条款更为灵活，仅需“国家出台实施新业态从业人员职业伤害保障政策”，使广东试点的探索性和过渡性更为明确。

（三）单工伤试点的固有弊端

单工伤保险方案的核心问题在于工伤保险能否与劳动关系解绑。若审视社会保险的各险种，工伤保险与基本养老保险、基本医疗保险有本质区别，后两者所针对的风险是自然人普遍可能遭受的老年贫困风险和疾病伤害风险，这两种风险的发生与劳动关系并无必然联系，其与劳动关系绑定的目的是使用人单位成为保险义务人，与职工共同承担缴费义务，从而将职工在劳动关系中创造的价值体现在保险待遇中。

但是，工伤保险所针对的风险完全是职工因职务行为遭受的风险，基础是雇主责任理论，是雇主损害赔偿责任的社会化。① 在此，“工伤”中的“工”是有严格限定的，按照《工伤保险条例》的规定，须至少具备“工作时间、工作场所、工作原因”这“三工”要件之一，以便证明职工受到了用人单位的管理、指挥、控制。“三工”要件可以做扩大解释，如因工外出期间，因工作原因受到伤害或者发生事故下落不明的，以及上下班途中事故风险②。与之配套的是，用人单位承担工伤保险缴费义务，职工无须缴费，并且在发生工伤事故后，用人单位承担工伤保险责任。可以说，劳动关系是工伤保险制度的“锚”，划定工伤保险保障范围的边界，并在

---

① 参见郑晓珊：《工伤保险法体系——从理念到制度的重塑与回归》，清华大学出版社 2014 年版，第 29 页。

② 职工上下班的“在途风险”是典型的用人单位保障义务扩大化，究其原因，职工在上下班途中并不处于用人单位控制下。对于此项风险，“雇主确实难以事先预防或排除……应将通勤灾害单纯地划归社会保险之劳工保险处理，而不再强制雇主依据劳基法予以职灾补偿”。

此范围内实现用人单位与职工双方权利义务的平衡。

如果将劳动关系与工伤保险解绑，无疑是拔掉了工伤保险制度的“锚”，由此将导致的严重问题是工伤保险制度的边界难以确定，工伤认定将难以把握，笔者设想了四种情形：

1. 甲在某本地服务中介平台联系到个体家政工乙，请乙到家中做保洁，乙在甲家做保洁时不慎摔伤。如果按照“单工伤”方案，此种伤害应属于工伤范围，由该中介平台承担用人单位依法应承担的工伤保险责任，而按照《民法典》第961条规定，该平台与乙之间仅为中介合同关系，平台不可能发挥用工主体作用。如果强制要求此类中介平台承担责任，那么任何一家平台都难以为继。

2. 甲作为网约代驾司机，在夜间将客户送到城外后，因周围没有订单，遂同时开启两个代驾软件，一边等待订单一边驾驶电动车赶往闹市区，在行进中发生交通事故受伤。在此情况下，甲处于等待订单的状态，按照“单工伤”方案应属于工伤，那么是否两家平台应同时承担用人单位责任存疑。

3. 外卖骑手甲在送完一单后关闭平台软件，然后发生交通事故受伤，甲声称是在回家途中，主张获得工伤保险待遇，如何予以认定。

4. 甲自己摔伤了腿，但为获得工伤保险待遇，随即在某即时配送平台注册，而后制造了交通事故现场，要求平台承担用人单位责任。

诸如此类的案例不胜枚举，但有共同的特征，就是灵活就业人员缺乏“人格从属性”，在没有劳动关系约束的情况下适用工伤保险，结果将是“工伤”不再局限于劳动关系履行过程中的伤害，工伤保险的保障边界将无限扩大，甚至可能成为全社会各种劳动形态的总揽式人身保险，由此将产生巨大的财务负担，并且只能由工伤保险基金和平台企业承担，这显然是不可持续的。

四、非工伤保险的试点方案及评价

（一）苏州太仓的社会补偿

太仓市于 2015 年 1 月实施《灵活就业人员职业伤害保险暂行办法》，提出“开展灵活就业人员职业伤害保险”，主要内容为：第一，该试点没有保险缴费，无论是平台企业还是灵活就业人员都无须缴费，办法所规定的职业伤害保险基金由就业专项基金列支。第二，该试点要求的参保条件过于严格，既要求本地户籍，又要求参加本市基本养老保险和基本医疗保险并缴费，同时不能存在任何劳动关系，也不能与工伤保险并存。第三，保障范围有限，仅保障参保人员受伤待遇，如果灵活就业人员因职业伤害死亡的，则按照职工或居民养老保险规定享受丧葬费和抚恤金。学界对太仓试点的评价不一，有学者认为其解决了工伤保险缴费问题，“采取了社会保险补贴和捆绑式缴纳社保的办法”，并赞同没有特别规定工伤认定材料的做法。[①] 但也有学者认为“太仓制度模式推广复制的难度较大”，参保范围、筹资来源、待遇项目上都存在很大问题。[②]

笔者认为，太仓试点不是社会保险，而是针对本地户籍人员的社会补偿。虽该试点名为“职业伤害保险”，但制度设计并非保险，不能用社会保险的思维和框架去解释。被保障的灵活就业人员在发生职业伤害后不是基于保险关系获得补偿，而是公共资金直接给付了职业伤害保障待遇，此为行政给付。[③] 从社会补偿来解释，太仓试点的适用范围必然需要严格限

---

① 参见李坤刚：《“互联网+”背景下灵活就业者的工伤保险问题研究》，《法学评论》2019 年第 3 期。

② 翁仁木认为，太仓试点的参保范围限定为本地户籍，与劳动力流动就业的趋势不适应。筹资来源为就业专项资金，需要政策突破。待遇项目上保伤不保死，不符合工伤保险制度理念，不能提供有效的保障水平。参见翁仁木：《平台从业人员职业伤害保障制度研究》，《中国劳动》2019 年第 10 期。

③ 参见娄宇：《论社会补偿权》，《法学》2021 年第 2 期。

定，结果就是以本地公共资金向本地户籍人员提供补偿。考虑到公共资金的负担，补偿的范围亦须控制在一个较低水平，因此太仓试点将给付金额高的死亡补偿予以排除。由此可见，太仓试点可视为一个财政状况较好地区的本地化补充性保障机制，其制度逻辑与运行方式和新业态不相容，基本上没有参考价值。

（二）苏州吴江的政府主导商业保险

苏州市吴江区政府于 2018 年 3 月发布《灵活就业人员职业伤害保险办法（试行）》，最大的特点是“灵活就业人员职业伤害保险通过政府购买服务的方式，委托商业保险公司承办”，由此区别于其他试点的工伤保险思路，定位为独立于工伤保险的政府主导商业保险。该试点的规定主要包括：第一，适用范围广，在吴江区从事新经济、新业态的灵活就业人员均可参加，不以户籍或劳动人事事务代理手续为条件。第二，缴费明确且有政府补贴，参保人员每人每年缴费 180 元。如果是在该区参加职工基本养老保险或医疗保险的人员，在参加职业伤害保险时可获得财政补助每人每年 120 元。此项规定大大优于潍坊、南通将灵活就业人员工伤保险缴费与基本养老保险、医疗保险缴费捆绑的做法，显著降低了参保人员的经济负担，促进了参保缴费意愿。第三，此项保险与劳动关系下的工伤保险不能并存，“建立全日制劳动关系的，应及时联系保险承办机构办理退保手续”。

吴江试点的优势与弊端均与其商业保险的性质密切相关。在优势方面，该试点因独立于工伤保险而超越了工伤保险的种种限制，尤其是工伤认定上，打破了工伤的三工原则，只要是“参保人员在所从事的职业岗位上，因工作原因受到突发、非本意的、非疾病的事故伤害，造成身故、残疾、受伤的，均可享受职业伤害保险待遇”。该制度覆盖面广，非常适合平台灵活就业人员的特点。但是，商业保险不能脱离其营利性，虽然在政府主导下保险承办机构的获利受到控制，但仍存在保险缴费水平与保险待遇水平的对应关系。政府为了尽可能地吸引灵活就业人员参保，保费水平相对较低，由此造成保险待遇也较低，并且没有长期待遇，都是一次性给付。[①]

（三）江西九江的新设保险

九江市于 2019 年 9 月发布《灵活就业人员职业伤害保险实施办法（试行）》。根据九江市人社局对此项政策的文字解读，[②] 该办法近似新设社会保险项目：该职业伤害保险纳入社保经办，职业伤害保险费的收取方是“九江社保”，参保人员发生事故后到社保局经办窗口申请待遇。此外，该试点的主要内容还有：第一，适用范围广，覆盖新经济新业态下的灵活就业人员，与吴江试点类似，无附加参保条件；第二，自愿参保并缴纳保费，缴费标准为每人每年 180 元，且参加职业伤害险不与职工养老保险、医疗保险或居民医疗保险等其他社保捆绑，还可通过手机缴费，更为便捷；第三，保险待遇为一次性给付，且保障水平较低。与吴江相比，九江缴费标准同为 180 元，但是保障水平明显降低，不仅取消了职业伤害伤残津贴，在金额给付额度上也显著降低，如吴江一级伤残的补助金是 15 万元，九江则为 8 万元。

九江试点的优势在于灵活就业人员的参保、理赔都直接面对社保经办机构，与其他社保项目一致，无第三方商业保险参与。并且相较于其他试点，运行模式更适应新就业形态，参保简单便捷，并且可通过手机在线缴费，符合数字时代的发展趋势。另外，对比九江与吴江试点可以发现，地方财政状况对于试点的重要性。良好的财政状况能在同等缴费标准下提供更优的待遇水平，还能通过补贴降低参保人员缴费负担，吸引更多人参

---

① 吴江试点的保障水平为现行工伤保险的一半左右。参见翁仁木：《平台从业人员职业伤害保障制度研究》，《中国劳动》2019 年第 10 期。

② 九江市人力资源和社会保障局：《【文字解读】九江市灵活就业人员职业伤害保险办法》，http：//rsj. jiujiang. gov. cn/zwgk_ 211/zcjd/201912/t20191230_ 3886752. html.

保。这种地方政府财政状况的差异就形成了“试点高地”，虽然实施效果较好，但很难在全国推广，反倒是九江这种“广覆盖、低待遇”的方案更适用于全国大多数地区。

五、试点试出了什么

各地的改革和探索虽然都被冠以“试点”之名，但其中一部分并非针对新业态的职业伤害保障试点，可作为灵活就业人员保障的前期探索。在如此规模的试点之后，我们已经可以总结出几项重要的经验，既是此前试点的总结，也是下一步试点的参考。

第一，试点合法性普遍未受到重视。试点要么是对现有制度进行修正，要么是在现有制度之外进行探索，由此必将对灵活就业人员权益产生重要影响，那么试点方案有何依据、经过何种程序、由哪一个有权部门发布就成为试点合法性的重要内容。但经过本文的梳理，绝大多数试点的合法性欠缺，仅浙江以地方性法规的形式补足了合法性，其他地区无论是省一级还是市区两级，都是人社主管部门发布政策，均未充分说明试点依据，即便是提及了《工伤保险条例》或地方工伤保险实施办法，此类规范性文件也没有对地方人社主管部门的立法授权。虽然试点的出发点值得肯定，但对合法性的忽视易于导致政策的随意，如潍坊仅以人社主管部门通知的形式就确立了一个新制度，内容甚为粗糙，要求灵活就业人员自己承担用人单位工伤保险责任缺乏基本论证。又如太仓将参保人员限定为本地户籍，以就业专项资金用作补偿基金，且排除职业伤害致死的补偿，制度逻辑明显不严谨，没有上位法依据。试点作为制度发展的重要形式，其积极意义值得肯定，但这并不意味着试点可以任意为之。

第二，保障范围须适应平台用工的特性。新业态职业伤害保障要实现制度功能就必然实现广覆盖，那么参保条件要尽可能简化。部分试点地区的参保准入条件设置不合理，且不论本地户籍这种违背改革趋势的做法，就是将职业伤害保险缴费与基本养老保险、医疗保险缴费捆绑的做法都会增加灵活就业人员参保负担，不利于扩大保障覆盖面。此外，“劳动关系”也是职业伤害保障须细致规定的要点，一些试点规定职业伤害险与劳动关系的工伤保险不能并存，另一些地方强调“未建立劳动关系的灵活就业人员”。应当释明的是，平台用工中的一类灵活就业人员是兼职，即有一份建立劳动关系的工作，在业余时间从事网约车、代驾、配送等接单工作以增加收入。他们在劳动关系工作时间之外的劳动属于灵活就业，即已不在劳动关系下工伤保险的保障范围内。如果职业伤害险不能与劳动关系下的工伤保险并存，那么这部分人仍将处于无保可依的状态。所以，以劳动关系作为职业伤害保障的准入条件须强调的是灵活就业人员与平台或其代理商之间无劳动关系，至于灵活就业人员在其他时段有劳动关系则不影响其参加职业伤害保障。

第三，自愿参保模式无法实现有效保障。试点根据其强制性可分为两类，一类未明确规定强制或自愿，但是设置了较高的准入门槛，使适用范围小，试点强制与否影响不大。另一类明确规定了自愿，主要是准入门槛低，适用范围广，在此情况下若规定为强制参保，则其合法性问题会更为凸显。对于灵活就业人员的保障空白而言，如果参保是强制性的，则职业伤害保障将是劳动过程的必备条件和基本保障；如果参保是自愿性的，则职业伤害保障是劳动过程的可选条件和补充保障。加之主要地区的自愿参保试点都以平台企业作为用工主体，承担参保义务，而主流的网约车、外卖和即时配送平台都为其从业者提供了强制商业险，凡参与平台接单就必须参加按单或按日计算的商业险。在商业险已经构成基本保障的情况下，平台企业普遍没有意愿和动力去参加职业伤害险，由此必然导致参保比例低。根据保险大数法则原理，风险共同体的规模越大越有利于分散风险，个体承担的缴费负担越小。因此，无论职业伤害保障的内容规定多么精细，只要采取自愿参保模式，就不可能实现有效保障，无法建立真正的风险共同体。

第四，职业伤害认定须超越工伤保险。必须承认，人们总是试图从以往经验出发去解释新事物，知识上的突破比观念上的突破更容易。在工伤保险制度长期的浸润下，人们已经习惯基于工伤建立工作与伤害的联系，并渐渐忽视了工伤保险所适用的劳动形态与其他劳动形态的差异，这是“直接参加工伤保险”和“单工伤保险”方案的内在成因。在灵活就业大规模发展后，其与劳动关系下从属性劳动的差异已经十分显著，工伤保险是难以适用于灵活就业人员的。另一些试点认识到了这一点，但又缺乏足够的能力制定职业伤害保障的认定规则，因此宽泛地规定了“新经济新业态”，未对职业伤害予以限定，将认定问题遗留给了执行环节，显然是不足取的。

第五，工伤工资和伤残津贴是难解问题。工伤保险制度未充分社会化是其主要缺陷，实质是工伤保险遗留的保障空白由用人单位来填补。灵活就业人员无用人单位来承担此项义务，因此职业伤害保障的制度设计就须考虑如何不遗留保障空白，解决路径有二，一是职业伤害险充分社会化，由基金完全承担伤害保障责任，向参保人员支付工伤工资和伤残津贴；二是要求平台企业参照用人单位保险责任承担部分保障义务。这就涉及职业伤害保障制度的定位问题，如果此项制度是完全独立于工伤保险的新设制度，那么可以一步到位实现充分社会化。而如果此项制度是依附于工伤保险框架的一个单行制度，独立性不足，必然跟工伤保险一样遗留保障空白，而该空白只能由平台企业来填补，即便参照《工伤保险条例》设定一次性生活保障费的标准，替代了工伤工资，也仍不能充分解决伤残津贴这一长期待遇问题。各地的试点在此问题上均未给出有效的解决办法，大多是用一次性给付替代长期待遇。这是后续试点需攻克的主要难题。

第二节　身份与行为两种保障方案评析

随着互联网技术和平台经济的发展，以网约车、外卖送餐、即时配送等为代表的平台用工兴起，日渐发展为社会认可的主流就业形态之一。这一就业形态区别于常规劳动关系的显著特征是从业者依托移动网络和智能终端与互联网平台建立连接，实现劳务供需匹配，并通常自备工具完成运输等内容的劳务订单。① 由于此类平台用工大多以路面交通为基本劳动场景，致使交通事故成为从业者发生职业伤害的主要成因。有关外卖骑手在送餐途中遭遇交通事故受伤，因其与平台或站点之间法律关系不明而陷入救济难题的新闻报道频出，凸显新业态典型行业的职业风险尚未得到有效管控，从业者的职业伤害保障存在制度短板。

对此，2019 年 8 月 8 日发布的《国务院办公厅关于促进平台经济规范健康发展的指导意见》就提出，抓紧研究完善平台企业用工和灵活就业等从业人员社保政策，开展职业伤害保障试点。2020 年 2 月发布的《中共中央 国务院关于抓好“三农”领域重点工作确保如期实现全面小康的意见》（2020 年中央一号文件）从顶层设计层面要求“开展新业态从业人员职业伤害保障试点”。2021 年 7 月 7 日的国务院常务会议更为具体地提出，“以出行、外卖、即时配送等行业为重点，开展灵活就业人员职业伤害保障试点”。人社部等八部门发布的《关于维护新就业形态劳动者劳动保障权益的指导意见》（人社部发〔2021〕56 号）明确规定了“以出行、外卖、即时配送、同城货运等行业的平台企业为重点，组织开展平台灵活就业人员职业伤害保障试点”。在此背景下，有待于学理阐释的问题是新就业形态

① See European Commission, First phase consultation of social partners under Article 154 TFEU on possible action addressing the challenges related to working conditions in platform work, https://ec.europa.eu/social/main.jsp?langId=en&catId=522&furtherNews=yes&newsId=9932.

职业伤害保障制度因何而起、与现行工伤保险制度是怎样的关系、试点将以何种机制实现保障、将对我国社会保险制度发展产生什么影响，概括来说就是平台灵活就业人员职业伤害保障制度是如何建构的。

一、基于“身份”的现行工伤保险及其局限

（一）平台用工从业者职业伤害的三种救济机制

学界讨论的焦点问题是平台用工从业者能否纳入现行工伤保险的保障范围内。现行工伤保险制度是以《社会保险法》和《工伤保险条例》为依据建构的，其逻辑起点是劳动关系下的劳动者身份，也就是说工伤保险的保障对象是已经建立了劳动关系并办理了工伤参保手续的劳动者。依据《劳动法》《劳动合同法》与《工伤保险条例》第二条的规定，工伤适用的各类用工主体均属于劳动法上“用人单位”的范畴，企业职工与个体工商户雇工也均属于劳动法上“劳动者”的范畴。① 这就形成了劳动关系与工伤保险之间的“绑定关系”，工伤保险因此呈现显著的身份保障属性。

在这一制度构造下，平台用工从业者在完成订单任务过程中遭受事故伤害通常有三种并行的救济机制，以外卖骑手为例：第一，如果伤害事故是由第三人造成的或者说第三人对事故负主要责任，那么骑手可以按照一般民事侵权救济程序，主张第三人承担其人身损害赔偿责任，包括医药费和误工费。第二，大型用工平台在实践中基本都以格式条款要求从业者购买商业人身意外险，在外卖行业通常是从骑手当天第一单报酬中扣取保险费。骑手在遭受人身伤害后，在平台的协助下向商业保险公司主张保险理

① 《工伤保险条例》第 2 条规定，中华人民共和国境内的企业、事业单位、社会团体、民办非企业单位、基金会、律师事务所、会计师事务所等组织和有雇工的个体工商户（以下称用人单位）应当依照本条例规定参加工伤保险，为本单位全部职工或者雇工（以下称职工）缴纳工伤保险费。这种立法方式是将《劳动法》《劳动合同法》规定的“用人单位”予以细化列举。

赔，保额可以覆盖轻微伤害的治疗。[①] 第三，骑手认为其与平台或站点公司之间虽然没有订立书面劳动合同，但已在事实上存在劳动关系，可以诉请法院认定劳动关系，并依据《工伤保险条例》第六十二条主张平台或站点公司承担工伤保险责任。

这三种救济机制在目前是并行的，其中前两种机制不要求劳动者身份，分别基于人身损害的侵权赔偿和商业合同的保险给付，只有第三种机制要求劳动者身份，并且按照司法实践，第三人侵权损害赔偿与工伤保险待遇不互相抵消，受害劳动者同时享有。[②] 然而，三种机制之间并无衔接配合关系，无法相互弥补各自程序的内在弊端：民事侵权救济周期长、很难及时解决医疗费用和生活开支；商业人身意外保险的保费高，并且仅针对被保险人意外伤害医疗和猝死补偿，既不能解决医疗期内的收入中断问题，也无法涵盖严重伤害情形下的高额医疗费；工伤保险必须以劳动关系为前提，应先认定劳动者身份，再由用人单位承担工伤责任，需要经过劳动仲裁和诉讼等多个程序。如果从业者最终被认定为与平台或站点公司不构成劳动关系，则该从业者不具有劳动关系下的劳动者身份，不属于工伤保险的保障范围，将只能依靠前两种救济机制。例如，在外卖骑手因交通事故造成身体伤害的案件中，法院认为："外卖送餐员对送餐工作的安排具有自主权，并非如与单位建立劳动关系的员工一样，具有不可替代性。"在此基础上，法院指出："在送餐过程中若合法权益受到损害，可就其损害根据相关法律规定另行主张权利。"[③] 若造成侵害的事故不涉及第三人，

① 参见朱小玉：《新业态从业人员职业伤害保障制度探讨——基于平台经济头部企业的研究》，《华中科技大学学报（社会科学版）》2021 年第 2 期。

② 《最高人民法院关于审理工伤保险行政案件若干问题的规定》第 8 条规定："职工因第三人的原因受到伤害，社会保险行政部门以职工或者其近亲属已经对第三人提起民事诉讼或者获得民事赔偿为由，作出不予受理工伤认定申请或者不予认定工伤决定的，人民法院不予支持。"

③ 参见"刘某超、威海某配送服务有限公司劳动争议二审民事判决书"，威海市中级人民法院（2017）鲁 10 民终 1858 号民事判决书。

从业者只能依靠商业保险，收入中断以及严重受伤的医疗费缺口将导致生活困境。

（二）劳动者身份与灵活就业保障短板

现行制度设计的职业风险保障体系是以工伤保险为基础，在此之上引导企业为劳动者投保雇主险或员工人身意外险，并在发生第三人侵权事故时寻求损害赔偿，由此形成周全的立体化保障结构。工伤保险的基础性地位在于其强制性的社会保险性质，能够实现广泛的劳动人群覆盖及合理的工伤保险待遇水平。如前文所述，这种职业风险保障结构的起点是劳动者身份，由用人单位缴费。依此制度逻辑，平台用工从业者的职业伤害保障问题就转变为从业者是否具有劳动关系下的劳动者身份问题，更进一步说是从业者的劳动关系认定问题。我国当前的平台用工模式是多种形态混合，主要是自治型平台的中介合同、组织型平台的劳动合同与混合合同，职业风险多发的平台是组织型平台，应区分其中包含的“平台雇佣从业者的劳动关系”“代理商（站点公司）雇佣从业者的劳动关系”“从业者灵活就业的非劳动关系”。[①] 从当前司法实践来看，依据现行劳动关系认定标准，能够确认组织型平台下的劳动关系，而对于平台用工中的灵活就业群体，无法认定劳动关系，相应地就不能纳入工伤保险予以保障。例如，在一起平台用工争议案件中，代驾司机完成订单后回家途中遭遇交通事故死亡，家属诉请认定代驾司机与平台之间存在劳动关系，法院认为代驾司机“工作模式较为灵活，没有固定的工作地点和工作时间”，证据不足以证明平台对司机“进行强制性或制度性的约束或管理”，因此双方之间“不具

① 参见王天玉：《超越劳动二分法：平台用工法律调整的基本立场》，《中国劳动关系学院学报》2020 年第 4 期。

备劳动关系成立情形中的相关从属性特征”，不能判定劳动关系。[1]

平台用工从业者的职业伤害保障问题可以根据劳动形态拆解为两个方面：一是有劳动关系的从业者，是“穿着平台马甲”的常规用工，符合工伤保险要求的劳动者身份，能够通过劳动关系认定获得救济；二是非劳动关系的灵活就业人员，可自主决定是否工作、何时何地工作，是真正意义上的就业新形态。[2] 在此背景下，《人力资源社会保障部对政协十三届全国委员会第三次会议第3391号提案的答复》指出，“新就业形态人员大多通过平台自主接单承接工作任务，准入和退出门槛低，工作时间相对自由，劳动所得从消费者支付的费用中直接分成，其与平台的关系有别于传统的‘企业+雇员’模式，导致新就业形态人员难以纳入现行的劳动法律法规保障范围”。[3]

灵活就业人员在我国劳动领域长期存在，但因平台用工的兴起而大规模发展，其权益保障和职业风险问题引发了社会关注。若是从制度层面审视，灵活就业人员职业伤害保障的制度短板早已存在，并非因平台用工才产生。在《社会保险法》中，基本养老保险和基本医疗保险均设置了灵活就业人员自愿参保的制度入口，[4] 而工伤保险并未采取这一开放结构，严格限定在劳动关系范围内，这包括非全日制从业人员，但不适用于无雇工

① 参见“严某1等与北京亿心宜行汽车技术开发服务有限公司合同纠纷一审民事判决书”，北京市石景山区人民法院（2018）京0107民初26742号；“杨银连等与北京亿心宜行汽车技术开发服务有限公司劳动争议二审民事判决书”，北京市第三中级人民法院（2018）京03民终5233号民事判决书。

② 参见王天玉：《互联网平台用工的合同定性及法律适用》，《法学》2019年第10期。

③ 《人力资源社会保障部对政协十三届全国委员会第三次会议第3391号提案的答复》，http：//www. mohrss. gov. cn/xxgk2020/fdzdgknr/zhgl/jytabl/tadf/202101/t20210113_407557. html.

④ 《社会保险法》第10条规定了灵活就业人员自愿参加职工基本养老保险的方式，“无雇工的个体工商户、未在用人单位参加基本养老保险的非全日制从业人员以及其他灵活就业人员可以参加基本养老保险，由个人缴纳基本养老保险费”。第23条规定了灵活就业人员自愿参加职工基本医疗保险的方式，“无雇工的个体工商户、未在用人单位参加职工基本医疗保险的非全日制从业人员以及其他灵活就业人员可以参加职工基本医疗保险，由个人按照国家规定缴纳基本医疗保险费”。

的工商户和其他灵活就业人员。究其原因，我国现行的劳动法律框架是“民法—劳动法”构成的二分法，将全社会各类劳动形态一分为二地划分为民法所调整的“独立性劳动”和劳动法所调整的“从属性劳动”，提供劳务的一方在民事领域中几乎没有强制性保障，而在劳动领域中可获得工伤保险的强制性保障。灵活就业人员处于劳动二分法造成的制度空白，或者说现行制度存在灵活就业权益保障短板，诸如保险代理人等非劳动关系从业者无法获得相应的权益保障。[①] 但这一问题以往因灵活就业的小额、分散等特点未成为劳动和社保制度建设的重点，事实上已归为民法调整，意味着灵活就业人员几乎是自担风险。然而，平台用工引发了就业方式和劳动形态的深度改造，灵活就业的规模和行业不断扩张，以往一些只能依托用人单位组织提供的社会分工已经能够通过平台化劳务供需匹配和从业者动态参与来实现，由此导致二分法下制度空白的扩大。不具有劳动者身份的灵活就业人员在规范体系中缺乏相应的保障性身份，因而无法与现行的各项保障制度相衔接。

二、“身份化”与“去身份化”的两种保障方案及其评价

为解决平台灵活就业人员保障身份缺失的问题，学界和实务以现行工伤保险的“劳动者身份”为前置条件，提出了“身份化”与“去身份化”两种主要方案，都旨在调整“劳动者身份”所划定的工伤保险适用范围，以便因应平台用工灵活化带来的保障需求，但二者在改革重点和制度走向上几乎是相悖的。从“劳动形态—保障机制”的对应关系来看，“身份

① 参见“中国人寿保险股份有限公司志丹支公司、高晓梅劳动争议民事申请再审审查民事裁定书”，陕西省高级人民法院（2021）陕民申 3901 号；“崔学凤、中国人寿保险股份有限公司长春分公司劳动争议民事申请再审审查民事裁定书”，吉林省高级人民法院（2021）吉民申 595 号；“张新坡、中国人寿保险股份有限公司方城支公司劳动争议再审审查与审判监督民事裁定书”，河南省高级人民法院（2020）豫民申 4929 号；“蔡洋、中国太平洋保险股份有限公司湖南分公司劳动争议再审审查与审判监督民事裁定书”，湖南省高级人民法院（2020）湘民申 4083 号。

化”方案通过规制“劳动形态”一侧，试图对“劳动者身份”予以扩大解释，以便纳入工伤保险保障，维持现行劳动权益保障制度的稳定性；“去身份化”方案通过改革“保障机制”一侧，取消“劳动者身份”这一准入资格，从而将工伤保险扩大适用于全部灵活就业人群。就其内在逻辑而言，两种方案都在围绕“身份”话语展开，但能否适应平台化就业形态的变革，须予以深入剖析和综合评价。

（一）塑造平台灵活就业人员“劳动者身份”的保障方案

这一方案的出发点并非“平台从业者伤害应如何救济”，而是“平台用工的劳动定性”，推理过程是“平台用工的劳动本质符合劳动关系，平台从业者在现行法下应认定为劳动关系下的劳动者，平台从业者属于现行工伤保险的保障对象”。据此，须将各类型平台用工全部认定为劳动关系，除组织型平台已有劳动关系用工形式之外，还须将不同于常规劳动关系的平台灵活就业认定为劳动关系，以证明“平台劳动者中绝大多数仍是具备人身从属性和经济从属性的雇佣劳动者”，[①] 从而将“平台从业者职业伤害保障问题”转化为“平台从业者的劳动关系认定问题”。

该方案在学说上的论证核心是平台对从业者的控制力更强，现行劳动关系认定的从属性标准仍然适用，“劳动者在平台上的任何操作都在互联网企业已设定的程序范围之内，可以说，互联网企业无时无刻不在对平台劳动者下达工作指令、进行工作指挥……互联网经济中的劳动者受到相比传统企业中的直接监控更加严格的人格约束”。[②] 因而，“相比传统劳动关系，从某种意义上看，平台企业对工人的控制不是减少了而是加强了”[③]。所以，基本判断是“传统劳动关系概念和判定标准具有较强的弹性和适应

① 常凯：《平台企业用工关系的性质特点及其法律规制》，《中国法律评论》2021 年第 4 期。

② 常凯、郑小静：《雇佣关系还是合作关系——互联网经济中用工关系性质辨析》，《中国人民大学学报》2019 年第 2 期。

③ 谢增毅：《互联网平台用工劳动关系认定》，《中外法学》2018 年第 6 期。

性。并非完全过时，仍可包容网络平台用工关系”,[①] 但为了使抽象的从属性标准能够有效适用于具体平台用工形态，“直接套用现有的法律规定会面临适应性问题”,[②] 相应的对策是“应该在坚持劳动关系的认定标准以及相应劳动立法的基础上，针对平台及从业者的特点进行针对性的适当调整”。[③]

但是，平台灵活就业职业伤害争议进入司法程序后，法院因其劳动形态的自主性特征很难直接证明平台与从业者之间已经构成“人格性结合”,[④] 而必须对平台用工中的“参与—控制”作扩大解释，需要在较大程度上突破现行劳动关系认定标准，因此导致此类判决数量很少。[⑤] 在具代表性的“闪送案”判决中，法院借助“劳动力—生产资料”结合的非从属性分析框架，将平台掌握的信息定性为“生产资料”，从而认定平台在与从业者的相互关系中“处于强势支配地位”，得出“灵活性不影响劳动关系认定”的结论，使从业者获得了工伤救济。[⑥] 如果将这一裁判逻辑普遍适用，按照“信息掌握者支配—劳动关系认定”的标准解释，几乎涉及劳务匹配的平台或中介机构都可能与从业者构成劳动关系。根据《民法典》第961条规定，该平台与乙之间仅为中介合同关系，平台无法发挥用

① 谢增毅：《互联网平台用工劳动关系认定》，《中外法学》2018年第6期。

② 常凯、郑小静：《雇佣关系还是合作关系——互联网经济中用工关系性质辨析》，《中国人民大学学报》2019年第2期。

③ 范围：《互联网平台从业人员的权利保障困境及其司法裁判分析》，《中国人力资源开发》2019年第12期。

④ 按照我妻荣先生的观点，在劳动关系中，使用人（雇主）的指挥命令权能只是便利其自身的利益，而不当地拘束劳务人（劳动者）的人格……从而使劳雇双方“形成了一定程度上的人格性结合关系”，使此劳务共同体（Arbeitsgemeinschaft）带有大量的人格法色彩（personenrechtliche Farbe）。而在其他劳务供给契约中，如委任，劳务与人格之间的不可分离也不会构成对债务人人格的不当拘束。[日] 我妻荣：《民法讲义·债法各论》（中卷二），周江洪译，中国法制出版社2008年版，第4、13页。

⑤ See Tianyu Wang, Fang Lee Cooke, Internet Platform Employment in China: Legal Challenges for Gig Workers through the Lens of Court Rulings. Relations industrielles /Industrial Relations. 2021, 76-3.

⑥ 参见“李相国与北京同城必应科技有限公司劳动争议一审民事判决书”，北京市海淀区人民法院（2017）京0108民初53634号民事判决书。

工主体作用。如果依据“信息生产资料”要求此类中介平台承担用人单位主体责任，那么任何一家平台都难以为继。为防止“劳动关系泛化”的后果，法院表现出了个案处理的谦抑性，判决书特别阐明该案判决结果不代表所有灵活就业的从业者与平台之间均构成劳动关系。由此可见，平台用工的“劳动者身份塑造学说”虽然可能在个案中实现特别处理，但很难作为规制平台用工整体的理论依据。

平台从业者的“劳动者身份塑造”基本上否定了平台用工中的灵活就业空间，与实践存在显著冲突，导致落地执行困难重重。但是，具体到职业伤害保障问题，在现行工伤保险的制度约束下，地方实践为突破“劳动者身份”与灵活就业之间的区隔，发展出了灵活就业，“视为劳动者身份”的工伤保险适用规则，代表性的试点地区是潍坊和南通。潍坊于 2009 年发布《关于灵活就业人员参加工伤保险的通知》、南通于 2015 年发布《南通市灵活就业人员工作伤害保险暂行办法》，均要求“办理劳动人事事务代理手续”的灵活就业人员参加工伤保险，并“与职工基本养老保险费、基本医疗保险费同步缴纳”，相当于灵活就业人员所办理的“劳动人事事务代理手续”在社会保险上构成“视为劳动者身份”的程序要件，工伤认定、劳动能力鉴定、工伤保险待遇按《工伤保险条例》执行，但因灵活就业无稳定就业单位，取消了用人单位工伤责任的保障项目。究其实质，“视为劳动者身份”是将现行工伤保险强制套用于办理劳动人事事务代理手续的一小部分灵活就业人员。已有研究显示，此种做法不可能适用于平台用工，“参保要求高，无法应对大规模、高流动的平台灵活就业人员”①。

（二）工伤保险“去身份化”以覆盖灵活就业的保障方案

与灵活就业人员“塑造劳动者身份”相反，另一主要方案聚焦工伤保

① 王天玉：《试点的价值：平台灵活就业人员职业伤害保障的制度约束》，《中国法律评论》2021 年第 4 期。

险制度改革本身，其出发点是认可新就业形态创造了大量灵活就业或者说“非标准就业”，承认此类群体无劳动关系，据此主张“工伤保险与劳动关系松绑”,[①] 将“劳动者身份”从工伤保险制度构造中剥离，或者说取消“劳动者身份”作为工伤保险参保的资格限制。这种方案在理论上的基本主张是“职业风险的普遍性”，推理过程是“所有劳动者都面临不同形式、不同程度的职业风险和职业伤害，包括正规就业者和非正规就业者”，因此“作为社会政策的工伤保险制度理所应当为所有劳动者提供必要的职业伤害保障，而不论哪种形态、何种方式的就业”[②]。

这一方案将关注重点置于一种抽象的“职业风险”，以此替代“劳动者身份”，作为扩大工伤保险保障范围的正当性基础。若是据此实施工伤保险扩面，在制度构造上会发生的效果是工伤保险不再需要一个审查标准，任何为了获得报酬而给付劳务的行为都可因该过程中的任何损害而主张工伤保险待遇，这在现行制度框架下显然是无法执行的。那么，地方试点为了应对当前最为突出的平台用工职业风险问题，必然进行某种折中化处理，在“松绑”的思路指引下探索“单工伤”的保障模式，代表性的规范性文件是 2020 年 12 月出台的《浙江省数字经济促进条例》，该条例是浙江省人大常委会通过的地方性法规，其第 57 条规定“数字经济新业态从业人员通过互联网平台注册并接单，提供网约车、外卖或者快递等劳务的，平台经营者可以通过单险种参加工伤保险的形式为从业人员提供工伤保险待遇”。另外，广东省人社厅、财政厅和国家税务总局广东省税务局在 2020 年 12 月联合发布《关于单位从业的超过法定退休年龄劳动者等特定人员参加工伤保险的办法（试行）》，第 2 条也规定了新业态从业人员单项参加工伤保险的做法。但是，该保障模式的建构有三个关键问题：

① 参见桂杰：《为职业伤害保障与劳动关系“松绑”》，《中国青年报》2022 年 3 月 7 日第 7 版。

② 乔庆梅：《非正规就业者工伤保险应突破劳动关系的限制》，《劳动保护》2020 年第 3 期。

第一，平台用工职业风险的成因与控制不是制度的着力点，因而无须对平台灵活就业予以学理塑造及类型化，模糊组织化标准就业与平台化非标准就业的事实差异，笼统地纳入“职业风险”的框架，进而与工伤保险制度硬性对接，虽然能够最为快捷地利用既有制度资源，实现平台用工职业保险的覆盖，但是因平台用工与灵活就业两个概念本身缺乏明确界定和构成要件，将导致工伤保险的适用边界不可控，工伤基金的负担水平亦难以估算。

第二，“单工伤”不是“新工伤”，突破的仅是工伤保险的“劳动者身份”，以便工伤保险与职工基本养老保险、医疗保险等其他社保险种分离，由此创设灵活就业人员进入工伤保险的制度接口。但是，我国工伤保险制度并未实现完全社会化，用人单位在参保工伤并缴费后仍须承担一定的保障义务，主要是《工伤保险条例》第33条规定的工伤工资、第36条规定的职工因工致残被鉴定为五级、六级伤残的津贴。如果从业者在某个平台短时间灵活就业期间发生伤害事故，就会产生双方权责不匹配等问题。例如，甲在注册某外卖平台众包骑手后，在第一个订单配送中就发生事故受伤。如果从业者同时开启多个平台或者在平台之间频繁转换，就会产生用人单位工伤保障义务主体认定问题。

第三，工伤保险作为社会保险具有强制性，而“单工伤”试点由于自身制度结构不完整以及上位法依据不足等问题，难以强制平台参保，因而将“单工伤”规定为任意参保险种，相当于在平台已为从业者办理商业险之后，增加了一个补充险，不同的是平台在商业险中并不自己缴费，而在“单工伤”中则须自己缴费，必然会牵涉平台用工的成本核算，将导致任意参加的“单工伤”方案是“更好”的保障，而不是“必备”的保障，参保覆盖面很难如制度设计所期望。

可见，现行工伤保险制度即便进行“去身份化”改造，在对灵活就业人员的保障上也存在诸多障碍。就其实质，现行工伤保险的“无过错补偿、单方缴费、预防康复与补偿相结合”三大原则，源于“劳动关系的人格从属性”，法理基础在于“雇员在雇主可控的时间和工作流程中受到的伤害都可以归责于雇主，随着工伤保险立法理念从工具理性逐步向实质理性转变，基于工作安排直接或间接产生的伤害都被纳入工伤的范围。但是，这些突破都以人格从属性为前提，并由此发展出了工伤保险的三大原则”①。工伤保险的本质是将雇主责任塑造为社会化风险分担机制，旨在克服侵权法下劳动者维护权益的种种弊端，“工伤保险即起始于这种（个别）雇主责任的保险化变形，此即工伤保护本身所固有的劳动法因素之所在”②。

看待工伤保险不能仅从“社会政策”的定位予以抽象理解，而必须依据我国工伤保险制度的内在机理，“我国现行工伤保险制度脱胎于传统工伤保障制度，制度建立初期以国有企业为主要参保群体。部分制度理念难免遗留有计划经济色彩”③。那么，从“去身份化”方案极为宽泛的理论构想，到地方试点探索的“单工伤”保障模式，“粗线条的理论设想在复杂多变的社会实践面前显得捉襟见肘”。④ 该方案试图以现有工伤保险为蓝本，通过“身份松绑”的路径重新划定保障范围，但仍旧维持现行制度的内在逻辑、保障水平和责任构成，由此导致方案与实践之间难以匹配，无法强制执行，未能实现替代商业险成为基础性保障，只能退居到商业险之后成为补充性保障。究其原因，该方案虽然提出了“职业风险”的理念，但始终未能将其“概念化”“规范化”，因此无法以此替代“劳动者身份”

---

① 娄宇：《新业态从业人员职业伤害保障的法理基础与制度构建》，《社会科学》2021 年第 6 期。

② 参见［日］水野勝：労災補償制度の理論的課題，日本労働法学会誌，1990（76）16 号. 转引自郑晓珊：《工伤保险法体系——从理念到制度的重塑与回归》，清华大学出版社 2014 年版，第 32 页。

③ 翁仁木：《灵活就业人员工伤保障境外经验——以日本、马来西亚、新西兰和中国台湾地区为例》，《中国劳动》2021 年第 2 期。

④ 娄宇：《平台经济从业者社会保险法律制度的构建》，《法学研究》2020 年第 2 期。

作为工伤保险的逻辑起点，也就没有后续制度的演进空间。随着平台用工不断推动社会劳动形态变革，重构“劳动者身份”与社会保险之间的关系有必要性与正当性，正如娄宇教授所言“社会保险险种的打包与拆包”，[①]而这一制度演进应当是“有破有立”，破除工伤保险的“劳动者身份”专属参保资格，也要相应地确立新的制度基点，以便划定保障人群的范围及保障水平，实现与相关制度的衔接与配合。

第三节　行为风险导向的职业伤害保障建构

一、平台用工“类雇员身份”构造及其保障方案检讨

平台用工职业伤害保障的逻辑起点应是平台用工所塑造之劳动形态。其灵活就业特征使其脱离从属性劳动的事实假设，基于用人单位组织化用工的现行劳动法越来越难以解释和规制。但诸多从业者借由平台获得工作机会和劳动报酬，并因劳动时间和平台积分的累积形成了二者在经济上的持续性连接。为了阐释灵活就业人员相对平台的弱势地位，“类雇员”理论引入本土劳动知识体系，以便建构适应平台用工的规制模式。[②]类雇员又称“类似劳动者”（Arbeitnehmerähnliche Personen），[③]根据德国《集体协议法》（TVG）第12a条第1款的界定，类雇员指具有经济从属性并且像劳动者一样具有保护需求的人。借助这一理论框架，给付劳动的主体因人格从属性与经济从属性的拆分与重组，划分为同时兼具人格与经济从属的劳动者、无人格从属而有经济从属的类雇员，前者对应现行劳动法所保

① 娄宇：《平台经济从业者社会保险法律制度的构建》，《法学研究》2020年第2期。

② 参见王天玉：《互联网平台用工的“类雇员”解释路径及其规范体系》，《环球法律评论》2020年第3期。

③ Vgl. Wolfgang Hromadka，Arbeitnehmerbegriff und Arbeitsrecht－Zur Diskussion um die“neue Selbständigkeit”，11 *NZA*，S. 569-573（1997）.

护的劳动者，后者因我国缺乏对灵活就业人员专门的保障机制而归为民法调整，使“民法—劳动法”二分法下的制度空白予以具象化。平台灵活就业人员借类雇员身份突破了二分法的制约，根据平台用工行业的差异性，按照“民法做加法”的进路逐步建构独立于现行劳动法的保障制度体系。人社部 56 号文将依托互联网平台就业的新就业形态分为三种类型：1. 符合确立劳动关系情形的，企业应当依法与劳动者订立劳动合同。2. 不完全符合确立劳动关系情形但企业对劳动者进行劳动管理（简称不完全符合确立劳动关系情形）的，指导企业与劳动者订立书面协议，合理确定企业与劳动者的权利义务。3. 个人依托平台自主开展经营活动、从事自由职业等，按照民事法律调整双方的权利义务。其中，“不完全符合确立劳动关系情形”意味着我国增加了第三种劳动形态，对应“平台灵活就业人员职业伤害保障试点”。

类雇员身份为平台从业者职业风险保障制度的建构提供了一个基点，将这一新劳动形态的职业风险与劳动关系下工伤风险区分开，进而跳出现行工伤保险制度探索新的保障机制，“创设相对独立的职业伤害保障制度是目前学界较为倾向的方案，也是政府部门所支持的。职业伤害保障制度同样是社会共济的思路，作为一种创设的全新保障制度，它和现行的工伤保险制度是平行的，不存在从属关系”①。为此，部分学者提出了独立于工伤保险的职业风险保障方案，具有代表性的有两种：

第一种方案是创设基于“工作原因”的灵活就业职业伤害保障制度，“以工作原因为核心标准来判断是否为职业伤害”，“考虑到新业态就业模式中具有工作时间零碎化、工作地点分散化以及工作方式灵活化的特点，在判断新业态从业人员是否属于职业伤害时，应着重把握住伤害与工作是

① 岳经纶、刘洋：《“劳”无所依：平台经济从业者劳动权益保障缺位的多重逻辑及其治理》，《武汉科技大学学报（社会科学版）》2021 年第 5 期。

否具有因果联系这一核心要素，适当弱化对工作时间、地点要素的考量”①。这种方案仍是以工伤认定的“三工要素”为标准，只是为适应平台用工的劳动特征变化，将工作原因从“三工要素”中独立出来。但是“三工要素”并非毫无关联的组合，工作时间和场所对于判断“工作原因”有很强的证明效力，“绝大多数时候，工伤保护的限度应严格控制在‘工作时间与工作场所’。这种限定其实并非多余，而是出于对‘工作事由’与加害行为发生的时间关联、场所关联的高度重视”②。可见，脱离了工作时间和工作场所限制的工作原因是相当宽泛的，即便是劳动关系内的劳动者上下班、出差等脱离常规工作环境的行为，也要参照工作的时空条件予以认定，“比如在出差的背景下，它可以延展到整个出差过程，甚至把明显处于工作之外的私务时间也一并包含进来，连用餐、洗澡、睡眠的时间也都可以享受工伤之保护”③。

实质上，“三工要素”均服务于证明劳动者处于用人单位的指挥控制之下，三者相互佐证，构成统一的因果关系链条。若仅以“工作原因”作为认定灵活就业职业伤害的要素，可能在没有任何职业活动情况下证明职业伤害，将导致保障边界极为宽泛。任何人只要在平台注册后，开启接单状态就已构成“工作原因”，不管其是否接单以及是否愿意接单，在平台软件开启的全时段都属于职业伤害保障的范围。这将在一定程度上形成平台软件痕迹与实际活动相悖的情况，保持接单状态可能覆盖个体的私人活动，可能诱导真实平台从业者之外的人员保持接单状态而从事非相关活

---

① 据此方案，新业态职业伤害保障的对象没有明确限定，“只要不属于建立稳定劳动关系的就业者群体均可纳入新业态职业伤害保险制度的保障范围，以期实现将传统工伤保险制度所不能覆盖、未建立劳动关系的从业人员纳入职业伤害保险制度的覆盖范围内”。参见苏炜杰：《我国新业态从业人员职业伤害保险制度：模式选择与构建思路》，《中国人力资源开发》2021 年第 3 期。

② 郑晓珊：《工伤保险法体系——从理念到制度的重塑与回归》，清华大学出版社 2014 年版，第 156 页。

③ 郑晓珊：《工伤保险法体系——从理念到制度的重塑与回归》，清华大学出版社 2014 年版，第 210 页。

动，加之灵活就业的核心就是工作状态与私人活动的自主切换，证明“工作原因”几乎没有困难，近似一个开放式的制度入口。这将使职业伤害保障的对象范围和收支平衡难以控制，制度的稳定性和持续性面临重大风险。可见，平台用工职业伤害保障的制度设计不仅要脱离现行工伤保险框架，还要超越从属性劳动的知识体系。

第二种方案是通过扩张医疗保险覆盖平台从业者的伤害医疗问题，“如果为平台经济从业者建立强制的基本医疗保险，实际上也可以在一定程度上化解其意外伤害的风险”①。遵循这一思路，该方案提出以“时间长度—经济从属性”的模型确定平台用工职业伤害保障的对象，“时间长度”指“在单一平台的工作时间达到全日制用工标准”，根据这一工作时间可以推定从业者与平台之间存在“经济从属性”，二者结合就使“适用劳动法上的全日制用工标准具备了法理正当性”，即“将与平台形成经济从属性的长时网约配送员作为基本医疗保险的强制参保人，通过医疗保险的无因式补偿解决意外事故的大部分诊疗费用问题，再通过自愿参保的行业自保措施解决其他相当于工伤保险的待遇问题”②。

这一方案的实质是将灵活就业人员的伤害医疗费用与治疗停工待遇分离，前者通过强制医疗保险予以解决，后者则交由自愿性行业保险。该方案的主要问题有以下四种：1. 伤害的起因不同，不宜将职业风险造成的伤害与自然人日常风险造成的伤害混为一谈，尤其是以交通运输为主要场景的职业活动，具有显著高于日常活动的风险。即便是在全民化健康保险的立法模式中，劳动者因工受伤与普通伤害的医疗费也是归属不同的机制。

---

① 该方案建构的基本依据是“考虑到基本医疗保险与工伤保险的诊疗目录具有一致性，且前者在待遇支付方面贯彻无过错补偿原则，即除个别情形下（主要是第三人侵权造成的伤害），健康受损的原因对支付没有影响”。参见娄宇：《平台经济从业者社会保险法律制度的构建》，《法学研究》2020 年第 2 期。

② 娄宇：《新业态从业人员职业伤害保障的法理基础与制度构建》，《社会科学》2021 年第 6 期。

例如，我国台湾地区在实施民众健康保险制度后，“虽然大部分与医疗相关的给付已经由健保制度承接了，但是在职灾医疗给付方面仍然有若干项特别的给付规定……被保险人参见职业灾害保险者，其因职业灾害事故所发生之医疗费用，由职业灾害保险给付”①。2. 自愿性行业保险恐怕无法有效发挥保障功能，我国平台用工的行业化塑造尚未完成，直至 2021 年 12 月《工会法》修订才明确了新业态从业者组建和参加工会的权利，亦即平台用工的行业协会与行业工会均未充分发育。在此背景下，仅依靠自愿性建立行业保险模式，恐怕难以实现预期效果。3. 强制参加养老保险的对象限定为“工作时长可以达到全日制”的从业者，这仍是参照标准就业的保障理念，在一定程度上忽视了灵活就业弹性自主的价值。并且，该工作时长标准较高，必然排除兼职等相当一部分从业者，甚至对于工作机会主要集中在夜间的代驾行业难以适用，导致保障范围偏窄。4. 该方案的实现条件包括医疗保险制度改革与户籍制度改革，其复杂程度远超职业伤害保障本身，在平台用工集中的大型城市面临的障碍更多，由此导致该方案难以在短期内落实，无法解燃眉之急。

二、“类雇员身份”下的权益拆解与职业风险认定的“行为化”

平台用工中灵活就业人员的“类雇员身份”构造对保障制度的意义为何？这一问题在学界有一定程度的讨论，尤其是围绕“类雇员”的界定。从这一角度看，前述将“时间长度”对应强制医保参保资格的方案是以“时间”为单位界定“类雇员”。在域外实践中，类雇员的界定主要采取“收入占比标准”，即劳务提供者从单一或主要合同相对方处取得的报酬占其总收入的比例，达到一定比例可证明存在“经济上的依赖性”，例如德

① 钟秉正：《社会保险法论》，三民书局 2017 年第 3 版，第 242-243 页。

国的标准是50%以上①，西班牙的标准是75%以上②。因目前学界对平台用工灵活就业的收入占比尚无共识，导致“类雇员”的界定尚停留在基本概念阶段，实现了人格与经济从属的分离，但没有形成经济从属的认定通说。笔者认为，这种情况并不影响平台用工保障制度的发展，尤其是不阻碍职业风险保障制度的建构。

“类雇员身份”构造的首要意义是将平台灵活就业的职业伤害保障建构路径从现行工伤保险中分离出来，确定独立发展的制度方向，其次是将“类雇员”的权益拆解，区分为“单次行为权益”与“持续关系权益”。“单次行为权益”是指即便一次参与平台用工都应当享有的权益保障，最典型的就是职业风险保障。平台用工风险存在于任意一次劳务给付行为中，保障的目标是有效应对风险，如同当前外卖行业每天第一单报酬提取保险费的商业保险模式，是以“天”为单位实现了每次劳务给付行为的全覆盖。与之类似的权益还有“异议申诉权利”，从业者完成的任何一个订单都可能遭遇不正当评价，应同样给予单次行为保障。“持续关系权益”是指从业者通过持续性劳务给付与平台形成的利益关系，或者说某些劳动保障需求必须依靠时长、订单数量以及收入占比才能形成，如“工作时长控制、防止过度劳动”“平台定价控制、确保合理分成”。只有在持续关系中，从业者才能与平台形成“时间分配”与“收入占比”的利益结合体，进而使规制具备正当性与必要性。同时，“持续关系权益”也会辐射到“单次行为权益”，主要是平台定价的规制结果将体现为每一个订单的报酬，任一给付单次劳务的从业者均因此受益。在此权益拆解之下，平台用

---

① Vgl. BAG 25. 2. 2005，NZA 2006，223ff. 转引自王倩：《德国法中劳动关系的认定》，《暨南学报（哲学社会科学版）》2017年第6期。

② European Centre of Expertise（ECE）in the field of labour law，employment and labour market policies，Thematic Review 2021 on Platform work synthesis report，https：//ec. europa. eu/social/main. jsp? catId = 738&langId = en&pubId = 8419&furtherPubs = yes.

工的保障制度建构可以分为两个层次，一个是单次行为权益下的风险分担，另一个是持续关系权益下的利益分配。那么，平台用工职业风险保障作为风险分担的制度形式，应当从“类雇员身份”中抽离出“行为”要素，以此超越“类雇员”界定的分歧，将保障对象设定为每一个在平台用工中给付劳务的个人，把平台用工职业风险与每一次劳务给付行为“绑定”，确立“行为风险保障”主导的制度架构。

职业风险认定的“行为化”旨在明确平台用工风险与行为之间的因果关系，确定适当的保障对象范围，并依据“行为”建立职业伤害的认定标准，主要包括以下三个要点：1. “行为”的起点是从业者开始平台用工接单行为，实际获得平台订单，开始给付劳务。从合同缔结及履行的过程来看，从业者在等待接单的状态下尚未与平台之间成立合同关系，平台发出订单到从业者接单才完成了合同的“要约—承诺”过程。那么，职业风险的起算点应为从业者接到订单的时点，从业者由此进入订单履行状态，无论是外卖骑手到餐厅取餐，还是网约车司机到乘客所在地点，均已实际发生劳务给付行为，相伴发生职业风险。2. “行为”的终点是从业者完成工作任务，将平台订单载明的工作成果交付给指定客户，如外卖骑手将餐食交给消费者，网约车司机将乘客运送至目的地。至此订单完成，从业者的劳务给付行为结束。如果从业者在这一时点接到下一个平台订单，则视为新行为起点。在这一理论框架下，行为与风险建立对应关系，从业者在单一平台的多个连续劳务给付行为构成整体性风险，在不同平台的分散劳务给付行为则由引发特定行为的平台承担保障义务。3. “行为”的适度扩张是将职业风险保障覆盖到从业者结束劳务给付行为后的某段时间，相当于保证了从业者“下班风险”，可规定“从业者明示平台停止接单后的半个小时内，发生的伤害事故可被视为职业伤害，纳入保障范围”。鉴于平台灵活就业的特点是开始工作的时间地点自主把握，可随时随地开启接单状态，因此没必要设置一个独立的“上班风险”，接单状态亦不应属于职业风险的范围。从业者结束接单后要返回住所，路途是确定存在的，因此以预估的时段表征该路途风险，实现从业者劳务给付全过程的保障。

三、职业保障“行为险”的行业化实施机制

人社部56号文将职业伤害保障的试点行业确定为“出行、外卖、即时配送、同城货运”，以应对平台用工中风险最为显著的交通运输形态。就“行为险”的实施机制而言，有两种可供选择的模式：1.“从业者—平台”模式（简称“平台模式”）。平台作为从业者职业风险的保障方承担两项义务，缴纳保险费和承担停工待遇，比照工伤保险中用人单位承担的工伤工资和伤残津贴。社保经办机构作为法定保险人，仍遵循工伤保险的运作机制，受理平台和从业者的职业伤害申报，按照工伤保险标准给付待遇。此模式带有浓厚的“单位参保”色彩，在制度逻辑上是将平台化的灵活就业参保与组织化的用人单位参保予以类比，在职业伤害申报、认定、理赔等环节的制度设计仍以特定平台为基点。2.“从业者—行业”模式（简称“行业模式”）。从业者仅须履行特定行业的平台订单即可获得保障，无须将其行为与某个平台相对应。该行业所有平台都承担保险缴费义务，从业者只要在该行业的平台上灵活就业，无论其如何变换平台接单，均可向行业保险基金申请理赔。此模式凸显了职业伤害险作为“团体险”的特征，将在同一行业的全体平台灵活就业者拟制为一个风险共同体，可根据其风险的同质性，设定保险费率和待遇给付水平。

二者比较来看，在“平台模式下，从业者的行为与平台订单有明确的对应关系，但如果从业者多平台就业或频繁转换平台，还会导致平台承担停工待遇的公平性问题。例如，从业者甲在A平台接单多次后接单B平台的订单，在履行该订单过程中发生事故受伤，则B平台应当承担甲的工伤工资，造成伤残的还须给付津贴。但甲并不专属于B平台，A

平台也从甲的劳务给付行为中获利，如此责任承担有失公平，并且这种类似于“击鼓传花”的风险传递与保障机制必将对行业竞争秩序产生负面影响。

在“行业模式”下，平台作为保险义务人应承担缴纳保险费义务，但无须承担工伤工资和伤残津贴，该部分待遇给付完全转入社保经办机构，相当于从现行工伤保险的半社会化状态升级到完全社会化，参保的用工主体无须承担缴费以外的待遇给付义务。从业者受伤后无须向平台索赔，仅须向社保经办机构申请保险待遇给付，社保经办机构履行完整的法定保险人义务，给付医疗费和停工待遇，这将使从业者能够以最低的成本获得救济。并且，因应平台用工的网络化与数据化特点，从业者职业伤害认定亦应发挥技术优势，建立统一的职业伤害保障系统，引入平台对社保经办机构的数据支持通道。从业者将伤害事故发生的时间、地点、订单状况、交警认定意见等材料发送至职业伤害保障系统，系统与平台之间就此进行快速数据核对，可以采取自动化算法匹配，在很短的时间内能够实现伤害认定，并通过电子支付手段向从业者给付急需的医疗费和停工待遇。在此模式下，凡进入特定行业的平台须按订单数量缴纳保险费，形成行业准入的基础性条件和用工成本，能够促进行业良性有序发展。

综上，“行业模式”在从业者救济成本、社保运行效率、平台义务负担和行业发展影响等方面均具有优势，并且能通过新设职业伤害险的完全社会化探索为现行工伤保险制度的改革积累经验。需要说明的是，我国当前存在行业性工伤保险，典型的是建筑施工企业使用的农民工按项目参加工伤保险，既有文献将其作为平台用工纳入工伤保险的例证。① 有行业性参保的现象不等于工伤保险均行业性参保，建筑业农民工有特殊的现实

① 参见李坤刚：《“互联网+”背景下灵活就业者的工伤保险问题研究》，《法学评论》2019 年第 3 期。

背景，其以项目参加工伤保险的做法暗含对劳动关系的回避，是劳动法及工伤保险法理对现实的妥协，不具有推广的价值。平台用工典型行业的职业伤害保障是以灵活就业“行为”为基点，塑造整体性风险分配机制，消除从业者与平台在保障上的对立关系，推动职业行为及其保障的社会化。

后 记

从本书的第一个字写下，到如今出版面世，已经过去十年。

彼时，我在清华大学法学院从事博士后研究，在郑尚元教授的指导下开始对工资、工时及相关劳动基准问题的研究。这一领域的起步是艰难的，看似是劳动实践中的具体问题，实则为基础概念的理解程度，并由此关联到劳动行为、劳动组织、劳动关系和劳动规范的整体性把握。经过一段时间的探索，我逐步形成了初步的认识框架，相继发表了几篇论文。此后，我进入中国社科院法学所工作，仍关注基准相关问题，不断反思和总结劳动基准法理的发现与表达。

在这一阶段，与其说我把功夫用在提炼观点，不如说我把主要精力投入到了分析方法和论证质量上。我越来越意识到不预设观点和立场的必要性和重要性，只要问题阐释和提炼得清晰，那么通过规范严谨的分析和紧密衔接的论证，自然可以得出称之为观点的结论。

以工作时间研究为例，该主题的两篇论文发表时间相隔五年。这五年看似“搁置”的状态下，我试图将自己从已有论文的叙事语境中抽离出来，努力以一种“局外人”的视角观察和检讨劳动实践与学术构造之间的冲突磨合，并不断追问研究的目标与价值，核心是法理推导及其制度设计之“药”能否治疗劳动实践失范的“病”，包括但不限于：研究成果之内在逻辑是否自洽、论证过程是否扎实、对现实的解释力是否充分，并设想将拟定之治理方案施加于现实，会对劳动形态及权益保障产生何种效果。虽然这期间我很少谈及此问题，更没有文字发表，但我投入了大量时间思考如何设计论证框架、如何提出问题、如何展开论证。

这种研究状态在我看来是模拟理工类科研的“实验室”。既然是对未知的探索，实验是必经之路，从方案设计到反复试错，对规律性因果关系的发现不可能凭空产生，社会科学研究亦是同理。就我而言，收集消化资料、调研访谈实例、咨询讨论会议等都属于实验准备，可视为获得实验耗材，真正的实验操作是写作。正如著名心理学家 Jordan Peterson 所说“写作是有条理的思考”，只有不断地写作，才能将问题、材料、分析、论证、表述贯穿为一个连续的、不间断的、不跳跃的逻辑链条。我坐在电脑前只需要知道我的问题是什么，其他的都交给键盘和时间。随着一个一个字的打出和一行一行字的删除，可能一天下来都不会留下一页文档，但对此问题的认识正在无声地深入。甚至我越来越习惯于对问题的无知，越是如此，我越是对问题的复杂性保持尊重，越是对接下来的写作充满期待，越是能感受到研究的兴奋与愉悦。

正是因为有针对单位制用工劳动基准的研究及其认识框架，当新就业形态兴起后，面对各式“挑战或危机”的话语泡沫，我从未有对基础概念的惶惶然，从未有对新兴问题的惴惴然。按照前述处理问题的步骤和实验流程，我以平台用工的实践样态为起点，基于事实提炼学理问题，构造新就业形态从业者基本劳动条件的论题序列，发现其与现行法劳动基准制度在逻辑和构造上的根本性差异，进而提出在现行劳动法之外探索独立的新业态劳动权益保障机制，藉由“民法做加法”的进路填补现行“民法—劳动法”二分法下的制度空白。

如同新就业形态在全社会范围内引发的广泛关注与争论，我提出的“劳动三分法”治理方案也在学界成为讨论重点，这既是一种殊荣，也是一份拷问。时至今日，来自劳动法、劳动关系、劳动经济以及社会保障等多专业背景的质疑、批评乃至抨击如影随形，但我从来没有对自己的观点和框架有过丝毫动摇，这种固守或者说自信根植于我的分析方法和论证质量，是我严格按照实验流程、经过反复试错得出的结论。如果抛开材料、分析、论证等理论支撑，仅就观点而讨论观点，甚至针对个别字词搞语义分析，是无聊无趣无益的，不可能产生任何知识增量。这种研究认知立基于我对工资、工时等基础概念的理解，以及形成这种理解过程中的锤炼与执着。

孕育本书这十年，若无前五年的生根，怎有后五年的枝叶。